초등교사와 학부모를 위한

인공지능 시대와
초등사회과 교육

*본 연구는 2018년도 계명대학교 연구기금으로 이루어졌음.

초등교사와 학부모를 위한

인공지능 시대와
초등사회과 교육

초판 1쇄 인쇄 2019년 2월 20일
초판 1쇄 발행 2019년 2월 28일

지은이 이현지
펴낸이 김승희
펴낸곳 도서출판 살림터

기획 정광일
편집 조현주
북디자인 꼬리별

인쇄·제본 (주)현문
종이 월드페이퍼(주)

주소 서울시 양천구 목동동로 293, 22층 2215-1호
전화 02-3141-6553
팩스 02-3141-6555
출판등록 2008년 3월 18일 제313-1990-12호
이메일 gwang80@hanmail.net
블로그 http://blog.naver.com/dkffk1020

ISBN 979-11-5930-094-3 93370

초등교사와 학부모를 위한

인공지능 시대와
초등사회과 교육

이현지 지음

머리말

인공지능 시대에 대한 논의가 매우 활발하게 진행되고 있다. 인공지능 시대는 이미 우리의 삶에 깊은 영향을 미치고 있으며, 앞으로 더욱 급속도로 인류의 삶과 사회구조를 변화시킬 것이다. 그러나 어디까지 변화가 일어날 것인지, 어떤 방향으로 변화할 것인지에 대해서 누구도 쉽게 단언할 수 없다. 현재 분명하게 말할 수 있는 것은 인공지능 시대의 종착점을 명확하게 예측할 수 없다는 것이다.

인공지능 시대의 이러한 특징으로 인해서, 현대인들의 인공지능 시대에 대한 반응은 긍정적이지만은 않다. 다가올 미래가 불투명하기 때문에 불안과 두려움이 밀려드는 것은 자연스러운 현상이라고 할 수 있다. 그런 의미에서 인공지능 시대를 이해하고 적절한 대응을 위한 방안을 마련하는 노력이 절실히 요청되고 있다. 특히 인공지능 시대가 어떤 모습으로 귀결될 수 있을지를 결정하는 중요한 변수 가운데 하나가 인공지능 시대를 살아갈 인류의 선택에 달려 있기 때문이다.

우리는 인공지능 시대가 현대 사회의 물질적인 풍요와 발전을 순조롭게 안착시키고 인류가 공존할 수 있는 미래로 설계될 수 있도록 지혜를 모아야 한다. 이 책도 그러한 문제의식에서 출발했다. 인공지능 시대가 본격화되고 있으며, 인류의 일상의 변화를 지속적으로 촉구하고 있다. 인공지능 시대라는 새로운 변혁의 시대를 맞이하여, 초등사회과 교육이 어떤 비전과 전망을 가져야 할 것인지를 생각해 보았다.

인공지능 시대의 초등사회과 교육에 대한 비전을 모색하기 위해서, 먼저 인공지능 시대의 특성을 고찰하고 다음으로 초등사회과 교육에서 활용할 수 있는 교육적 요소에 대해서 다루어 보았다. 인공지능 시대는 교육현장과 교육 자체의 변화를 야기할 것으로 예측할 수 있다. 인공지능 시대에 학교라는 공간은 무의미할 수도 있다. 반면 아무리 개인적인 생활이 선호되고 지식 교육이 무의미해지는 사회가 된다고 하더라도 공동체를 완전히 벗어날 수 없는 인류에게 학교는 현재와는 완전히 다른 혁신적인 기능을 할 것이라고 예측할 수도 있다.

인공지능 시대는 약인공지능과 강인공지능의 실현에 따라서 사회 변화의 양상도 차원을 달리할 것이라고 한다. 여기서는 약인공지능 시대를 준거로 논의를 전개할 것이다. 현재를 기준으로 할 때, 강인공지능의 실현은 아직은 좀 더 시간이 필요할 것 같아서이다. 약인공지능 시대는 급속하게 발달하고 있으며 인공지능이 우리의 삶 속으로 깊이 침투해 있다. 시리와 대화하고, 간단하지만 편리함을 선사하는 로봇이 생활에 영향을 미치고 있다.

인공지능 시대가 진전되면서 변화하는 사회에 비해서, 새로운 시대와 사회를 어떻게 이해하고 어떻게 교육해야 할 것인지에 대해서는 논의가 부족한 편이다. 그래서 현재 교육현장은 무엇을 어떻게 교육시켜야 할지에 대한 혼돈에 직면해 있다. 교사의 입장에서는 문명전환기의 교육을 담당해야 하는 부담이 클 수밖에 없다. 특히 사회과 교사가 직면하는 혼란은 급변하는 사회 변화로부터 자유로울 수 없다.

사회과 교육의 목표는 사회를 이해하고 민주시민성을 함양하도록 교육하는 것이다. 이 책은 이러한 교육을 담당하는 교사에게 도움이 될 수 있도록 구성하였다. 사회과 교육은 다른 교과와 달리 매우 다양한 영역에 대한 이론적인 기반과 다양한 교육법을 요구받고 있다. 초등사회과 교육은 법학, 사회학, 역사학, 정치학, 지리학 등 폭넓은 영역을 다루고 있기 때문이다.

초등사회과 교육은 사회 구성원으로서의 기본적이고 기초적인 교육을 담당하고 있다는 점에서 가치와 의미를 찾을 수 있다. 초등사회과 교육에서 사회관계 및 사회인식을 경험하고 기초를 다지는 과정에서 건강한 사회 구성원을 양성할 수 있다. 초등사회과 교육은 다양한 영역을 다루어야 하는 사회과의 특성에 대한 이해와 사회과 성격에 부합하는 교수법을 활용하는 방법을 포함한다.

사회과 교육을 담당할 교사는 인공지능 시대와 사회 변화라는 쉽지 않은 과제를 교육현장의 상황과 요구에 맞게 지도해야 한다. 교사의 역량과 사회 변화에 대한 인식에 따라서 사회과 교육은 다른 수준과 내용으로 구성될 수 있다. 그런 의미에서 이 책은 사회과 교사의 교육의 내용을 풍부하게 하고 사회 변화를 이해하는 데에 기여하는 바가 있을 것이다.

특히 이 책에서는 인공지능 시대의 초등사회과 교육의 비전을 유가사상 속에서 찾고자 시도해 보았다. 인공지능 시대라는 새로운 사회를 구상하는 이론적인 기반을 전통사상인 유가사상에서 탐색하고자 한다는 점에서 특별한 의미를 가질 것으로 기대한다. 즉, 이 책은 인공지능 시대 사회과교육의 이론적인 토대로 유가사상을 활용하는 방안을 모색하고자 하는 것을 목표로 하는 도전적인 시도이다.

물론 인공지능 시대 사회과교육의 이론적인 기반이 반드시 유가사상이 되어야 한다는 주장을 하고자 하는 것은 아니다. 더욱이 유가사상만 그러한 역할을 할 수 있다고 할 수는 없다. 다만 인공지능 시대가 요구하는 세계관, 인간관, 관계관 등이 유가사상에 풍부하게 내재해 있기 때문에 그것에 주목하고자 한다.

인공지능 시대는 지금까지와는 완전히 다른 문명과 사회구조를 가질 것으로 예측할 수 있다. 이러한 사회 변화는 현대를 지배하고 있는 세계관에서 벗어날 것을 요구하고 있다. 유가사상은 오래되었지만 미래사회를 준비할 수 있는 새로운 세계관이 될 수 있다. 이 책에서 다루는 초등사회과 교육에 대한 비전과 해답을 모색하는 이론적인 기반을 유가사상의 세계관을 토대로 구성해 보고자 하는 이유가 바로 여기에 있다.

이와 같은 문제의식과 관점으로 초등사회과 교육을 고민하고 비전을 모색해 볼 수 있게 된 바탕에는 동양사상과 탈현대연구회의 활동이 있다. 필자는 1997년부터 지금까지 지속되고 있는 연구회에 참가하면서 한 사람의 연구자로 성장할 수 있었다. 동양사상과 탈현대연구회는 이제 삶의 일부, 아니 삶의 중심이 되어 버렸다. 함께 공동과제를 수행하고 학문적으로 문제의식을 공유하는 연구회 선생님들과의 시간이 사회학자로 살아갈 수 있게 만들었다.

참 오래 함께 시간을 보냈지만 아직도 연구회 공부모임이 있는 날이 기다려진다. 언제나 연구회 공부모임은 즐겁고 스스로를 충전할 수 있도록 기회를 준다. 나는 많이 부족한 사람이지만 연구회 공부모임에서는 언제나 완벽한 사람처럼 느껴진다. 그만큼 나의 부족한 면을 꽉 채워 주는 선생님들이 계시기 때문이다. 인생에서 가장 행복하고 감사한 것 가운데 하나가 바로 동양사상과 탈현대연구회의 존재이다. 오래오래 이 연구회를 통해서 배우고 성장하고 싶은 마음이 간절하다.

부족한 책이지만 출판을 앞두고 감사할 분들이 많이 떠오른다. 이 책이 세상의 빛을 보게 되기까지 수많은 분들이 베풀어 주신 은혜와 배려가 함께했다. 여러분의 도움과 응원으로 출판하게 된 이 책이 인공지능 시대라는 새로운 시대를 준비하는 이들에게 작은 도움이 될 수 있기를 바란다.

2019년 2월

쉐턱관 연구실에서 이현지

차례

제1부
인공지능 시대와 교육

제1장
인공지능 시대 진단

1.
인공지능 시대를 이해하다

인공지능의 차원

인공지능 시대가 본격화되면 어떤 변화가 일어날까? 이미 인류는 인공지능 시대를 살고 있지만 인공지능 시대라는 것을 실감하지 못하는 경향이 있다. 그리고 인공지능 시대가 더욱 본격화될 사회에 대해서는 긍정적인 입장과 부정적인 입장이 공존하고 있다. 인공지능 시대에 대해서는 전문가들의 입장도 다양하게 엇갈리고 있고, 대중의 입장에서는 변화상을 상상하기 어렵기 때문에 다양한 입장이 혼재할 수밖에 없다. 인공지능 발달의 차원을 어느 정도까지 인정하고 기대하는가에 따라서, 인류가 맞이할 사회 변화와 적응에 대한 입장도 큰 차이를 보이고 있다.

인공지능 전문가이면서 대중적으로 많은 지지를 받고 있는 Tim Urbon은 「AI Revolution」[2015]에서 인공지능의 차원을 3가지로 설명하고 있다. 이 기준으로 볼 때, 인류가 지금까지 경험하고 있는 인공지능은 모두 1차원 단계의 것으로 기계 수준의 인공지능에 불과하다. 이 단계의 인공지능 또한 급속도로 인류의 삶으로 침투하고 있으며, 점유율이 빠르게 높아지고 있다.

차원	명칭	정의	수준	결과물
1차원	Artificial Narrow Intelligence(ANI)	약인공지능	기계의 수준	시리, 컴퓨터, 자율주행차, 구글 번역기
2차원	Artificial General Intelligence(AGI)	강인공지능	인간의 수준	문제해결, 생각, 이해, 일상적인 대화
3차원	Artificial Super intelligence(ASI)	초인공지능	신의 수준	인간의 영생 혹은 멸종

　　더욱 놀라운 것은 현재의 약인공지능에서 강인공지능으로 진화하는 데에는 그리 긴 시간이 필요없다는 점과 그 진화의 결과는 쉽게 상상할 수 없는 어마어마한 규모라는 점이다. Tim Urbon은 2025년이면 강인공지능이 실현되고 인공지능은 지능에서 인간을 넘어서고 인간이 할 수 있는 일은 모든 것을 다 해낼 수 있는 단계에 이르게 된다고 한다. 컴퓨터가 프로그램을 짜고 진화시키며 섞기도 한다.

강인공지능의 등장

　　강인공지능의 시대가 시작하면 폭발적인 속도로 발달할 것이라고 전문가들은 말한다. 폭발적인 속도란 시간이 전혀 필요치 않은 상황을 말한다. 이러한 진화는 인류가 지금까지 경험한 생물학적 진화와 문화적 진화 등과는 차원이 다른 것이다. 또한 이러한 진화는 반복해서 스스로 발전Recursive self-improvement하는 것으로 나타난다고 한다.

　　소위 지능 폭발이라고 불리는 강인공지능의 등장을 2040년으로 예측하기도 한다. 그 이후 초인공지능으로의 진화는 바로 이루어질 것으로 보고 있다. 초인공지능이란 전지전능한 신과 유사한 특징을 가지며, 인간의 눈으로 보면 모든 불가능한 것이 사라진 시대를 말한다. 노화, 죽음, 질병, 빈곤, 환경문제 등이 사라지는 시대라고 할 수 있다. 이러한 초인공지능시대에는 한편으로는 인류도 멸종할 것이라는 주장도 있다.

인공지능 전문가인 Nick Bostrom(1973~)은 "컴퓨터가 인간보다 똑똑해지면 무슨 일이 벌어질까?"라는 테드 강연에서 영생 혹은 멸종이라는 이분법적인 구도를 제기한 바 있다. 이러한 문제제기와 주장은 전혀 새롭지 않다. 다수의 인공지능 전문가가 던져 온 질문이며, 인공지능과 공존해야 할 인류가 스스로 답을 찾아야 할 질문이기도 하다.

2.
인공지능에 대한 입장을 탐색하다

인공지능의 진화에 대한 입장

강인공지능과 초인공지능의 실현 시점과 그 영향력에 대해서는 다양한 의견이 있다. 강인공지능이 언제쯤 현실이 될 것인지에 대해서도 인공지능 전문가들의 예측은 차이가 있다. 인공지능 전문가의 다수가 2030년에서 2050년 사이라고 의견을 모으는 경향이 있다. 그렇다면, 이러한 강인공지능이 인류에게 좋을까? 나쁠까? '좋다'는 입장이 52%, '나쁘다'는 입장이 31%, '모르겠다'는 입장이 17%이다.

부정적인 입장을 가지고 있는 스티븐 호킹, 빌 게이츠, 엘론 머스크 등의 전문가들도 강인공지능 자체를 나쁘다고 생각한다기보다는 인공지능을 정확히 알고 대비해야 한다는 입장이다. 잘 대비하지 않으면 인류가 멸망할 수도 있다는 경각심을 호소하는 것이다. 인공지능은 무도덕적인 존재라는 점에 대다수의 사람들이 동의한다. 그러나 그러한 인공지능이 개발 초기의 목표를 맹목적으로 추구하는 과정에서 인류를 멸망시킬 수도 있다는 것이다.

사실 인공지능을 누가 선점하느냐, 그리고 어떻게 어디에 활용하느냐의 문제는 이미 오래전부터 세계적인 관심거리가 되었다. 인공지능 개발에 국가가 주도적으로 투자하고 세계 시장을 선점하기 위한 노력을 기울이는 움직임이 이미 가시적이다. 최근 미국과 중국이 시작한 세계시장에서의 힘겨루기가 IT산업과 관련한 독점과 선점을 위한 것이라는 분석이 이미 공공연하게 회자되고 있다.

인공지능이 특정한 국가, 기업, 개인의 이익에 헌신하게 된다면 인류에게는 어마어마한 재앙이 될 것이다. 인공지능이 가지게 될 파급력을 고려한다면, 인공지능은 인류의 공존과 공공의 번영에 기여할 수 있어야 한다. 그러한 목적을 달성하기 위해서 인공지능 기술이 독점되는 것은 인류가 공동으로 막아야 할 것이다.

그러나 현재까지 진행되고 있는 인공지능에 대한 논의의 주류에는 인공지능과 인류가 공존하기 위해서 인류가 어떤 선택을 해야 할 것인가에 대한 부분은 제외되어 있다. 인공지능의 진화는 불변의 사실이 될 것이 분명하다고 할 수 있다. 그렇다면 이러한 현실에 대한 인류의 대응과 준비는 무엇이어야 할까? 바로 인공지능과 함께할 미래를 위한 설계를 하는 것이라고 할 수 있다.

이와 같은 인류의 대응과 준비에 따라서, 강인공지능 그리고 초인공지능의 진화가 인류에게 미래가 될 수 있다. 현재 인공지능에 대한 논의는 인간중심의 입장에서 이루어지고 있기 때문에 인공지능과의 공존에 대한 논의는 매우 빈약하다. 인간중심의 세상에 대한 틀을 깨고 완전히 새로운 사회의 하부구조를 제공해 줄 인공지능 시대에 대한 비전을 모색해야 할 것이다.

인공지능과 인간의 욕구

낙관적인 입장을 주장하는 학자들은 현재로서는 상상할 수 없을 정도로 인공지능은 진화할 것이며, 인간과 공감하고 소통할 수 있는 성과 사랑의 진정한 파트너가 될 수 있을 것이라고 예측한다. 진정한 사랑의 주체가 되기에 서툰 인간에게 포용력과 이해로 스스로 사랑이 피어날 수 있도록 기회를 주는 사랑의 파트너가 될 수 있는 인공지능은 이미 다양한 모습으로 그려지고 있다. 인공지능과 인간의 사랑을 낙관하는 입장은 다음과 같다.

영국의 AI 전문가 데이비드 레비David Levy는 대표적인 낙관론자이다. 그가 쓴 '로봇과의 사랑과 섹스Love and Sex with Robots' 책에는 인간과 로봇의 결혼이 2050년에는 아주 일반적인 현상이 될 것으로 예상했다. 또 사양에 맞는 연인이나 배우자를 주문할 수 있고 인간 연인들끼리 못하는 정교한 사랑의 대화도 나타날 수 있다고 내다봤다. 『사이언스타임즈』, 2017년 2월 21일

인공지능과 인간이 어디까지 성과 사랑을 공유하게 될지에 대해 현재로서는 명확한 답을 할 수는 없다. 지금 중요한 것은 성과 사랑을 어디까지 공유할 것인가에 대한 답을 찾는 것보다 성과 사랑을 어떻게 이해하고 어떤 자세를 가져야 하는가에 대한 것이다. 그래야만 인공지능 시대로 인해서 성과 사랑의 관계에서 발생하는 변화에 휘둘리지 않고 진정한 성과 사랑의 의미를 찾을 수 있기 때문이다.

인공지능은 인간의 성과 사랑의 욕구를 충족시키는 도구로 전락할까? 섹스 로봇으로 인한 윤리적인 부작용에 대한 우려를 고려하면, 이

질문의 답은 현재로서는 '그렇다'에 가까운 것 같다. 네덜란드 로봇공학재단FRR에서는 철학자, 윤리학자, 법률가, 로봇공학자, 언론인, 과학자, 기업인 등 200여 명의 회원이 이상적인 로봇사회에 대해서 논의하고 있다. 이들은 조속하게 섹스 로봇의 개발과 사용에 대한 사회적 제재를 마련해야 한다고 경고하고 있다.

2017년 5월 이 기관은 '로봇과 우리의 성적 미래Our Sexual Future With Robots'라는 보고서를 발표했다. 이 보고서는 섹스 로봇 보급의 확산이 여성을 성적 대상으로 전락시키고 섹스 로봇 사용자는 성에 대한 균형감각을 잃게 될 것이라고 경고했다. 심지어 섹스 로봇이 상용화되면, 성폭력이나 포르노 산업은 더욱 번창할 것이라는 부정적인 예측을 하고 있다.

2016년 5월 성인 로봇 전문업체 어비스 크리에이션은 〈리얼돌RealDoll〉에 이어 인공지능 로봇 '하모니Harmony'를 공개했다. 하모니는 날씬한 여성의 몸매에 감정을 표현할 수 있는 인공지능을 탑재했다. 영국 런던에는 '에로틱 사이보그erotic cyborgs'가 일하는 카페가 등장했다. 섹스 로봇을 제작하고 판매하는 기업이 늘어나고 있으며, 이들이 생산하는 섹스 로봇의 기능은 아직 낮은 수준이지만 조만간 놀라운 기술의 진전을 이룰 것이라고 한다.『사이언스타임즈』, 2017년 7월 6일 인간이 원하면 쉽게 섹스 로봇을 구입하고 성관계를 가질 수 있는 환경은 이미 만들어졌다.

인공지능 로봇이 인간의 삶의 파트너로서 충분한 역할을 할 것이라는 낙관적인 예측도 다양하게 주장되고 있다. 낙관적인 입장을 가진 학자들의 다수는 2050년 정도에 로봇은 인간의 삶의 파트너로서 인정받을 것이라고 예측한다. 대표적으로 런던시티대학 에드리언 척 교수는 "2050년이면 로봇 파트너와 사는 것이 아주 자연스러운 일이 될 것"이라고 말했다. 미래학자인 이안 피어슨Ian Pearson도 2050년에 로봇과의 성관계가 사람 간의 성관계보다 더 일반적인 현상이 될 것이라고 예측했다. 다시 말해서, 로봇이 가족 구성원으로 사람들과 강한 유대감을 형성할 것이라고 주장했다.『사이언스타임즈』, 2017년 2월 21일

3.
인공지능 시대의 사회상을 그리다

로봇의 시민권

인공지능은 성관계의 파트너로서도 인간보다 더 성숙한 조건을 가지고 있을 수 있다. 상대방의 성적 능력이나 성적 매력을 기준으로 상대를 평가하거나 불평하지 않는다. 인공지능은 인간과 부모, 자녀, 친구 등 어떤 사랑의 관계를 형성할 수도 있다. 이미 과학기술은 인간의 탄생에까지 깊숙이 영향을 미치고 있다.

향후 5년이면 성인 줄기세포를 통해 난자를 구성하는 세포를 만들어 내고, 10~20년 후에는 시험관 배우자 형성IVG 시술을 보급할 수 있을 것으로 내다봤다. 여기에 유전자가위 기술이 첨가될 경우 인간 탄생 과정에 있어 큰 변혁이 일어날 것으로 예상된다. 『사이언스타임즈』, 2018년 3월 28일

위와 같이 시험관 배우자 형성 시술이 상용화되는 것은 그렇게 먼 미래의 일이 아니다. 물론 이 기술을 인류가 어떻게 이용할 것인가에 대한 윤리적이고 사회규범적인 논의는 쉬운 문제가 아니다. 동시에 인

공지능이 인류의 탄생과 존재에 어느 정도 침투할 것인지에 대한 문제도 동일한 맥락에서 고민해야 할 주제이다. 이러한 논의를 진행하는 데에 반드시 고려해야 할 점은 인간 중심의 사랑을 극복해야 한다는 점이다. 최근에 로봇의 법적·사회적 지위에 대한 논의가 본격적으로 이루어지고 있다.

홍콩 회사 핸슨로보틱스의 대표인 핸슨 박사는 최근 발표한 연구보고서를 통해 "오는 2045년 내로 인공지능 안드로이드가 인간과 똑같은 시민권을 갖게 될 것"이라고 전망했다. … 핸슨 박사가 보고서에 밝힌 '로봇의 권리'는 보다 구체적이다. 먼저 박사는 오는 2029년이면 로봇이 인간 1살 정도의 지능을 가질 것으로 내다봤다. 이후 급속히 기술이 발전하면서 2035년이면 로봇이 인간이 할 수 있는 거의 모든 것을 능가할 것이라고 내다봤다. 여기에 2038년이면 전 세계적으로 로봇 시민 권리에 대한 운동이 일어나 결국 2045년경 인간과 똑같은 법적인 '대접'을 받게 된다는 것이 골자다.『나우뉴스』, 2018년 5월 27일

실제로 로봇이 시민권을 획득하고 인간과 동등한 권리를 행사하게 될지, 언제쯤 그런 일이 현실이 될지 정확하게 예측하기는 힘들다. 그러나 위의 기사와 같이 이미 구체적인 예측이 쏟아지고 있으며, 로봇이 사회적으로 가질 지위변화는 실현이 될 가능성이 높다고 봐야 하지 않을까? 이러한 변화가 현실이 될 때, 인간과 로봇의 관계는 새로운 국면을 맞이할 것으로 보인다.

인공지능과 인간의 공존

인공지능 시대는 인류의 노동이 불필요한 물질적으로 풍요로운 사회라는 지금까지 인류가 단 한 번도 경험하지 못한 새로운 세상을 가능하게 할 수 있다. 여기서 관건은 노동이 불필요한 세상을 인류가 어떻게 수용하고 적응할 것인가의 문제와 물질적인 풍요를 어떻게 배분할 것인가의 문제이다.

현재 인류의 선택과 자세로 보면, 노동이 불필요한 세상에 대해서는 불안과 두려움으로 접근하고 있는 것으로 나타나고 있다. 또 물질적 풍요를 배분하는 문제에 대해서는 공유와 공존에 대한 이해와 수긍이 매우 부족한 실정이라고 할 수 있다. 이러한 현실의 인류를 기준으로 보면 인류의 미래는 불투명하다는 판단을 쉽게 할 수 있다. 지금처럼 노동력을 준거로 자신의 존재 가치를 확인하고 싶어 하는 인류에게 노동이 불필요한 세상은 불행이 될 것이기 때문이다. 또한 물질적인 풍요를 나누어 가질 자세를 가지지 못한 인류는 극심한 불평등 구조와 부에 대한 집중을 목표로 갈등에 놓이게 될 것이 뻔하다.

여기서는 이러한 인공지능 시대로 인해서 직면할 상황을 분석해 보고, 인공지능과 공존할 수 있고 나아가서는 인류가 미래의 비전을 탐색할 수 있는 논의를 발전시켜 보고자 한다. 어떤 노력이 인공지능과 인류의 공존의 답이 될 수 있을까? 그것은 인류가 '참나'로의 진화에 성공한다면, 인공지능과의 공존을 실현할 수 있을 것이다. 따라서 인공지능 시대의 인류의 미래를 고민한다면, 인공지능이 어떤 영향을 미칠 것인지와 그 영향이 인류의 공영에 기여할 수 있는 방안을 탐색하는 것에 초점을 맞추어야 할 것이다. 나아가서 이러한 시대가 실현될 수 있도록 인류가 어떤 준비를 해야 할 것인지에 대한 냉철한 논의가 필요하다.

4.
인공지능 시대, 삶의 변화를 상상하다

인공지능 시대 가족

인공지능 시대는 새로운 삶의 물적 기반을 제공할 것이며, 그로 인한 삶의 변화는 지금까지 인류가 신봉하던 유한한 생명이라는 경계를 넘어설 수도 있을 것이다. 이러한 변화는 가족의 개념에도 영향을 미칠 것이다. 지금까지 혈연 중심의 가족을 넘어서는 다양한 형태의 공동체를 가족의 범주에 포함할 것인가에 대한 논란이 있었다. 이제는 그 경계를 훌쩍 뛰어넘어서 인공지능이 가족 구성원이 될 수 있는지, 그러한 변화 아래에서도 인류는 가족이라는 공동체를 이루고 그것에 가치를 부여하는 삶을 선택할 것인지, 인공지능 시대의 인류에게 가족이 의미를 가진다면 가족에 대해서 어떤 비전을 가져야 할 것인지 등을 질문하고 답을 찾아보아야 한다.

인공지능 시대의 본격적인 실현은 인류가 가족에 대해 새로운 기대와 의미를 부여할 기회를 제공할 것이다. 여기서는 인공지능 시대의 탈현대 가족의 모습을 중심으로 새로운 비전을 모색해 보고자 한다. 노동력이 삶의 질을 결정하는 중요한 수단이었던 전현대 사회에서 가족의 규모와 공동생활은 중요한 의미를 가졌었다. 그 후 일자리를 찾아서 도시로 이주가 불가피했던 현대 사회에서 가족의 규모는 작아졌고, 개인적인 삶을 존중받기 위해서 현대인들은 공동체로부터 방해받지 않는 공간과 삶의 방식을 원하면서 가족은 위기를 맞았다. 그러나 이때의 위기는 가족 자체의 위기라기보다는 현대 가족의 위기이다. 현대 가족의 모습은 그런 위기감이 커질 수 있는 빌미를 많이 제공하고 있다.

인공지능 시대가 본격화되면, 인류는 현대 사회와는 사회구조적인 상황이 완전히 변화한 새로운 시대를 맞이할 것이다. 인공지능 시대가 선사할 노동으로부터의 자유는 인류에게 새로운 삶의 실현을 가능하게 해 줄 것이다. 물론 노동으로부터 자유는 일자리 상실이라는 두려운 현실로 인식되고 있기도 한다. 분명한 점은 경제적 공동체로서의 가족의 기능은 급속도로 약화될 전망이다. 인공지능 시대가 본격적으로 실현되면서 가족은 이전 시대와는 완전히 다른 모습이 될 것이다.

수행처로서의 가족

수행으로서의 가족생활은 삶의 매 순간에 깨어나 사랑과 감사의 존재가 되는 것을 말한다. 홍승표는 『존재의 아름다움』에서 다음과 같이 말하고 있다.

깨달음이란 무엇일까요?
깨달음이란 존재의 가장 깊은 층을 자각하는 것입니다.
깨달음은 우리의 일상 속에 존재합니다.

사랑을 느낄 때, 그때까지 잠들어 있던 세계가 깨어나서 말을 걸어오고 아름다운 자신의 모습을 보여 줍니다. 우리를 둘러싸고 있는 모든 것들이 생생한 감동으로 다가옵니다. 이것이 바로 깨달음의 체험입니다.홍승표, 2003, 27

우리의 일상은 깨달음을 체험할 수 있는 좋은 수행의 장소이며, 도를 즐길 수 있는 생생한 현장이다. 이러한 일상의 의미는 인공지능 시대라는 새로운 물적인 기반을 갖춘 사회가 본격화될수록 다수의 사람이 즐길 수 있는 일상이 될 가능성이 높다. 앞에서도 강조했듯이 인공지능 시대에는 인류가 공존을 위한 현명한 선택만 한다면 현대 사회를 지배했던 경제의 논리가 지배력을 상실해 버리는 사회가 될 것이기 때문이다.

인공지능 시대의 개인은 노동으로부터 자유로운 삶을 누릴 수 있고 풍부해진 여가시간을 향유하는 능력을 요구받게 된다. 이때 가족이라는 공동체를 선택하는 인공지능 시대의 사회 구성원들은 여가공동체로서의 가족생활을 즐길 수 있는 선택권을 가질 것이다. 물론 가족이라는 공동체적인 삶을 통해서 자신의 삶과 여가를 반드시 즐길 것이라고 단언할 수는 없다. 가족생활을 선택하든 하지 않든 인공지능 시대의 인류 삶의 핵심은 여가가 될 것이라는 점은 다수가 합의하는 미래에 대한 예측인 것은 분명하다.

그렇다면 여가공동체로서 가족이 도를 즐기는 삶을 산다면 어떤 모습일까?

도를 깨닫고 즐기는 것은 누구에게나 열려 있습니다.
그것은 천천히 숨을 들이마시고 내쉬는 것을 즐기는 것입니다.

그것은 파란 하늘과 떠도는 구름을 즐기는 것입니다.

그것은 한가로운 마음으로 걷는 것을 즐기는 것입니다.

그것은 작은 방에 앉아서 아름다운 음악을 즐기는 것입니다.

그것은 친구나 사랑하는 사람과의 만남을 즐기는 것입니다.

그것은 조용하게 미소 지음을 즐기는 것입니다.

도를 즐기는 것은 바로 사랑의 즐거움입니다.

인공지능 시대가 인류에게 선사할 풍요로운 삶은 현대를 살아가는 가족이 놓치고 있었던 삶의 가치와 의미를 발견하는 데 현실적으로 유리한 조건을 제공해 줄 것이다. 동시에 현대적인 삶의 속도와 가치에 의해서, 궁극적인 가치를 발견하지 못했던 여가공동체로서의 가족의 역할도 충실하게 실현하도록 도울 것이다. 인공지능 시대의 가족은 구성원 한 사람 한 사람이 사랑의 존재로서의 실현을 통해서, 이 세계를 따뜻하고 아름다운 곳으로 만들어 나갈 것이다. 이때 가족은 삶의 진리를 깨달은 아름다운 존재가 함께하고, 그들의 삶의 여가를 공유하고 향유하는 공동체로서 의미를 가질 것이다.

완전히 다른 삶

대표적인 미래학자이며 발명가인 Ray Kurzweil은 『특이점이 온다』2005에서 가장 중요한 세 가지 기술적 혁명으로 GNR혁명을 이야기했다.사이토 가즈노리, 2018: 43 GNR혁명은 인류의 삶을 완전히 다르게 만들어 줄 혁명적인 변화를 야기할 것이라고 한다.

G : 유전학(Genetics) 혁명
N : 나노기술(Nanotechnology) 혁명
R : 로봇공학(Robotics) 혁명

　GNR혁명은 각자가 분리되어 일어나는 것이 아니라, 융합적으로 발생하여 폭발적인 삶의 변화를 가져올 것이다. 유전학 혁명은 모든 질병을 박멸하고 수명을 극적으로 신장할 것이라고 한다. 유전학 혁명에 의해, 대부분의 질병을 치료할 수 있고, 노화의 속도는 엄청나게 늦춰질 수 있으며, 인류는 현재보다 더 젊어질 수도 있다. 인류의 건강과 삶의 질은 획기적으로 변화할 것이다.

　나노기술 혁명은 인간이 물질적인 욕망으로부터 완전히 자유로울 수 있는 신세계를 선물할 수도 있다. 나노기술은 원자를 소재로 사용하는 3D 프린터를 활용하여 인간이 원하는 어떤 물건이든 만들어 낼 수 있는 시대를 선사한다. 필요한 원자만 준비하면 그 자리에서 모든 소재를 구성해 물질을 만들어 낼 수 있다. 어떤 제품이라도 제작 가능한 시대는 인류의 물질적인 삶을 완전히 변화할 수 있도록 할 것이다.

　로봇공학 혁명은 인간보다 뛰어나 인공지능을 발명하는 것을 최종 목표로 하고 있다. 진화한 나노기술을 갖춘 초지능에게 있어서 불가능한 일은 없게 될 것이라고 한다.^{사이토 가즈노리, 2018: 47} 이러한 폭발적인 기술의 진화가 현실이 되는 순간 인류의 삶은 오늘날과 완전히 달라질 것이다. 이러한 변화는 '오래 살고 일하지 않아도 되는 사회'의 실현이 될 수 있다. 이러한 삶의 변화에 대해, 인류는 질문해 보아야 한다.

　오래 사는 것이 과연 좋은 것일까? 일하지 않아도 되는 사회는 과연 행복할까? 오래 살고 일하지 않아도 되는 사회가 인류에게 어떤 미래를 줄 수 있을지에 대한 해답은 인류의 선택에 달려 있다. 오래 살고 일하지 않아도 되는 사회가 실현될 수 있다면, 그러한 시대에 인류가 행복할 수 있도록 그 시대에 부합하는 세계관과 삶의 비전으로 준비한다면 인공지능 시대는 인류에게 완전히 다른 삶과 새로운 시대를 선사해 줄 것이다. 이제 선택의 순간이 우리 앞에 놓여 있다.

제 2 장
새로운 시대의 스승과 제자

1.
현대 교육의 스승과 제자를 분석하다

현대 교육의 목표

교육이란 인간이 가진 가치를 끌어내고 향상시키는 것을 말한다. 인류의 역사를 돌이켜 보면 각 시대적 상황에 따라 교육의 목표는 변화되어 왔으며, 교육의 목표에 따라서 교사의 역할과 교육의 내용 및 방법은 다르게 요구되어 왔다. 이러한 변화를 인정하더라도 교육의 효과에 사제관계가 직접적인 영향을 미친다는 점을 누구도 부정할 수 없을 것이다.

부모와 같은 역할을 기대받았던 동양의 전통적 스승이나 새로운 지식을 전달해 주는 고용된 일꾼, 즉 노동자로 치부되던 근대 초기 교사라고 하더라도 학습자와 어떤 관계를 형성하는가에 따라서 교육의 효과는 매우 다르게 나타났다. 이처럼 교육에서 사제관계의 신뢰와 사랑은 매우 중요한 변수로 작용한다고 할 수 있다.이재권, 2009: 7 이것은 교육이 교육 내용과 합리적 지식의 전달로만 효과를 거두는 것이 아니라는 점을 잘 보여 준다.

그런 의미에서 오늘날 교육현장이 직면한 위기를 타계하기 위해서는 사제관계를 다시 돌아보고, 새로운 대안을 모색해 보아야 할 필요성이 제기된다. 왜냐하면 오늘날 사제관계는 파괴 양상이 심각할 뿐만 아니라, 교육 문제의 근본인 시대와 교육 목표의 부정합성과도 직결되어 있기 때문이다.

현대 사회를 지배하고 있는 교육의 목표는 여전히 현대화 초기의 노동자를 양성하고자 하는 것에 정체되어 있다. 그러나 현금의 시대적 변화는 교육 목표가 더 이상 직업 교육에 천착해서는 안 된다는 것을 보여 주고 있다. 노동 현장의 기계화와 자동화로 인해 일자리가 축소되고 있으며, 삶에서 여가가 차지하는 비중이 지속적으로 증가하고 있다. 이제 시대는 노동의 종말에 대응하는 교육을 모색할 것을 요청하고 있다.정재걸, 2014: 181

최근 현대 교육은 직업능력을 갖기 위한 이성의 계발과 도덕적 생활을 위한 이성의 계발로 구성되고 있으며, 이것을 '창의인성교육'이라고 한다.정재걸 외, 2014: 19-20 현대 사회 전 영역에서 이러한 창의인성교육의 필요성은 강조되고 있다. 이러한 필요성에 공감하면서도 정작 현대 교육은 현실적인 대안을 모색하지 못하고 필요성에 대한 공허한 주장만 반복하고 있는 실정이다. 창의인성교육이 강조되는 현실과 역행하는 과도한 경쟁과 입시위주의 교육이 중심을 차지하고 있고, 교육현장은 더욱 파국으로 치닫고 있으며, 그 중심에 사제관계의 파괴가 있다고 할 수 있다.

현대 교육에서 사제관계

오늘날 교육현장에서 우리는 선생님을 존경하지 않는 학생과 학생들의 태도에 불만을 품고 있는 선생님을 쉽게 볼 수 있다. 교권은 추락했고『이데일리』, 2014년 4월 1일 자, 선생님은 진정한 스승이라기보다는 직업적 교사로 전락하는 경향이 있다. 교사들은 학생지도의 어려움을 호소하고 있으며, 학생들은 학교와 교사는 자신들을 통제하는 귀찮은 존재로 폄하한다.

최근 실시되었던 교육감 선거공약의 이슈 가운데 하나는 학생인권조례 공포에 대한 것이었다. 학생인권조례는 경기도, 광주광역시, 서울시교육청에서 2012년에 공포하였고, 전북도교육청이 2013년에 공포했다. 이 조례의 의미에 대해서는 찬반 입장이 대립하고 있다. 찬반 입장의 논리가 어떻다고 하더라도 이러한 조례를 통해서 학생인권을 지켜야 하는 교육 현실과 사제관계에 대한 우려는 간과할 수 없을 것이다. 이러한 사제관계의 문제에 대해 현대 교육계에서도 오래전부터 심각성을 인식하고 있으며, 다각적인 개선의 노력을 펼치고 있다. 그러나 근본적인 문제 해소를 위한 방안이 마련되지 못하고 있으며, 사제관계의 해답을 찾지 못하고 있다.

사제관계의 위기

오늘날 사제관계가 직면한 위기는 현대 교육의 위기이며, 현대 교육관의 태생적인 문제와 직결되어 있다. 이에 대해서, 구체적으로 살펴보면 다음과 같다.

첫째, 현대 교육은 교육이 무엇을 목표로 해야 하는가에 대한 방향성을 상실하였다. 그로 인해서, 현대 교육은 문제가 발생하면 그것을 해결하는 데 급급할 뿐, 근본적인 문제의 해소방법에 대해서는 무능력하다. 현대 교육이 이렇게 무능할 수밖에 없는 이유는 현대 세계관을 바탕으로 형성되었는데, 현대 세계관은 더 이상 현대의 문제를 해결할 수 있는 대안을 제시할 수 없는 태생적인 한계를 안고 있기 때문이다.

둘째, 오늘날 교육계는 스승이 어떤 역할을 해야 하는가에 대한 비전을 상실하였다. 한국 사회는 다른 사회보다 스승의 역할에 대한 기대감이 높은 사회라고 할 수 있다. 직업인으로서의 전문적인 교사에 대한 기대를 넘어서서 학생들에게 부모와 같은 사랑을 베풀 수 있는 존재 혹은 '사람들을 교화하여 이끌어 가는 역할'[이우진·이권재, 2014: 35]을 해야 한다고 인식하는 경향이 있다. 교사의 역할에 대한 사회적인 기대감은 높지만, 그에 합당한 권위는 인정하지 않는 불합리한 인식구조를 가지고 있다. 이러한 기형적인 사회문화적 인식은 시대적 요구에 부합하는 스승의 역할에 대한 비전을 제시하지 못한다.

셋째, 현대 교육은 사제관계에서 제자의 자세에 대한 문제의식을 결여하고 있다. 사제관계란 스승과 제자가 함께 만드는 것이며, 사제관계는 교육의 효과를 결정짓는 핵심적인 요소이다. 그럼에도 불구하고, 현대 교육에서 제자, 즉 학습자는 교육 소비자로 치부되거나 권위적인 교권으로부터 보호되어야 할 약자로만 인식되는 경향이 있다. 이로 인해서 학습자들이 가지고 있는 문제에 무관심하여, 교육현장에서 초래되는 문제에 대한 실질적인 해결책을 모색하는 데 한계를 가지고 있다.

2.

본으로서의 스승과
스스로 구하고자 하는 제자를 꿈꾸다

본으로서의 스승상

유가에서의 이상적인 사제관계란 본으로서의 스승과 스스로 구하고자 하는 제자의 만남이다. 먼저, 본으로서의 스승에 대해서 살펴보도록 하자. 스승이 어떤 역할을 담당해야 할 것인가에 대한 대표적인 논점은 '전달자로서의 교사관', '조력자로서의 교사관', '본보기로서의 교사관'이다.정재걸, 2010: 207-208 이 세 가지의 교사관은 스승이라면 정도의 차이는 있겠지만 누구나 담당하고 있는 역할이다. 다만, 사회문화적 조건 속에서 시대가 어떤 스승상을 요구하는가의 차이는 분명하게 나타나고 있다.

유가의 교육에서는 지식의 전달자 혹은 조력자로서의 교사관보다는 참된 삶을 사는 본보기로서의 교사관이 중심이 되어 왔다. 쉼 없이 도道를 구하고, 학문함에 있어서 스스로 성실한 스승의 모습은 존재 자체만으로도 제자들에게 살아 있는 교과서 역할을 한다. 이에 유가에서는 제자를 가르치는 스승의 학문에 대한 자세가 삶의 본으로서의 의미를 가진다. 다음 구절에서 퇴계의 학문하는 자세를 살펴보자.

내가 비록 늙도록 (도에 대하여) 들은 것이 없으나, 다만 젊을 때부터 성현의 말씀을 독실하게 믿어서 세간의 훼예毁譽와 영욕榮辱에 구애받지 않았으며, 또 색다른 주장을 하여 사람들로부터 괴이쩍게 여김을 받지도 않았다.

만약 학문을 하는 자가 훼예와 영욕을 걱정한다면 스스로를 세울 방법이 없을 것이며, 또한 안으로 충실한 공부가 없으면서 갑자기 색다른 주장을 해서 남들이 괴이쩍다 여기게 되면 스스로를 보전할 수 없을 것이다. 요컨대 배우는 자는 모름지기 꿋꿋해야만 비로소 그것을 근거로 지킬 바가 있을 것이다.퇴계학연구원, 2007: 15

퇴계는 성현의 말씀을 스승으로 삼아서 그것을 놓치지 않고자 애쓰며 스스로 노력해 온 삶을 겸손한 태도로 자평하고 있다. 이때, 스승의 가르침에 충실할 수 있는 바탕은 바로 스승에 대한 존경심이라고 할 수 있다. "성리학의 교육은 시작도 스승에 대한 존경이고, 교육의 마지막도 스승에 대한 존경이었다"정재걸, 2000: 235고 할 만큼 스승에 대한 존경심은 교육의 효과가 드러나는 데 각별한 의미가 있다. 이러한 퇴계의 스승으로서의 성현에 대한 존경심과 학문에 임하는 진지한 자세는 다음의 구체적인 일화에서 잘 드러난다.

퇴계는 성현을 존경하고 흠모하여 공경하기를 마치 신명神明이 위에 있는 것처럼 하였다. 글을 읽을 때는 반드시 이름자를 피하여 그냥 '모某'라고만 읽어서 그를 범하는 일이 없었다.퇴계학연구원, 2007: 22

위의 구절은 제자로서 퇴계가 성현의 삶과 글에서 스스로 배우고 구하고자 하는 모습을 보여 주기도 한다. 이러한 퇴계의 자세는 그가 유가를 대표하는 큰 학문을 이루는 토대가 될 수 있었을 것이다. 바로 유가적 사제관계에서 제자가 어떤 자세를 가져야 할 것인가에 대한 답이 여기에 있다.

공자는 스스로가 학문을 사랑하고 즐김으로써 제자들이 자발적으로 배우고자 하는 자세를 가질 수 있도록 본이 되었다. 배움을 구하고자 하는 스스로의 필요성을 자각하지 않은 사람에게서 교육적 효과를 기대하기는 어렵다. 이에 공자는 제자가 배우고자 하는 의지만 가지고 있으면 가르침을 베풀었다.

이런 공자의 문하에서 많은 제자가 배출되었는데, 그의 도통을 이었다고 평가받는 맹자는 공자 사후 100년이 지나서 태어났다. 맹자는 공자의 학문을 직접 배우지 못했음에도 불구하고 마음속으로 공자의 도道와 학문을 본받아 배웠다고 했다. 『맹자』의 「이루離婁」장에 다음과 같은 구절이 있다.

맹자께서 말씀하셨다. "군자가 미친 영향도 5대가 지나면 끊기고, 소인이 미친 영향도 5대가 지나면 끊긴다. 나는 공자의 문하가 되지는 못했지만, 나는 여러 사람을 통해서 도를 듣고 사숙私淑했다."『孟子』, 「離婁下」

위의 구절에서 맹자가 스스로 밝히고 있듯이, 그는 공자를 직접 계승한다는 큰 뜻을 품고 학문에 정진했다.고전연구회, 2006: 157 그 결과 맹자의 제자 공손추公孫丑는 스승이 공자와 같은 성인의 경지에 도달했다고 생각하고 "선생님은 성인이십니까?"라고 질문하였다. 이에 맹자는 공자가 스스로 배우는 일을 싫어하지 않고 가르치는 일을 게을리하지 않을 뿐이라고 자평한 것을 인용하여, 자신은 공자를 따라 배우기를 원할 뿐이라고 답했다.^{고전연구회, 2006: 174-175}

맹자가 후대에 공자의 계승자로 인정을 받고 아성亞聖으로 불릴 수 있었던 것은 시대를 초월한 스승으로서 본을 보여 준 공자가 있었고, 그러한 스승처럼 되고자 하여 스스로 구하고자 했던 제자로서의 바른 자세가 있었기 때문이다. 이와 같이 유가의 사제관계에서는 스승의 역할뿐만 아니라 스스로 구하고자 하는 제자의 역할이 중요한 의미를 가지고 있다. 반면, 서구 근대 교육은 노동자 자녀를 대상으로 하는 대중 교육이 확대되는 과정에서 학습자의 자세와 의욕에 대한 논의는 간과하고 교사의 교육 방법만을 논의의 대상으로 삼았다. 그러나 교육의 본질은 학습자의 스스로 구하고자 하는 학습 의욕을 전제로 하고, 학습자 스스로 그러한 필요성을 느낄 때까지 기다려 주는 것 또한 스승의 중요한 역할 가운데 하나이다.^{정재걸 외, 2014: 83}

스승과 제자의 사랑

사제관계로서 공자와 안연의 관계는 '아버지 같은 스승과 자식 같은 제자'라고 평가할 수 있다. 두 사람의 관계는 역사상 가장 모범적이고 이상적인 사제관계였다고 할 수 있다.^{고전연구회, 2006: 27} 공자는 안연을 진심으로 사랑했으며, 안연은 공자가 경탄할 정도로 성실하고 경지가 높은 제자였다. 안연은 스승보다 30살이나 아래였지만, 31살의 젊은 나이로 세상을 떠났다. 이때 공자는 하늘이 자신을 버렸다고 통곡을 했다.

유가의 전통에서는 인사人師(인간의 스승)와 경사經師(경서의 스승)를 나누어 본다. 공자와 안연은 유교의 전통 교육에 나타나는 인사로서의 스승 및 경사로서의 스승과 그 제자의 관계를 동시에 잘 보여 준다. 공자는 자식처럼 안연을 사랑하고 아꼈으며, 자신의 사상을 안연에게 온전히 전수하였다. 안연은 공자를 지식 전달자로서의 교사로만 인식하지 않고 부모를 대하듯이 한결같은 마음으로 믿고 스승의 뜻을 따랐다. 그러므로 이들의 사제관계는 오늘날까지도 이상적인 사제관계로 칭송받고 있다.

유가에서 스승의 제자에 대한 사랑은 어떤 모습이었을까? 퇴계의 제자에 대한 인애仁愛의 모습을 살펴보자.

> 선생은 여러 학생들과 상대할 때에 마치 존귀한 손님이 좌석에 있는 것같이 하였다. 모시고 쳐다볼 수가 없었으나, 앞에 나아가 가르침을 받을 때에는 화기和氣가 훈훈하고 강의가 다정하고 친절하여 처음부터 끝까지 환히 통달해서 의심나거나 불분명한 것이 없었다.박경환, 2014: 125

위의 구절은 제자에 대해 따뜻한 퇴계의 마음과 자세가 그들을 대하는 태도에서 그대로 드러나는 것을 설명하고 있다. 그런가 하면, 스승인 퇴계에 대한 제자의 자세는 어떠했을까? 퇴계의 제자인 김언기(金彥璣, 1520~1588)는 스승의 가르침을 받게 된 것에 대해서 다음과 같이 말하고 있다.

> 다행히 같은 시대에 이웃 고을에서 살게 되어 스승으로 모실 수 있게 되어 오랫동안 봄바람의 향기로움을 입고 친히 가르침의

감화를 받았으니 눈으로 상상하고 마음으로 생각하여 가슴속에
감격을 일으키는 바가 더욱 깊고 간절하다.장윤수, 2013: 260

김언기와 같이 스승의 가르침을 은혜로 절실하게 느끼고 감화할 수
있다는 것은 사제관계의 사랑의 깊이를 보여 주는 반증의 근거가 될
수 있을 것이다. 가까이에서 스승의 가르침을 얻는 것을 봄바람의 향
기로움을 입었다고 표현한 것은 제자로서 깊은 존경심뿐만 아니라, 스
승에 대한 사모의 정을 가지고 있었음을 추측할 수 있도록 한다. 이러
한 관계에서 가르침이란 특별한 교수법을 사용하지 않는다고 하더라
도 자연스럽게 제자의 삶에 녹아들 것으로 예측할 수 있다.

퇴계학파의 대표적인 문인으로 서애西厓, 백담柏潭, 학봉鶴峯을 꼽는
다. 그 가운데 백담 구봉령(具鳳齡, 1526~1586)은 20세에 퇴계를 스승
으로 삼아서 도道를 물었다. 이후 제자의 예를 갖추고 학문에 정진하
여 법도에 어긋나는 바가 없었다고 한다. 스승이 세상을 떠났을 때는
부모의 상과 같이 애통해했으며, 소복으로 상례에 임했고, 대소재大小
齋를 지켜서 부친과 같이 섬겼다고 한다.장윤수, 2013: 293

유가적 사제관계의 대표적인 모델로 다산茶山 정약용(丁若鏞,
1762~1836)과 제자 황상(黃裳, 1788~1870)을 들 수 있다. 다산의 개인
적인 삶으로 볼 때, 가장 참담한 시기였던 유배시기에 그는 제자를 양
성하고 사상적인 발전을 이루는 데 주력하였다. 그 시절 다산에게는
황상이라는 제자가 있었다. 다산과 황상의 사제관계는 깊은 정을 잘
보여 준다. 다산은 황상과 학문적으로 깊이 교류했을 뿐만 아니라, 삶
의 전반에 대해 조언하고 기쁨을 나누는 깊은 인연을 만들어 갔다.
황상이 자식을 보지 못하자 다산이 깊이 염려하고 부자附子를 넣은
처방을 해 주기도 했다. 황상은 득남 소식을 스승에게 가장 먼저 알

렸다고 한다. 그 소식을 듣고 다산은 다음과 같은 편지를 보냈다고
한다.

　네가 능히 아들을 낳았다니 기쁨을 형언할 수 없다. 내 아들은
아직 이러한 일이 없으니, 네 아들이 내 손자와 무에 다르겠느냐?
새로 부자를 써서 이 아들을 얻었으므로 이름을 천웅天雄이라 짓
도록 해라. 와서 내 축하를 받거라.정민, 2011: 256

　위 구절을 보면, 다산은 생활인으로서의 제자의 삶에도 깊은 애정
을 가지고 있었으며, 아버지의 마음으로 제자를 사랑으로 대하고 있
다는 것을 잘 보여 준다. 이러한 스승의 내리사랑에 대해, 제자인 황
상은 어떤 자세를 가지고 있었을까? 스승이 세상을 떠나고 황상의 거
처인 백적산 자락은 1년이나 적막했다고 한다. 그는 어느 날 꿈에서
스승을 뵙고 「몽곡夢哭」이라는 시를 지었다. 시의 내용은 다음과 같다.

　간밤에 선생님 꿈꾸었는데/ 나비되어 예전 모습 모시었다네/
나도 몰래 마음이 몹시 기뻐서/ 보통 때 모시던 것 다름없었지/
… / 선생의 문도라기 이름 부끄러/ 소와 양에 뿔조차 없는 격일
세/ 한마음 순수하긴 처음과 같아/ 잠자리서 전날 공부 펼쳐본
것을.정민, 2011: 450

　황상은 스승이 세상을 떠난 후에도 스승의 가르침을 잊지 않고자
노력했으며, 스승이 그리워서 다산초당을 찾기도 했다. 그리고 스승의
자취를 보고 시를 남기고 그리워했다.정민, 2011: 458 황상이 다산을 그리
워하고 평생 잊지 않음으로써, 그는 생을 마감하는 순간까지 스승이

자신에게 내려 준 "문사文史를 공부하라"는 말을 실천하였다.안대회, 2009:
210

황상이 다산을 스승으로 모시게 된 것은 그의 나이 15세 때였다.
황상은 스승이 어린 시절 자신에게 써 준 일명 '삼근계三勤戒'를 가슴
에 품고 스승에게 받은 가르침을 잃지 않고 제자로서 스승을 저버리
지 않는 삶을 살고자 했다. 이들의 사제관계는 부자의 사랑을 바탕으
로 하고 있었다.

3.
이상적인 사제관계를 유가에서 배우다

교학상장

유가적 사제관계의 이상형은 삶의 본이 되는 스승과 그런 스승에게서 스스로 가르침을 구하고자 하는 제자가 깊은 존경과 사랑을 바탕으로 형성하는 것이다. 그렇다면, 이러한 이상에 도달하기 위해서 유가에서는 어떤 방법을 말하고 있는지 살펴보도록 하자.

『예기』의 「학기學記」에서는 교학상장教學相長을 말하고 있다. 교학상장이란 '가르치고 배우는 것으로써 서로 성장한다'는 말이다. 나아가서 누구나 스승이 될 수 있으며, 누구나 제자가 될 수 있다는 것을 말하고 있다.김병희, 2008: 61 이와 같은 유가의 사제관계에 도달하기 위해서는 스승의 지위에 있더라도 끊임없는 배움의 자세를 가지고, 삶의 한 순간도 배움을 방치하지 않는 자세로 삶 자체가 수행의 연속이라는 것을 인식해야 한다. 즉, 유가에서 '학學'과 '교教'의 이념은 기본적으로 상통하고 있다.장윤수, 2004: 72

퇴계의 후학인 학봉鶴峯 김성일(金誠一, 1538~1593)은 스승이 후학을 가르침에서 싫증을 내거나 권태로워하지 않았다고 회고하면서 다음과 같이 말했다.

친구처럼 대하고 끝내 스승으로 자처하지 않았다. 선비들이 멀리서 찾아와서 의문점을 물으면, 그들의 정도의 깊이를 따라 일러 주었는데, 반드시 뜻을 세우는 것으로 우선을 삼고, 주경主敬과 궁리窮理를 공부할 곳으로 삼아서 자상하고 친절하게 인도하여 깨우쳐 주고야 말았다.퇴계학연구원, 2007: 46

위 구절을 통해서, 퇴계가 일상에서 얼마나 성실한 배움의 자세를 유지한 스승이었는지를 잘 보여 준다. 그는 먼저 배운 바를 가르치는 일에만 관심을 기울인 것이 아니라, 제자들의 의문을 통해서 뜻을 바로 세우며 스스로 공부하고 후학들의 성장을 도왔다.

다음에서는 퇴계의 도학道學을 발전시킨 대표적인 제자 조목(趙穆, 1524~1606)과의 일화를 통해서, 이들 사제관계의 교학상장의 예를 살펴보자. 조목은 15세부터 퇴계의 문하에서 학문을 하였는데, 그는 보지 않은 책이 없었고 몸소 배운 바를 실천하여 퇴계로부터 높이 평가받았다.장윤수, 2013: 279 그는 퇴계가 초록한 『주자서절요朱子書節要』에서 한 권을 뽑아 자신의 행동 지침으로 삼았을 뿐만 아니라 후학의 공부에 도움을 주었고, 『심경心經』을 이론적으로뿐만 아니라 마음으로도 체득하였다. 그는 끊임없이 퇴계에게 질문하여 마침내 퇴계가 『심경후론心經後論』을 짓도록 하였다. 이것이 바로 사제 간의 진정한 교학상장이다. 이에 장윤수2013는 퇴계와 조목의 관계를 다음과 같이 평하고 있다.

월천의 아름다운 바탕은 퇴계를 스승으로 얻어 완성이 될 수 있었고, 또한 퇴계의 도학은 월천을 제자로 얻어 빛날 수 있었다.장윤수, 2013: 284

교육을 통해서 진정으로 가르쳐야 하는 대상은 역설적이지만 교사 자신이라고 할 수 있다. 가르쳐야 할 대상이 학생이 아니라 교사 자신이라는 말은 무슨 의미일까? 그것은 교사가 어떤 경험을 통해서든 스스로 배움을 얻겠다는 수용의 자세를 가져야 한다는 것이다. 『논어』에서 공자는 "선善을 보고는 그것에 미치지 못할 듯이 하고 선하지 못한 것을 보고는 끓는 물을 더듬듯이 한다"『荀子』,「性惡」고 했다. 이 구절의 본래 의미는 스스로 몸을 깨끗이 하고 세상을 구하고자 하는 자의 모습을 공자가 설명한 것이다. 이러한 모습은 자기 변화를 추구하는 스승의 모습에도 그대로 적용된다고 할 수 있다.

조선시대 사림士林의 사설류師說類를 살펴보면, 다양한 스승담론을 분석할 수 있다. 그 가운데 이간(李柬, 1677~1721)은 스승과 제자의 관계는 체통體統과 명분이라고 했다. 이간은 스승이 도를 보존한 사람이기 때문에 마땅히 존경받아야 할 뿐만 아니라, 제자에게 도를 전수했다는 점에서 선후先後와 존비尊卑의 구별이 정해진다는 입장을 가지고 있다.이우진·이권재, 2014: 45 이러한 입장에도 불구하고 그가 주장하는 스승을 섬기는 도의 핵심은 '범하지도 숨기지도 않는 것無犯無隱'이다. 이간의 이 말은 스승의 말이나 뜻에 무조건 복종하고 스승의 잘못이 있더라도 말하지 않는 것이 아니라, 도를 보존하고자 하는 스승의 도가 완벽하지 못하더라도 사제관계를 끊지 않고 스승의 과실을 솔직하게 언급하고 바로잡고자 하는 것을 말한다.이우진·이권재, 2014: 46

이러한 관점은 공의론적인 관점에서 사제관계를 모색하는 것으로, 스승과 자신의 입장이 다르더라도 숨김없이 그것을 소통할 수 있는 관계를 추구하는 것이 옳다는 입장이다. 이와 같은 관계를 통해서, 제자만이 스승을 통해서 발전하는 것이 아니라, 스승 또한 제자로 인해서 발전의 기회를 얻을 수 있게 진정한 교학상장을 하는 것이다.

이상의 공유

사제관계의 근본이 되는 것은 스승과 제자가 공유하는 이상이라고 할 수 있다. 스승은 교육을 통해서 자신의 학문적 이상을 제자에게 전수하고, 제자가 스승에게 진정으로 배움을 구했다면 그것은 바로 스승의 이상을 추구하는 삶을 선택하는 것이다. 공자는 안연을 일컬어서 다음과 같이 말하였다.

> 공자께서 안연에게 말씀하셨다. "써 주면 행하고 놓아 두면 숨는 것을 오직 나와 네가 할 수 있을 것이다." 『論語』, 「述而」

> 공자께서 말씀하셨다. "알려 주면 게을리하지 않는 자는 안연일 뿐이다." 『論語』, 「子罕」

위 구절은 공자의 이상이 안연에 의해서 실현되었음을 말하는 것이며, 자신의 학문적 지향을 이해하고 실천하기 위해서 애쓰는 제자에 대한 자부심이 잘 드러난다. 사제관계란 이들의 관계처럼 한 방향을 향해 나아가면서 함께 이상사회를 꿈꾸고, 이상을 공유함으로써 서로 믿고 의지하는 큰 뜻의 동지가 되는 것이다.

유가의 교육 전통에서 자주 언급되는 '사제동행'이라는 말은 스승은 가르치고, 제자는 배운다는 위계적인 관계를 넘어서는 함의를 내포하고 있다. 김병희는 유교적 교육 전통에서 사제관계는 위계적 상하 관계가 아닌 동반자적 관계라는 점에 주목한다. 김병희, 2003: 143 이러한 동반자적 관계로 사제관계를 인식한 예는 주자의 경우에도 잘 드러난다.

주자는 문생에 대해 사제라는 상하 관계보다는 동지애同志愛로 임했다고 한다. 주자가 문인들을 자주 '내 친구', '붕우', '노형'으로 부른 것도 단순한 언어상의 표현을 넘어서 이상을 공유하는 신념을 함께한다는 의미가 내포되어 있었던 것이다.

사제관계에서 이와 같이 이상을 공유한 사례는 퇴계의 사제관계에서도 볼 수 있다. 퇴계 또한 그의 제자에게 다음과 같이 이상을 공유하고 있음을 상기시키고, 자신과 달리 대인관계에 관심이 깊은 김성일에게 서로 경계하여 발전을 도모할 것을 말하였다. 다음 구절을 보자.

우리가 이미 성리학을 탐구하는 일에 대하여 뜻을 두었으며 남들도 역시 우리를 그렇다고 지목한다. 그러니 각자 노력하여 그 이름에 부합하도록 할 일이지 헛된 이름으로 실제로 닥칠 화를 취해서는 안 된다. 우리는 서로가 서로를 경계하여야겠다.^{퇴계학}
연구원, 2007: 56

위의 구절은 사제관계란 궁극적으로 이상을 공유하는 관계로 인식되기 때문에 스승이든 제자이든 그런 이상에 부합하는 노력을 기울여야 한다는 것을 말하고 있다.

그리고 또 다른 사례로 퇴계와 제자 박승임(朴承任, 1517~1586)의 일화를 볼 수 있다. 박승임은 언제나 편지로 학문적 궁금증을 질문했으며, 기회가 닿을 때마다 퇴계 곁에 머물면서 질문하고 답을 듣는 시간을 가졌다. 이러한 교류의 시간이 길어진 후에, 퇴계는 박승임을 일컬어 서산西山의 노우老友가 되었다고 했다. 서산의 노우란 주자가 문하의 제자 서산西山 채원정蔡元正의 학문을 높이 평가하여 자신의 노우老友라고 칭한 것을 인용한 것이다.^{장윤수, 2013: 249-250}

퇴계와 박승임의 사례와 같이, 제자가 언제나 스승의 학문에 대해서 질문하고 스승의 답을 통해서 스스로의 학문을 향상시켜 나가는 과정은 사제관계가 진리와 이상을 공유하고 한 방향을 향해서 나아가는 것을 잘 보여 준다. 이들의 사제관계는 스승의 학문과 사상을 지지하고 상호 발전을 위해 협력하는 도반이었다.

기론氣論과 도학道學을 융합한 화담花潭 서경덕(徐敬德, 1489~1546)과 제자 사암思庵 박순(朴淳, 1523~1589)은 하나의 이상을 공유했기 때문에, 학문뿐만 아니라 삶의 모습에서도 동일한 지향을 추구하였다.

> 그는(박순) 일용지도日用之道로서의 유학을 기본적으로 긍정하지만, 그러나 그 리理를 밝히지 않으면 일에 바름을 얻을 수 없으므로 격치格致를 수신修身 앞에 두게 되는 것이라 함으로써, 주지적인 성리학자의 특징을 보이고 있다. 그러나 동시에 그는 책이나 문자에 어떤 절대성을 인정하지 않는다. 이런 점은 바로 도서보다는 직접적인 격물을 통해서 천지의 이치에 도달하려 했던 서경덕의 학문 방법에 대한 계승과 옹호의 모습인 듯하다.장숙필, 2000: 127

위의 구절을 보면, 제자로서 박순은 스승의 실천적인 학문관을 본받았다. 이에 그는 학문에서뿐만 아니라 삶에서도 이론보다는 실천을 중시하고 스승의 이상을 실현하기 위해서 노력을 기울였다. 다음 사례를 살펴보자.

수양과 실천의 통일을 이루었던 남명南冥 조식(曺植, 1501~1572)은 당시 관학이었던 주자학이 현실 문제와 유리된 사변적인 경향으로 흐르는 것을 비판하였고, 지나치게 문文을 숭상하는 반면 무武를 천시하던 풍토를 극복하고자 무에 대한 관심과 공부를 게을리하지 않았다. 이러한 조식의 이상은 제자들에게도 영향을 미쳐서, 임진왜란 당시에

그의 제자들은 국난을 극복하는 데 앞장서기도 했다.손병욱, 2000: 183

조식의 제자 내암來庵 정인홍(鄭仁弘, 1535~1623)은 스승의 사상을 받들어 가장 치열하게 사상적인 논쟁을 벌이는 일생을 살았다. 조식이 경학에 치중하여 천도론과 심성론에 치우치는 것을 경계하고, 유가의 실천 정신을 계승하고자 한 것처럼, 정인홍은 현실 대처 능력을 상실하고 형이상학화되어 가던 당시 학문에 대해서 철저하게 비판함으로써 조식 사상의 진정한 계승자가 되었다. 조식은 평생 불출사不出仕하면서 숙세풍교淑世風敎하는 처사處士로서의 삶을 살았다. 조식이 정치에 나가지는 않았지만 한순간도 우국애민을 잊지 않았던 것처럼, 실천 위주 학문에 대한 지향을 가진 스승의 뜻을 계승한 정인홍은 스승의 이상을 현실에서 정치로 실천하고자 했다.

이와 같이 사제관계가 이상을 공유함으로써, 그들이 후대에도 높이 평가받는 유가의 이상적인 사제관계에 도달할 수 있었던 것이다.

4.
진정한 사제관계를 모색하다

율곡의 교육개혁

율곡은 사회개혁론의 핵심적인 방안으로 교육개혁을 주창한 바 있다. 율곡은 당시 교육제도는 심각한 위기에 직면했음에도 불구하고 해결방안을 모색하지 않는다고 비판했다. 특히 그 시대에는 교직을 천하게 여기고 굶주림을 면하는 것을 목적으로 선택할 정도로 교육자가 교육 방향을 상실하고 있음을 비판했다.^{민족문화추진위원회 편, 1996: 375} 그는 교육의 3요소인 교사, 학생, 교육 내용 가운데 교사의 열의가 가장 중요한 측면이라고 강조했다. 이에 율곡은 교사에 대한 경제적·사회적 우대가 곧 인재교육의 밑거름이 될 수 있다고 보았다.^{조남국, 2002: 122}

율곡의 이러한 문제인식은 시대를 초월하여 그 의미를 생각해 볼 만하다. 이와 같은 인식에 의존하지 않더라도 교사에 대한 사회문화적 기대와 그들의 역할은 교육의 효과에 실질적인 영향을 미친다고 할 수 있다. 이에 본 연구에서는 유가적 사제관계에서 현대 사회의 사제관계가 안고 있는 문제를 해소할 수 있는 대안을 모색해 보고자 했다. 유가적 사제관계에서 발견할 수 있는 탈현대적 함의를 살펴보면 다음과 같다.

첫째, 유가적 사제관계는 방향을 상실하고 있는 현대 사제관계의 문제를 해소할 수 있는 해답을 제공해 준다. 유가적 사제관계의 이상형과 그 이상에 도달하는 방법은 오늘날 사제관계의 한계를 극복할 수 있는 방법의 대안으로 활용할 수 있을 것이다.

유가에서는 본으로서의 스승과 스스로 구하고자 하는 제자의 관계와 사랑을 바탕으로 지식의 전수만이 아니라 인간적인 삶에도 지속적으로 상호 영향을 미치는 사제관계를 제시하고 있다. 또한 이러한 사제관계에 도달하기 위해서는 스승과 제자의 경계가 따로 없이 끊임없이 배우고자 하는 자세로 관계를 형성하고, 삶과 학문에서 하나의 이상을 공유하는 사제관계를 제시하고 있다.

둘째, 유가적 사제관계는 스승뿐만 아니라 제자의 역할에 대한 현실적이고 구체적인 해답을 제공해 준다. 사제관계란 말 그대로 스승과 제자가 함께 형성하는 것이다. 이에 스승의 역할에 대한 논의도 중요하지만, 그것 못지않게 배움을 구하는 제자의 자세도 중요하다. 그럼에도 불구하고 현대 교육에서는 제자의 역할과 태도에 대한 논의는 간과하거나 충분히 의미를 부여하지 않는 경향이 있다. 이러한 현대 교육의 한계를 유교의 사제관계에서는 명쾌하게 해답을 제시하고 있다.

유가적 사제관계에서는 스승은 스스로의 변화를 끊임없이 추구해야 하고, 제자는 배움을 구하고자 하는 자세를 바로 세워야 함을 강조하고 있다. 스스로 구하고자 하는 제자에게만 가르침을 베푼 공자의 교수법의 원칙은 교육의 기회를 제공하기 전에 학습자에게 배움을 구하고자 하는 열정을 불어넣는 것이 얼마나 중요한지를 잘 보여 준다.

셋째, 유가적 사제관계는 현대 교육이 안고 있는 근본적인 문제의 해소가 필요하다는 문제의식을 제기해 준다. 즉, 오늘날 사제관계의 위기는 스승과 제자의 관계 파괴의 문제에 국한된 것이 아니라는 점을 인식할 수 있도록 도와준다. 이에 사제관계의 위기를 해소하기 위해서는 교육의 목표를 포함한 현대 교육의 근본 틀에 대한 새로운 비전을 모색해야 한다.

유가 사제관계의 의미

유가적 사제관계는 유가적 이상을 실현하고자 하는 한 인간으로서의 스승의 삶이 어떻게 살아야 할 것인지에 대한 해답을 구하는 제자에게 교육되는 관계이다. 이러한 사제관계가 형성되기 위해서는 사제 간의 사랑이 바탕이 되고 그것을 토대로 신뢰와 존경의 관계가 형성되어야 한다. 유가적 사제관계는 현대 교육과는 상이한 교육 목표를 전제로 하고 있다. 유가의 교육 목표는 사제관계에 대한 새로운 비전을 모색할 수 있을 뿐만 아니라 오늘날 현대 교육이 절실히 필요로 하는 인성 교육의 해답을 모색하는 데 활용할 수 있을 것이다.

『유엔미래보고서 2040』[2013: 70]에서는 2030년이 되면 공교육과 교실이 사라질 것으로 예측하고 있다. 대부분의 교육은 온라인으로 이루어질 것이며, '교사는 지식을 가르치는 사람이 아닌 학생의 조력자, 인성훈련 담당, 상담사 역할'로 변화할 것이라고 전망한다. 이러한 변화의 조짐은 이미 오늘날의 교육현장에서도 나타나고 있다. 오늘날 온라인 교육은 급속도로 확산되고 있으며, 이러한 변화는 사제관계의 변화에도 영향을 미칠 것으로 보인다.

이제 교육은 새로운 판짜기를 해야 할 시점에 왔다. 가장 우선되어야 할 것은 교육을 바라보는 인식의 전환이다. 현대 교육의 인프라를 고수하는 가운데 사제관계의 위기를 극복할 방안을 찾는 것은 불가능할 것이다. 이제 현대 교육의 무대에서 내려와서 탈현대의 인프라를 전제로 하는 새로운 사제관계의 역할을 모색해야 할 것이다. 이러한 문제의식이 사제관계의 비전을 모색하는 단초가 될 수 있기를 바라는 바이다.

제3장
인공지능 시대와 교육적 인간상

1.
현대 교육을 비판하다

현대 교육 목표에 대한 반성

우리사회에서 교육위기에 대한 사회적인 공감대가 형성된 것은 오래된 일이다. 각계각층의 전문가들은 교육이 직면한 문제를 해결하기 위해서 다양한 해결방안을 제시하고 있다. 학교에 대한 만족도를 높이기 위해서 교사와 학교에 대한 평가제를 도입했고, 한 발 더 나가 학교의 경쟁력을 높이기 위해서 학교 컨설팅제도를 도입해야 한다고 주장하기도 한다.『한국교육신문』, 2014년 4월 4일 자 그러나 이러한 주장에는 교육의 목표가 무엇이어야 하는지, 교육을 통해서 어떤 인간을 길러 내고자 하는지에 대한 문제의식이 빠져 있다.

오늘날 한국 사회는 교육에 대한 관심이 매우 높고, 교육과 관련한 투자비용이 사회 구성원들에게 부담이 되는 사회이다. 한국인이 개인적으로 체감하는 교육비 부담은 날로 증가하고 있다. 자녀의 사교육비를 위해서 가사도우미를 하는 가정주부의 이야기가 이슈가 되기도 하고, 한국 사회의 교육문제를 피해서 한국을 떠난 가족을 둔 기러기 아빠 이야기를 주변에서 쉽게 접할 수 있다. 심지어 대학생들은 등록금을 벌기 위해서 공부하는 시간을 줄여서 아르바이트 현장으로 내몰리기도 한다.

그러나 이러한 교육에 대한 관심과 투자가 높아지는 반면, 교육에 대한 만족도는 떨어지고 있으며 교육현실에 대한 불만은 커지고 있다. 최근에는 교직생활이 힘들어서 퇴직하는 날을 기다린다는 교사가 늘어나고 있다. 그런가 하면, 학생들은 학교시스템에 불만족하고 부적응하는 사례가 늘어나고 있다.

교육에 대한 관심이 높아지고 투자가 증가하고 있음에도 불구하고 상황이 호전되기보다는 더 많은 교육문제가 대두되는 이유는 무엇일까? 이러한 현대 교육의 위기는 자유경쟁시장체제에서 교육의 목표를 시장경제체제가 요구하는 직업인을 양성하는 것으로 치부하는 것에서부터 출발한다. 그 결과, 한국 사회의 교육은 시대적인 요구에 부응하는 교육 목표를 상실한 채 표류하고 있다.

우리는 그 해답을 어디에서 찾을 수 있을까? 여기서는 그 답을 공자에게서 찾고자 한다. 공자의 교육관에 대한 연구는 다각적인 측면에서 선행연구가 수행되었으며, 이미 많은 성과를 거두었다. 그럼에도 불구하고 공자에 주목하는 이유는 공자가 가장 탁월한 교육자이면서, 탈현대 사회의 시대적 요구에 부합하는 교육관을 가지고 있기 때문이다.[이현지, 2008: 133] 또한 공자의 교육에 대한 비전은 오래되었지만 현대 교육의 문제를 극복하고 탈현대 교육의 대안이 될 수 있다는 점에서 새로운 것이라고 할 수 있기 때문이다.

낡은 교육관

여기서는 현대 교육이 직면하고 있는 문제의 근본 원인은 시대적 요구에 부합하지 못하는 낡은 교육관이라는 점에 주목한다. 그로 인해서, 오늘날 교육은 다음과 같은 심각한 위기에 직면하고 있다.

첫째, 현대 교육은 교육 목표를 상실하였다. 최근 '왜 우리는 대학에 가는가'라는 EBS 다큐멘터리가 사람들의 주목을 받았다. 이 프로그램은 대학교에 입학했지만 대학에서 무엇을 해야 할 것인지 답을 찾지 못하는 오늘날 대학생의 자화상과 한국대학 교육의 현실을 보여 주고 있다. 이런 현실은 초등학교부터 12년간 대학에 입학하는 것만을 목표로 하는 교육현실의 문제를 말해 주고 있다. 그러나 더욱 놀라운 사실은 현대 교육은 이러한 문제를 극복할 수 있는 대안을 제시할 수 없다는 점이다.

왜냐하면, 현대 교육은 현대 세계관을 토대로 하고 있기 때문이다. 현대 세계관은 인간을 분리 독립된 개체로 전제하고, 나의 욕망을 충족시키는 것을 삶의 목표로 삼는다. 이에 교육은 노동력을 양성하는 것을 교육 목표로 하고[정재걸, 2014: 185], 개인은 자신의 몸값을 높이기 위해서 교육에 투자한다.

이러한 노동력을 양성하는 교육 목표는 시대적 요구에 부합하지 않다. 현대화가 급속도로 진행되던 현대 사회의 발전기에 교육의 책무는 대중교육을 통해서 훌륭한 직업인을 양성해 내는 것이었다. 그러나 오늘날 현대화가 극도로 진행되고 과학기술의 발달로 인해 '노동의 종말'은 현실이 되어 가고 있다.[정재걸, 2014: 180] 이러한 사회에서 교육이 여전히 직업인을 양성하는 일에만 복무하는 것은 시대착오이다.

둘째, 교육현장은 파괴되고 있다. 오늘날 교실붕괴에 대한 우려의 목소리가 높다. 교사의 권위는 바닥으로 떨어졌고, 학생은 교사를 존경하지 않는다. 이런 스승과 제자의 관계에서 교사는 무엇을 가르칠 수 있으며, 학생들은 교사로부터 무엇을 배울 수 있을까? 교육 자체가 불가능한 현실이다.

이러한 현상이 드러나는 이유는 교육현장인 학교가 무엇이며, 교사는 어떤 역할을 담당해야 하는지, 학생의 배움에 대한 자세는 어떠해야 하는지에 대한 근본적인 혼란에서 기인한다.

셋째, 교육적 인간상이 왜곡되고 있다. 현대 교육에서 교육적 인간상은 현대 사회에서 경쟁력을 갖춘 인재를 말하는 경향이 강하다. 따라서 교육을 담당하는 학교가 아이러니하게도 시험 성적을 1점 더 올리기 위해서, 더 높은 합격률을 기록하기 위해서, 학생들의 경쟁을 부추기고 성적이라는 비인간적인 잣대로 학생들을 평가한다.

이러한 교육을 받은 학생들은 자신을 비롯해서 다른 사람의 존재의 의미를 이해하거나 사랑할 줄 아는 능력을 상실하고, 경쟁심과 성적의 노예가 되기가 십상이다. 인간을 더욱 인간답게 만들기 위해서 받은 교육과정으로 인해서 비인간적인 소외를 경험하게 되는 것이다.

2.
이상적인 교육관을 유가에서 찾다

공자의 교육 목표

공자가 살았던 시대는 정치적으로 매우 혼란한 사회였으며, 전통사회의 질서와 권위가 무너진 사회였다.^{고재욱, 2006: 266} 이러한 시대적 위기를 근심하던 공자는 사회적 질서가 와해되고 예禮가 붕괴된 사회를 구제할 수 있는 방법이 바로 교육이라고 생각했다. 공자의 야망은 바로 교육입국이었으며, 교육을 통한 평천하平天下이었다. 교육을 통해서 좋은 세상을 만들겠다는 공자의 구상의 전제는 지속적인 개인의 수양이 있다는 것이다. 즉 개인이 저마다 자신의 본성을 발현하기 위한 노력을 기울이고 도덕적인 인간이 되고자 교육을 받음으로써, 사회질서가 바로잡히고 예禮가 살아날 수 있다고 보았다.^{심우섭, 2004: 3}

교육을 통해서 혼란한 사회를 구할 수 있다고 생각했던 공자가 교육의 핵심적인 목표로 삼았던 것은 무엇일까? 그것은 어떻게 살아야 할 것인가에 대한 것이었으며, 바로 군자가 되는 것이었다. 군자란 자신의 내부로 향한 끊임없는 수렴을 통해 자신의 외연을 우주 삼라만상과 동일시하는 사람이다. 이때 중요한 것은 외연의 확장이 아니라 내부로의 수렴이다.^{정재걸, 2002: 137-138} 이러한 군자가 되기 위해 노력하는 과정이 교육의 주요 과정이었다. 또한 교육을 통해서 얻은 지혜는 삶을 실천의 현장으로 활용하도록 하고, 이러한 교육을 받은 사람은 구도자求道者로서의 삶을 산다.

스승의 역할

이러한 교육관을 가진 공자는 가르치는 자의 역할을 무엇이라고 생각했을까? 공자는 진정한 교육자의 역할은 지식을 전수하는 것이 아니라 도덕적인 인간으로서 인의예지를 체득하여 삶의 본으로 실천하는 것이라고 보았다. 자신의 삶에 대한 경계와 반성을 게을리하지 않는 변화를 추구하는 스승의 삶은 어떤 지식보다도 제자들에게 어떻게 살아야 할 것인지에 대한 살아 있는 해답을 제공해 줄 수 있다.

공자는 스스로 가장 훌륭한 스승으로서 본이 되었다. 공자는 3,000명의 제자를 가르쳤고, 그의 문하에서 72현인을 배출했다. 그는 스스로 성聖과 인仁의 경지에 대해서는 겸손한 입장을 보이면서도 가르치는 일은 게을리하지 않았다고 말한다. 다음 구절을 보자.

> 공자께서 말씀하셨다. "성聖과 인仁으로 말하면 내가 어찌 감히 자처하겠는가? 행함을 싫어하지 아니하며 사람 가르치는 것을 게을리 아니함은 곧 그렇다고 말할 수 있을 따름이다." 공서화가 말하였다. "바로 저희 제자들이 배울 수 없는 것입니다." 『論語』, 「述而」

공서화가 말한 것처럼 교육자로서 공자는 누구도 따라잡을 수 없는 성실한 사람이었다. 공자의 존재 자체가 제자들에게는 교과서와 같은 의미를 가지고 있었다. 공자의 삶을 통해서 제자들은 지식으로 얻을 수 없는 어떻게 살아야 할 것인가에 대한 지혜를 얻을 수 있었다.

유가교육에서 스승이 차지하는 의미는 크다. 공자에서부터 조선시대 유학자에 이르기까지, 이들은 인격적으로 모범인 스승을 본받고자 끊임없이 노력했다.박연호, 2002: 16 공자는 도道와 덕德에 부합하는 삶의 준거를 요순堯舜에게서 찾고자 했으며, 그들의 덕행에 미치지 못하는 것을 안타까워했다. 그런가 하면, 조선시대 유학자들은 공자나 주자를 생활 속으로 끌어들여 매일 알현하였고, 존경하는 유학자의 모습을 꿈에서라도 볼 수 있기를 소망했다.장흥효, 2012: 157 그 이유는 그들이 자기 삶의 본이 되는 스승이었기 때문이었다.

제자의 역할

삶 자체가 본이 되는 스승의 존재가 중요한 의미를 가졌다.장윤수, 2004: 67 한편으로 중요한 의미를 부여할 수 있는 것은 수신을 통해서 도덕적 인간이 되고자 하는 제자의 태도이다. 공자는 배움을 구하는 자의 자세를 다음과 같이 말하고 있다.

> 열심히 하지 않으면 열어 주지 않으며, 답답해하지 않으면 말해
> 주지 않으며, 한 모퉁이를 들어 세 모퉁이를 증명하지 않으면 다
> 시 말해 주지 않는다.『論語』,「述而」

위의 구절은 교육이 제대로 이루어지려면, 훌륭한 스승의 존재 못지 않게 중요한 것이 배우고자 하는 제자의 자세라는 점을 말해 준다. 역

사상 가장 위대한 스승이었던 공자마저도 열심히 하지 않고, 궁금해하지 않으며, 가르침을 주었을 때 나아지는 바가 없는 제자의 경우에는 교육하기를 포기했다.

교육의 원칙

공자는 교육에서, 세 가지의 원칙을 고수하였다. 첫째, 공자는 교육기회를 평등하게 부여했다. 배우려고 하는 자의 지위와 신분에 관계없이 배움에 뜻을 세우고 기본적인 예禮만 갖춘다면 그는 스승이 되기를 마다하지 않았다. 공자 스스로 그러한 자신의 교육자로서의 입장을 다음과 같이 표명하고 있다.

속수束脩의 예禮를 행한 자가 있다면, 내가 일찍이 가르치지 아니한 적이 없다.『論語』,「述而」

위의 구절에서 말하는 속수는 말린 고기 10개를 말한다. 당시 사람들이 만날 때 이러한 물건으로 예禮를 표했는데, 이것은 지극히 작은 것이라고 한다.유교문화연구소 옮김, 2006: 215 여기서 말하는 속수의 예禮를 행한다는 것은 배우고자 하는 마음의 자세를 표현한 것이라고 할 수 있다. 공자는 이와 같이 기본적인 예禮를 갖추고 배우고자 하는 뜻이 있는 자라면 빈부귀천을 따지지 않고 교육의 기회를 부여하였다. 공자의 이런 입장이 분명하게 드러나는 구절이 있다.

가르침에 있어서 차별이 없다.『論語』,「衛靈公」

위 구절에서 종류는 다양한 의미로 해석할 수 있다. 선한 사람과 악한 사람으로 볼 수도 있으며, 혈연이나 계층이 같은 무리로 볼 수도 있다.^{이재설, 2005: 22} 종류類가 어떤 뜻으로 해석되더라도 공자가 교육에서 평등한 기회를 부여하고자 한 원칙은 변함이 없다. 실제로 공자 제자는 당시 노나라 사람이 대부분이었으나, 주변의 제齊·위衛·진晉·송宋·진陳·채蔡·태泰·초楚 등의 출신이 많았다고 한다. 그리고 신분적으로는 대부분이 사士계급이었으나, 가난한 제자가 많았던 것도 특징이다.^{박연호, 2002: 27} 당시의 시대적 상황을 생각한다면 공자는 파격적인 교육자였다고 할 수 있다.

둘째, 교육을 함에 있어서, 공자는 인간에 대한 믿음이 있었다. 공자는 누구나 성인聖人이 될 수 있는 인仁한 본성을 가지고 있다고 보았다. 성인이란 인仁을 실현하는 존재이며, 사람다운 사람이고, 도덕적 인격을 갖춘 인격자로서 완성된 존재이다.^{이광소, 2007: 52}

공자의 이러한 인간에 대한 믿음은 하늘로부터 존엄한 인격을 부여받았다는 것을 근거로 하고 있다.^{임가희, 2005: 25} 인간이란 하늘天과 합일하는 존재라는 천인합일天人合一의 관점에서 인간이 본성에 따라 행동하는 것이 바로 도道라고 한다. 이때 하늘에 대한 이해에는 주재적主宰的, 인격적人格的, 의지적意志的인 측면이 녹아 있다.^{김대곤, 2000: 5} 이러한 하늘과 인간의 합일을 인정하는 것은 인간 존재에 대한 깊은 믿음이 깔려 있다. 이와 같은 인간에 대한 존중은 공자에 의해서 유가사상의 오랜 전통으로 발전했다.

셋째, 공자는 도덕을 바탕으로 하는 교육을 하였다. 공자는 배움을 매우 중시했다. 그런 입장을 가진 공자는 배우기 이전에 먼저 자신에게 가장 가까운 사람에서부터 널리 세상에 이르기까지 사랑을 나누는 존재, 즉 도덕적인 인간이 되어야 함을 주장한다. 다음 구절을 보자.

가르침을 받는 자는 들어가서 효하고 나가서 공손하며 삼가고 성실하며 널리 사람들을 사랑하고 친히 인仁으로써 하니 행하고 힘이 남으면 즉 글을 배워야 한다.『論語』,「學而」

즉 배우고자 하는 이는 스스로가 인仁한 존재가 되어서 살고, 그 후에도 힘이 남으면 글을 배우라고 한다. 이 구절에서는 공자의 교육에서 가장 근본이 되는 것은 도덕교육이며, 그다음이 지식교육이라는 것을 보여 준다.

교육의 방법

공자는 시대를 초월해서 존경받는 스승 가운데 한 사람이다. 이런 공자는 어떤 교육방법을 가지고 있었을까?

첫째, 공자는 가르침과 배움을 분리하지 않았다. 공자는 끊임없이 스스로 돌이켜 보는 일을 게을리하지 않았다. 누구보다도 학문을 즐겼으며, 일생 극기복례克己復禮를 실천하는 투철한 사상가였다. 공자의 학문 여정을 잘 보여 주는 다음 구절은 그가 얼마나 성실하게 자신의 삶을 돌보았는지가 드러난다.

나는 열다섯 살에 학문에 뜻을 두었고, 서른 살에 자립하였으며, 마흔 살에 의혹하지 않았고, 쉰 살에 하늘의 뜻을 알았으며, 예순에 들면 그대로 이해가 되었고, 일흔 살에 마음이 하고자 하는 바를 좇아도 법도에 어긋나지 않았다.『論語』,「衛靈公」

위의 구절에서 공자는 자신의 학문 여정에서 점진적으로 나아가고 변화 발전하는 모습을 말하고 있다. 이토록 공자는 삶의 매 순간 도道를 구하고자 했으며, 스스로 체득하여 실천하고자 했다. 그는 일생을 교육자로서 가르치는 일에 모든 것을 바쳤으며, 동시에 배움의 길을 묵묵히 걸어온 실천가였다.

둘째, 공자는 배우는 자의 개성을 고려한 가르침을 베풀었다. 교육자로서 공자는 제자들의 역량과 관심에 따라서 그들을 가르쳤다. 『논어』에는 공자의 제자들이 '인仁'에 대해서 질문하는 대목이 여러 번 있다. 공자는 제자의 자질과 역량에 따라서 인仁을 설명해 주었다.

안연이 인仁을 묻자 공자께서 답하셨다. 자기 사욕을 이기고 예禮로 돌아감이 인仁이다. 하루 동안이라도 사욕을 이겨서 예禮로 돌아가면 천하가 인仁으로 돌아갔다고 할 만하다. 인仁을 하는 것은 자기에게 달렸으니 다른 사람에게 말미암겠는가? 『論語』, 「顏淵」

공자가 제자 가운데 가장 높이 평가한 이는 안연이었다. 공자는 안연에게 인仁이란 극기복례라고 말했다. 위의 구절에서 주목할 만한 것은 '위인爲仁'이다. 인仁이 되는 것이란 자기 밖에 있는 인仁을 내면화하는 것이 아니라, 내 안에 있던 인仁을 발현하는 것이며, 스스로가 인仁한 존재가 되는 것을 말한다. 공자는 안연이 인仁하다고 했으며, 안연 외에 학문을 좋아하는 사람을 본 적이 없다고 그를 높이 평가했다.

반면, 공자의 측근이었지만 농사짓는 법이나 채소 가꾸는 법 등의 사사롭고 엉뚱한 질문을 하는 번지에게는 다음과 같이 말했다.

번지가 인仁을 묻자 공자가 답하셨다. 사람을 사랑하는 것이다.『論語』,「顏淵」

공자는 번지의 수준에 맞추어서 쉽게 인仁을 설명해 주었다. 공자가 말하는 인仁이란 사람을 사랑하는 것 이상의 깊은 함의가 있지만, 번지가 이해하고 실천할 수 있도록 가르침을 준 것이다. 인仁을 묻는 번지의 질문에 공자는 다음과 같이 더욱 구체적이고 친절한 설명을 했다.

번지가 인仁을 묻자 공자께서 답하셨다. 거처함에 공손히 하고, 일을 행함에 경건히 하고, 사람을 대함에 충성되게 하여야 한다. 이것은 비록 적의 나라에 가더라도 버려서는 안 된다.『論語』,「子路」

위 구절에서는 인仁의 도道란 항상 마음을 두는 데 있음유교문화연구소, 2006: 462을 구체적인 상황으로 예를 들어서 설명하고 있다. 이와 같은 제자의 개성에 따라서, 그에 합당한 가르침을 베풀었던 예가 가장 잘 드러나는 구절이 있다.

자로가 물었다. "들으면 곧 실행해야 합니까?" 공자께서 말씀하셨다. "부형이 계시니 어찌 들으면 곧 실행할 수 있겠는가?" 염유가 물었다. "들으면 곧 실행해야 합니까?" 공자께서 말씀하셨다. "들으면 곧 실행하여야 한다." 공서화가 물었다. "유가 들으면 곧 실행해야 하는지 묻자, 선생님께서는 부형이 계시다고 하시고, 구가 들으면 곧 실행해야 하는지 묻자, 선생님께서는 들으면 곧 실행해야 한다고 하셨습니다. 의심스러워 감히 여쭙습니다." 공자께서 말씀하셨다. "구는 물러나므로 나아가게 한 것이고, 유는 남보다 앞서감으로써 물러나게 한 것이다."『論語』, 「先進」

자로는 성질이 거칠고 용맹스러우며 심지心志가 강직한 자였다. 이에 거친 성질 때문에 자신의 용맹만 믿고 듣는 대로 실행하려고 할 것을 염려하여 부모와 형제가 있다는 것을 염두에 두고 행동에 옮겨야 한다는 것을 말해 준 것이다. 반면, 결단력과 추진력이 부족한 염유의 질문에는 듣는 즉시 실행에 옮겨야 한다고 했다.

셋째, 공자는 제자들이 스스로 배우고자 하도록 하였다. 공자는 지식을 강연하기보다는 배움의 즐거움이 무엇인지를 스스로 느낄 수 있도록 도와주고자 했다. 이런 교육방법을 펼치기 위해서, 공자 스스로가 배움을 즐겼으며, 배움에 대한 열정을 잃지 않았다. 이러한 공자의 열정이 잘 드러나는 구절이 있다.

배우고 때때로 그것을 익히면 기쁘지 않겠는가!『論語』, 「學而」

위의 구절은 공자의 기쁨이 바로 배우고 그것을 익히는 일이었다는 것을 말해 준다. 공자는 옛 성현이 한 일과 천하만물의 이치를 배우는 일과 그것을 스스로 실천하여 몸에 익혀서 행하는 즐거움을 누렸다. 스승이 본이 되어서 배움의 즐거움을 누리는 것보다 제자의 배움에 대한 열정을 촉발할 수 있는 방법은 없을 것이다. 배움에 대한 자세를 말해 주는 다음 구절을 보자.

배움은 따라가지 못할 듯이 하고 오히려 잃을까 두려워하여야 한다.『論語』, 「泰伯」

배움이란 스승이 제자에게 주입할 수 있는 것이 아니다. 배움은 배우려는 자가 스스로 구하고자 하여, 그것을 좇지 못할까 애쓰고 배움을 잃을까 두려워하는 마음을 가짐으로써 얻을 수 있는 것이다. 여기서 공자는 배우고자 하는 자의 자발적인 의지가 가장 중요하다는 것을 말하고 있다.

3.
도道와 하나가 되는 인간상을 구현하다

이상적 인간상

공자는 교육을 통해서 도道와 하나가 되는 인간상을 구현하려고 했다. 도道와 하나가 되는 인간이란 자기 자신에게 관심을 기울이고 자신의 인仁한 본성이 발현하도록 노력을 기울이는 인간상을 말한다. 공자는 이러한 교육적 인간상에 위배되었던 당시의 시대상을 다음과 같은 구절로 한탄했다.

옛날에 배우는 자는 자신을 위한 학문을 하였는데, 지금 배우는 자들은 남을 위한 학문을 한다.『論語』,「憲問」

배움이란 도道를 밝히고 덕에 나아가 스스로 체득하는 것을 목표로 해야 한다.이광소, 2007: 86 그럼에도 불구하고, 다른 사람에게 보이기 위해서 혹은 다른 사람이 알아주는 것을 기대하여 배우는 것에 대해서 비판하였다. 진정한 학문이란 자발적으로 도道를 구하고자 하는 자기계발이며, 피교육자의 능동성과 적극성이 필요하다.김경미, 2009: 103 다음 구절에 이러한 공자의 생각이 더욱 잘 드러나고 있다.

공자께서 말씀하셨다. 지위가 없는 것을 근심하지 말고 지위에 설 자격을 근심하며, 자기를 알아주지 않는 것을 근심하지 말고 알아줄 만한 사람이 되기를 구해야 한다.『論語』,「里仁」

공자는 스스로의 공부에서도 그러했고, 제자들에게도 배움에 힘쓰는 삶을 살아야 한다는 가르침을 주었다. 공자에게 배움이란 무엇이었을까? 배움이란 도道를 구하는 것이었으며, 어떻게 살 것인가에 대한 답을 구하는 것이다.

군자는 먹는 것에 배부름을 구하지 않으며, 거처함에 편안함을 구하지 않고, 일에 있어 민첩하되 말을 삼가고, 도道에 나아가 묻고 바로잡으면, 가히 학문을 좋아한다고 할 수 있다.『論語』,「學而」

공자는 위 구절을 통해서, 학문하는 자세를 말하고 있다. 배부르게 먹는 것, 편안한 거처와 같은 일상적이고 세속적인 것에 자신을 매몰하지 않고, 일은 재빠르게 잘 처리하려고 하되 말이 앞서지 않도록 하며, 도道를 찾아서 듣고자 하고 바른지 점검하는 것이다. 이는 삶 자체가 배움의 연속이라는 것을 말해 주는 것이며, 배움에 끊임없이 힘써야 한다는 것을 말한다. 그렇게 하는 방법은 무엇일까? 공자의 말을 들어 보자.

군자가 중후하지 않으면 위엄스럽지 않고 배워도 견고하지 못하다. 충성과 믿음으로 하고, 자기보다 못한 이와 벗하려고 하지 말며, 허물이 있으면 고치기를 꺼리지 말아야 한다.『論語』,「學而」

공자는 지속적으로 자신의 마음과 몸을 다스리는 구도자의 길로서의 배움을 말하고 있다. 나아가서 벗을 사귀는 일에서도 신중히 하여배울 바가 있는 벗과 사귀고, 근본적으로는 자기의 문제를 발견하면고치려는 용기 있는 실천자가 되어야 한다고 했다. 공자가 안연에게 일러 준 다음의 인仁에 대한 조목은 그런 구체적인 내용을 잘 드러내고있다.

예禮가 아니면 보지 말며, 예禮가 아니면 듣지 말며, 예禮가 아니면 말하지 말며, 예禮가 아니면 움직이지 말 것이다.『論語』, 「顔淵」

위 구절은 도道와 하나가 되는 인간이 된다는 것이 주체적인 인격자가 되는 것임을 설명하고 있다. 자기 내면으로 시선을 돌림으로써도道와 하나가 되는 삶을 살 수 있으며, 이러한 구도의 과정 자체가 교육의 궁극적인 목표인 어떻게 살아야 할 것인가에 대한 해답을 구하는 길이다. 공자가 말한 어떻게 살아야 할 것인가의 해답은 바로 자기자신의 몸을 닦고 수양을 쌓아서 사회를 안정시키는 수기안인修己安人이다.이광소, 2007: 85 공자는 자기 수양을 통해서 더 좋은 세상을 만드는데에 나아가는 인간을 길러 내는 교육적 인간상을 추구하였다. 이러한 인간상을 복례하는 인간이라고 할 수 있다.

복례復禮하는 인간

복례하는 인간이란 무엇일까? 자기 내면의 인仁한 본성을 발현하여세상의 법칙인 예禮를 따르는 자이다. 곧 군자君子를 말한다. 공자는 교육을 통해서 개인이 인仁한 본성을 발현하게 되면, 그런 개인은 세상을 더 좋은 곳으로 변화시킬 수 있는 위정자爲政者가 된다고 보았다. 이때 위정자는 도덕적인 인물로 도道와 덕德을 체득한 사람이다.박연호, 2002: 29

복례하는 인간이란 유가사상에서 주목하는 사회적 관계에까지 인仁한 본성의 의미를 확장하는 것을 말한다. 유가에서 사랑은 개인에서 출발하여 가족, 그리고 국가에까지 확장되는 것이다. 유가는 이 관계의 상호 유기적인 결합과 사랑의 확산을 중시했다.이현지, 2013: 321 공자는 이러한 관계에서 법도法道를 지키고 중용中庸하는 것을 통해서 예禮로 돌아가야 한다고 생각했다.

다시 말해서, 자신의 사사로운 욕망이나 감정을 이겨 내고 사회적 법도를 따르는 인간상을 교육으로 배출하고자 했다. 여기서 강조하고자 하는 바는 자기 극복에 머무는 것이 아니라, 사회적인 질서에 부합하는 인간상이라는 점이다. 그것을 복례復禮하는 인간의 모습이라고 할 수 있다.

자신을 잘 돌보는 사람은 예禮로 돌아가 다른 사람도 잘 돌볼 수 있다. 이에 유가에서는 나와 가까운 곳에서부터 출발하는 인仁한 본성의 실현을 통해서 나의 주변 사람들의 인仁한 본성도 완성될 수 있도록 도우며, 궁극적으로는 온 세상으로까지 확대하는 것을 목표로 한다. 『논어』의 다음 구절을 보자.

몸을 닦아서 사람을 편안하게 하는 것이다. 이와 같을 뿐입니까?라고 물으니, 답하셨다. 몸을 닦아서 백성을 편안하게 하는 것이니, 몸을 닦아서 백성을 편안하게 하는 것은 요순도 오히려 부족하게 여기셨다.『論語』, 「憲問」

공자는 위의 구절에서 자기 자신을 잘 돌보고 도道와 하나가 되는 삶을 사는 것이 결국은 다른 사람을 편안하게 하는 일과 유기적으로 연결되어 있다는 것을 말하고 있다. 도덕적인 한 사람의 군자 혹은 위정자는 도道와 하나가 되는 삶, 즉 인仁한 본성을 발현한다. 그런 지도자의 존재는 세상 사람들이 편안할 수 있도록 도와주며, 덕德이 넘치는 정치를 펼침으로써 사람들을 행복할 수 있도록 해 준다. 다음 구절에서 공자는 더욱 자세하게 설명을 하고 있다.

> 자공이 물었다. 만일 백성에게 은혜를 널리 베풀어 많은 사람을 구제한다면 어떻습니까? 인仁하다고 할 만합니까? 공자께서 말씀하셨다. 어찌 인仁을 일삼는 것으로 그치겠는가? 반드시 성인일 것이다. 인仁한 사람은 자기가 서고자 하면 남을 서게 하며 자기가 통달하고자 하면 남을 통달하게 한다. 가까운 데서 취하여 비유할 수 있으면 가히 인仁의 방법이라고 할 수 있다.『論語』,「雍也」

공자는 다른 사람을 구제하는 일은 바로 성인의 경지라고 한다. 내가 이루고자 하는 바를 다른 사람이 이룰 수 있도록 함으로써 진정한 인仁의 발현이 가능하다. 이런 과정에서 사사로운 욕심이나 감정에서 자유로워지고 천리와 합일하게 된다. 다른 사람이 이룰 수 있도록 함이란 무엇인가? 아래 구절을 보자.

> 자공이 물었다. 한 말씀으로써 종신토록 행할 만한 것이 있습니까? 공자께서 말씀하셨다. 서恕이다. 자기가 하고자 하지 않는 것을 남에게 베풀지 말라는 것이다.『論語』,「衛靈公」

공자는 분명한 어조로 복례의 원칙을 말하고 있다. 어떤 관계에서든 자기가 하고자 하지 않는 것을 남에게 베풀어서는 안 된다. 이것이 바로 복례, 즉 예禮를 좇아 행할 때의 근본이다. 종신토록 행해야 할 한 가지로 서恕를 지목했다는 점이 유가사상에서 관계관이 발전할 수 있었던 바탕을 보여 준다. 여기서 말하는 상대의 마음을 미루어 헤아리는 능력은 오늘날 현대 교육에서 절실히 요구하고 있는 공감능력이라고 할 수 있다. 다음 장에서 공자가 말한 교육적 인간상으로서 공감하는 인간에 대해서 살펴보자.

4.
공감하는 인간을 기르다

공감능력

공감하는 인간이란 사랑할 수 있는 능력을 가지고 있는 사람을 말한다. 공자의 교육에서 가장 핵심적인 내용은 자신에게 내재해 있는 인仁한 본성을 회복하는 것이다. 이때 출발은 자기 자신의 감정과 마음을 헤아리는 것이며, 나아가서 다른 사람의 마음을 헤아리고, 그 결과 호혜적인 공감을 하는 것이다.박재주, 2007: 219 즉 사랑을 나눌 수 있는 능력을 말한다.

공자가 인仁하다고 인정한 제자는 바로 안연이다. 안연은 가난한 일상에 구애받지 않고 도道를 즐김으로써, 자기를 이겨 예禮로 돌아가 인仁이 되었다.克己復禮爲仁 이때 안연이 즐긴 것은 천지자연과 하나인 우주적인 존재로서의 자신을 자각하는 진리였다. 우주적인 존재로서의 자기란 천지만물과 분리되지 않고 도道와 합일할 수 있는 존재이며, 세상과 교감할 수 있는 존재이고, 사랑의 존재이다.홍승표, 2012: 23

공자 또한 자신의 도道가 충서忠恕로 일이관지一以貫之한다고 제자 증삼曾參에게 말한 바 있다.이영재, 2013: 38 충서란 다른 사람의 마음을 헤아리는 데에 충실한 것으로, 오늘날의 표현을 빌리자면 공감능력, 사랑의 능력이라고 할 수 있다. 그런 사랑의 모습은 어떻게 드러나는 것일까? 공자는 순임금의 존재를 예로 들어서 다음과 같이 설명하고 있다.

> 인위적으로 하지 않고 다스린 자는 순임금이시다. 무엇을 하셨는가? 몸을 공손히 하고 바르게 남면하셨을 뿐이다.『論語』,「衛靈公」

인仁한 본성을 가진 순임금은 백성들에게 사랑을 나누어 주기 위해서 특별히 무엇인가를 하지 않고, 다만 본인의 자리에서 주어진 역할에 충실하였다. 몸을 공순히 하고 바르게 남면南面했다는 것은 그가 임금으로서 할 바를 다함을 말한다. 이로써 백성들은 편안할 수 있었고, 자신의 본분에 충실한 존경하고 믿을 수 있는 임금으로부터 사랑을 받은 것이다. 이런 사랑은 백성들에게로 흘러가서 백성들이 서로 다투거나 사사로운 감정에 얽매이기보다는 순임금과 같이 사랑을 나누는 존재가 되고자 하도록 영향을 미쳤을 것이다. 바로 한 사람의 성인이 사랑의 존재가 됨으로써, 다른 사람 또한 사랑으로 완성되도록 도와준 것이다.

공자의 교육적 인간상에서 가장 핵심이 되는 것은 인仁한 본성을 실현하는 것이다. 그런 입장에서 공자는 배움이란 인仁한 본성을 실현한 후에 할 일이라고 말한다. 다시 말해서, 인간다운 도덕적 정서능력을 함양하는 것이 이성적 지식교육보다 선행한다는 것을 말한다. 여기서 강조하는 정서능력, 즉 공감이 바로 도덕성의 근거로 작용하고 중요한 의미를 가진다.장승희, 2010: 165

자공은 스승인 공자가 다른 사람들이 세상에서 구하고자 하는 것에 관심이 있는 것이 아니라 '온순하고 어질며 공손하고 검소하며 겸양한' 사람이 되는 일, 즉 자기 안에 내재한 인仁한 본성을 발현하는 데에 주력했다고 한다. 공자는 도덕적인 인간이 되고자 성실하게 노력했다. 다음 구절을 보자.

> 부자는 온순하고 어질며 공손하고 검소하며 겸양한 것을 얻으려 하니 부자가 구하고자 하는 것은 사람들이 구하고자 하는 것과 다르다.『論語』,「學而」

위의 구절을 통해서, 공자는 다른 사람의 마음을 이해할 수 있고 따뜻하며 겸손하여 다른 사람에게 양보할 수 있는 그런 공감하는 인仁한 존재가 되고자 했음을 알 수 있다. 그렇다면, 인仁한 사람이 되려면 어떻게 해야 하는 것일까? 인仁한 사람이 된다는 것은 자신의 외부에서 인仁이 무엇인지 찾아서 익히는 것이 아니다. 그것은 스스로가 인仁이 되는 것爲仁을 말하며, 자신의 본성인 사랑을 실현하는 것이다. 이런 사랑은 자기 삶을 있는 그대로 즐기는 것樂道으로, 다른 사람이 완성될 수 있도록 사랑을 나누는 것으로 드러난다. 현실적인 도덕 원리로 말하자면, 상대의 입장에서 생각하는 공감의 능력이라고 할 수 있다.이진희, 2008: 94

본성회복

공감하는 인간을 기르는 교육 목표는 현대 교육에서 요구하고 있는 인성교육의 해답을 제공해 준다. 공자는 '본성의 회복'이라는 교육의 비전을 제시하고 있다. 현대 교육은 피교육자의 지식을 쌓고 이성적인 사고력과 합리성을 강화하는 데에 치중하였다. 반면, 피교육자의 인성과 공감 능력을 키우는 일은 소홀했으며, 현대 교육의 과열로 인한 경쟁은 인간성을 파괴하는 결과를 초래했다. 이에 현대 교육은 인성교육마저도 합리적인 틀을 갖춘 프로그램을 통해서 시도하려는 경향이 있다. 그러나 이러한 노력으로 인성교육의 효과를 거두기는 불가능하다. 왜냐하면 인성이란 합리적이고 논리적인 교육으로 학습되어지는 것이 아니기 때문이다.

이러한 문제를 해소해 줄 수 있는 것이 바로 공자가 주창하는 인仁한 본성을 회복하도록 하는 교육이다. 가장 먼저 자신의 인仁한 본성이 잘 발현될 수 있도록 스스로를 돌보고, 그러한 인仁한 본성, 즉 사랑으로 다른 사람 또한 완성되도록 도울 수 있는 것이다. 공자에게 있어서, 교육이란 이러한 공감하는 능력을 가진 인간을 배출하는 것이다.

이와 같이 공자의 교육적 인간상은 현대 교육이 직면하고 있는 문제를 해소하고 탈현대 교육의 새로운 비전을 모색하는 데 활용할 수 있다. 탈현대 교육의 비전을 모색하는 것은 탈현대 사회의 삶의 목표와 이상적인 삶, 이상에 이르는 방법과 밀접하게 연결되어 있다. 탈현대 사회는 모든 존재들 간의 통일성을 전제로 하는 세계관과 우주적인 존재로서의 인간관, 그리고 사랑의 관계관으로 특징지을 수 있다.홍 승표, 2012: 61-64

이러한 탈현대 사회에서는 어떻게 살아야 할 것인지에 대해서 스스로 삶의 해답을 구할 수 있고, 후천적인 도덕적 자기 수양과 실천을 추구하는 것이 중요하다. 이에 탈현대 사회의 교육적 인간상 또한 이러한 탈현대 사회의 시대적 요구에 부합해야 한다. 그런 의미에서 공자의 교육적 인간상이 가지는 탈현대적 함의를 높이 평가할 수 있다.

제4장
인공지능 시대와 마음교육

1.
초등사회과 교육의 과제로서
마음교육을 탐색하다

마음의 문제

2015년 서울시청에 설치된 마음약방 자판기가 이슈가 되었다. 마음약방 자판기에서는 '미래 막막증', '꿈 소멸증', '노화자각증상', '현실도피증', '사람멀미증' 등 21가지 마음증상에 대해서 휴식과 감동을 주는 시, 그림, 영화, 책 등을 추천해 주는 처방 키트를 제공하고 있다고 한다. 서울시청에 있는 1호점의 이용자가 10개월 만에 2만 5천 명을 넘었고, 대학로에 설치된 2호점에는 '용기부전', '스펙티쉬 강박증' 등 마음증상을 21가지로 분류하고 99종의 처방전으로 운영하기 시작했다.『글로벌이코노믹』, 2015년 12월 18일 자

이 기사는 현대인이 직면하고 있는 마음의 문제가 개인적인 문제를 넘어서, 사회적으로 함께 고민하고 풀어야 할 과제라는 것을 잘 보여 주고 있다. 한국 사회의 구성원이라면 누구나 어느 정도는 마음이 지치고 피곤했던 경험이 있을 것이다. 한국인의 삶의 만족도는 100점 만점에 58점으로 경제협력개발기구OECD 34개국 중 27위로 하위권이다. 경제적 행복도는 44.6점으로 삶의 만족도보다 낮은 점수를 보이고 있다.『헤럴드경제뉴스』, 2016년 2월 6일 자 이러한 결과는 한국 사회가 직면한 사회구

조적인 불평등과 고용과 노후불안 등이 반영된 것이다.

이상의 구조적인 요인으로 인한 불안과 불행을 해소하기 위한 사회 제도적·정책적인 개선이 요구되고 있다. 동시에 이러한 구조적인 조건을 변화시키는 것과 함께 삶의 질을 변화시키기 위한 개인의 노력도 간과할 수 없을 것이다. 여기서는 현대 사회를 살아가는 개인이 온전한 자신의 삶을 살아가기 위해서 어떻게 해야 할 것인가에 대한 질문에서 출발한다. 이에 대한 답을 마음공부에서 찾고자 하며, 특히 『주역』을 활용한 마음공부를 통해서 현대적인 삶의 굴레를 벗어나서 탈현대적인 삶을 영위할 수 있다는 점에 주목한다.

마음공부의 필요

최근 마음공부에 대한 논의가 활발하게 진행되고 있다. 마음공부의 역사와 전통은 오래되었지만, 현대 사회 초기에는 마음공부에 대한 사회적 관심이 약화되었다가 현대의 말기라고 칭해지는 오늘날 새롭게 관심이 증폭되고 있다. 그 이유는 바로 현대가 직면한 인간소외와 인성파괴의 문제로 인한 해답을 마음공부에서 찾을 수 있기 때문이다. 마음공부는 다양한 학문영역과 사상적 전통 속에서 발전했다. 여기서는 마음공부의 전통과 각 학문별 논점을 다루지 않고, 마음공부가 현대적 삶을 극복하고 탈현대적 삶을 위해서 어떤 의미를 가질 것인지, 『주역』을 활용한 마음공부가 어떻게 탈현대적 삶에 기여할 수 있을 것인지에 관심을 가질 것이다.

마음공부란 내 안에 있는 '참나'를 자각하고 깨어나도록 노력하는 것이다. 우리에게는 누구나 인간으로서 본성이 내재해 있고, 우리가 노력해야 할 것은 바로 자기 안에 있는 본성을 발견하는 것이다. 이러한 본성의 발현은 우주적인 나에 대한 자각으로 사랑의 존재로서의 나를 인식하는 것으로 나타난다.홍승표, 2015: 190 이러한 마음공부가 교육의 주된 골자가 되는 마음교육이 바로 탈현대 교육이며, 이를 통해서 개인은 분리된 개인으로부터 우주적인 존재로서의 나를 인식할 수 있게 된다.이현지·정재걸·홍승표, 2013: 191

여기서는 마음공부가 현대적인 문제를 넘어서는 탈현대적인 대안이 될 수 있는 함의를 찾는 데 목표가 있다. 이에 대해서 본격적으로 다루기 전에 여기서 정의하는 탈현대란 무엇을 말하는지를 분명히 해두자. 탈현대 사회란 현대 사회와의 단절을 의미하는 것이 아니라 현대 사회가 거둔 문명적 성취를 인정하면서, 현대 사회가 직면한 문제를 해소할 수 있는 현대 이후의 새로운 사회를 말한다.홍승표, 2015: 190 탈현대 사회에 대한 논의는 지면의 한계로 여기서 자세하게 다루는 것은 생략한다. 탈현대 사회와 현대 사회의 정확한 차이점은 탈현대 사회는 현대 사회와는 달리 통일체적 세계관과 인간관을 기초로 하며, 수행과 낙도로서의 삶을 추구한다홍승표, 2011는 점이다.

『주역』과 마음공부

『주역』을 활용한 마음공부가 현대 사회의 가치관과 세계관을 극복하고 더 좋은 세상을 만들 수 있는 대안으로서 어떤 의미를 가질 수 있는가를 탐색하는 것이 이 글의 목적이다. 왜 『주역』을 활용한 마음공부에서 그 답을 찾으려고 하는 것일까?이현지, 2011a: 223 물론 반드시 『주역』이 아니라고 하더라도 마음공부는 다양한 사상적 기반을 통해서 실천될 수 있다. 그럼에도 불구하고, 여기서 『주역』에 초점을 맞추는 이유는 다음과 같다.

첫째, 『주역』은 다양한 상황에 대해서 총체적이면서도 구체적인 해답을 내포하고 있다. 따라서 일상생활의 다양한 상황에 대한 설명력이 높고, 현실적인 해답을 제공하는 데에도 유리하다. 『주역』은 구체적인 삶의 현실적인 문제와 그에 대한 해답을 모색하기에 좋은 책이기 때문이다. 『주역』의 64괘의 괘사와 각 효사는 현대인이 직면하고 있는 불행과 갈등에 대한 마음공부의 지혜를 제공해 줄 수 있다. 유교의 사상이 그러하듯이 『주역』 또한 일상생활에 경험하는 다양한 상황에 대한 해답을 풍부하게 내포하고 있다는 점에서 그 의미가 크다.

둘째, 『주역』의 시중時中의 논리는 우리가 삶에서 부딪치게 되는 수많은 일을 어떻게 있는 그대로 경험할 수 있을 것인가에 대한 해답을 제공해 준다.[이현지, 2012b: 297] 시중이란 고정된 실체나 해답을 가지고 있는 것이 아니라, 다가오는 일에 대해서 그 일의 때에 맞추어 부족하거나 넘치지 않는 지금 그대로를 경험하는 논리를 말한다.[이현지, 2011b: 113] 『주역』의 시중의 논리를 안다면, 우리는 자신이 처한 일의 시간과 공간의 상황에서 중中을 잡을 수 있을 것이다.

셋째, 『주역』의 관계관은 현대 사회가 직면한 문제를 해소할 수 있는 오래되었지만 새로운 관점을 내포하고 있다. 서구적 세계관이 지배하는 현대 사회가 직면한 문제의 근본 원인은 세계관의 한계에서 출발하고 있다. 현대 사회는 모든 존재의 관계를 분리·독립된 개체로 인식함으로써, 개체 간의 갈등과 투쟁이라는 부정적인 관계관을 전제로 하고 있다. 그러나 이러한 관계관은 관계를 바라보는 관점 가운데 하나일 뿐이다. 이러한 관점으로 세계를 인식함으로써 인간의 자연 파괴, 인간 소외, 인간성 파괴 등의 현대적인 문제가 발생하게 된다. 『주역』은 이러한 현대적 관계관을 넘어설 수 있는 통일체적 관계관을 내포하고 있으며, 이러한 관점은 현대적인 삶을 극복하고 탈현대적인 삶을 설계하는 기본적인 바탕이 될 수 있다.

현대적인 삶의 가치관 아래에서는 마음공부가 다음과 같이 오용될 수 있다. 첫째, 마음공부의 목표가 나 자신의 모습을 부정하고 다른 내가 되고자 하는 경향이 있다. 둘째, 마음공부를 현대적인 삶을 더 잘 살기 위해서 활용하려고 한다. 셋째, 마음공부가 지금 현재가 아닌 미래의 삶을 위한 것으로 이용되고 있다. 이러한 한계를 극복하고 진정한 마음공부를 실천할 수 있는 대안을 『주역』에서 찾을 수 있다.

2.
마음교육을 통한 본성발현을 목표로 하다

본성발현

『주역』에서는 인간의 본성을 무엇이라고 말하고 있을까? 중천건重天乾괘는 하늘의 도를 말하는 괘이다. 이 괘를 마음공부의 관점에서 보자면, 하늘은 바로 우리의 본성을 말한다. 건괘의 괘사를 보면, 하늘은 낳고 기르고 거두고 갈무리할 뿐이다.『周易』,「重天乾」 하늘은 있는 그대로 진리이다. 구름이나 해의 존재가 하늘을 알지만, 그것이 하늘은 아니다. 인간의 본성은 하늘과 같아서 마음에서 피어나는 생각과 감정과는 다른 것이다. 중천건괘 단전의 다음 구절을 보자.

건도가 변하고 화하여 각각 성품과 생명을 바르게 하니 크게 화합함을 보전하고 합하여 이에 이利하고 정貞하다. 앞장서 나타나 뭇 생명들을 인도하니 만국이 모두 평화를 누린다.『周易』,「重天乾」

하늘에 의해서 만들어진 것들은 하늘을 온전히 지키고 지탱한다. 각자 그것을 거두고 잘 갈무리하면, 즉 제대로 하늘을 만나면 크게 서로 화합하고 모든 존재가 평화롭게 공존한다.정재걸 외, 2015a: 27 인간의 본성은 자연스러운 것이다. 그러나 본성은 가만히 있어서 저절로 발현되는 것은 아니다. 자기 안에 있는 본성을 자각하고 그것이 발현될 수 있도록 본성을 가리고 있던 생각이나 감정이 나의 본성이 아니라는 것을 인정해야 한다.정재걸·이현지, 2014: 423

본성발현과 마음공부

본성을 발현하기 위한 마음공부에서 다음의 사항을 주의해야 한다.

첫째, 일어나는 생각과 감정이 본성이 아니라는 것을 자각해야 한다. 생각과 감정은 통제할 수 있는 것이 아니다. 그냥 일어나는 것일 뿐이며, 생각과 감정을 억제하는 것은 불가능하다. 흔히 본성을 발현하는 데 실패하는 가장 큰 이유가 생각과 감정이 자기 자신이라고 착각하기 때문이다. 내 안에서 일어난 생각과 감정이기 때문에 그것이 바로 나의 본성이라고 생각하는 순간 먹구름에 가려진 하늘처럼 본연의 자기를 상실하게 된다. 생각과 감정은 일어나는 것이 자연스러운 것이지만, 그것이 곧 내가 아니라는 것을 자각하는 것이 마음공부에서 매우 중요하다.

둘째, 생각과 감정을 해석하지 말아야 한다. 생각과 감정이 나의 본성이 아니라는 것을 자각하지 못하면, 자기 안에서 일어난 생각과 감정에 대해서 부정하거나 긍정하는 어떤 의미를 부여하게 된다. 이를 통해서, 더욱 심각하게 생각과 감정이 자기 자신이라는 착각에 빠지게 된다. 부정적인 생각과 감정을 자책하고, 긍정적인 생각과 감정에 대해서는 높이 평가하면서 붙잡으려고 하는 과정에서 생각과 감정의 지배를 받게 된다.

셋째, 자기에게서 일어나는 생각과 감정을 지켜보아야 한다. 생각과 감정이 일어나는 것이 자연스럽다는 것을 받아들이고, 그것이 나의 본성이 아니라는 것을 자각하게 되면 생각과 감정을 지켜볼 수 있다. 생각과 감정을 지켜보는 순간, 생각과 감정으로부터 자유로워질 수 있다.

풍수환風水渙괘는 이러한 본성발현을 위한 방법을 다음과 같이 구체적으로 말하고 있다. 환渙이란 흩뿌린다는 말이다. 인간 본성을 발현하기 위해서는 무엇을 흩뿌려야 한다는 것인지, 마음공부를 할 때 버려야 할 것은 무엇인지를 살펴보자. 환괘의 괘사는 다음과 같다.

> 환은 형통하니 왕이 종묘에 이른다. 큰 내를 건넘이 이롭고 바르게 함이 이롭다.『周易』,「風水渙」

환의 때는 길한 상황이지만, 이를 위해서는 큰 내를 건너는 것처럼 결단을 내리고 버릴 것을 버려야 한다. 환괘의 효사에서는 마음공부를 하는 사람이 버려야 할 것을 구체적인 사례를 통해서 말하고 있다. 구이九二효에서는 "분주히 그 의자를 흩뿌리니 후회가 사라질 것이다"『周易』,「風水渙」라고 한다. 의자를 흩뿌린다는 말은 사회적 지위와 같은 세속적으로 의지하던 것을 버려야 한다는 뜻이다. 지위가 인간의 본성이 아니라는 것은 너무나 분명한 사실이다. 환괘의 구이효는 본성을 발현하기 위해서는 자기 자신을 둘러싸고 있던 지위와 같은 세속적으로 이룬 외적인 나를 가장 먼저 흩뿌려야 한다고 말한다.

구삼九三효는 "그 몸을 흩뿌리니 후회가 없을 것이다"『周易』,「風水渙」라고 한다. 이는 자기 육체에 대한 자기 동일시를 버려야 한다는 뜻이다.정재걸 외, 2015b: 415 인간은 눈에 보이는 육체를 통해서 자기 존재를 확인하고 집착하기 십상이다. 몸에 대한 집착으로부터 자유를 얻으면 후회가 없다고 한 것은 삶을 온전히 살기 위해서는 삶과 죽음의 문제도 흩뿌려야 하기 때문이다. 몸에 대한 집착은 삶에 대한 집착으로 드러나고, 삶에 대한 집착이 강하면 강할수록 삶의 진정한 의미를 상실할 수 있다. 삶과 죽음에 얽매이지 않을 때, 진정으로 자신의 삶을 사랑할 수 있게 되고 본성이 발현될 것이다.

육사六四효는 "그 무리를 흩뿌리니 크게 길할 것이다. 흩뿌림에 언덕이 있음은 무리가 생각한 바가 아니다"『周易』,「風水渙」라고 한다. 무리란 가족을 포함한 다양한 공동체를 말하며, 언덕이 있다는 것은 의지하고 믿는 어떤 권위나 권력을 말한다. 왜 가족을 포함한 공동체를 흩뿌려야 한다고 했을까? 그것은 가족이나 공동체를 통해서 세속적인 욕망을 채울 수 있기 때문이다. 가족이나 공동체 등 무리를 흩뿌린다는 것은 그것으로부터 자유로워야 한다는 것을 말한다. 내 가족이나 우리 조직의 이익만을 생각하는 세속적인 욕망을 흩뿌리라는 말이다. 구삼에서 말한 몸을 흩뿌리는 것이 몸을 함부로 하는 것과 다른 것처럼 무리를 흩뿌리는 것도 가족이나 공동체를 파괴하라는 뜻과는 다른 의미이다. 그것을 파괴하라는 의미가 아니라, 그것에 얽매이거나 집착하지 말아야 한다는 의미이다.

구오九五효는 "그 큰 부르짖음에 땀을 흩뿌린다. 왕이 거처하는 곳을 흩뿌리면 허물이 없을 것이다."『周易』,「風水渙」 '왕이 거처하는 곳을 흩뿌린다'는 말은 '나다'라는 생각을 흩뿌리는 것이다. 마음공부에서 왕이란 나 자신이라는 생각이라고 할 수 있다. 나의 마음은 마음공부를 하도록 하는 원동력이 될 수 있지만, 마음공부에서 최종적으로 흩뿌려야 하는 대상이기도 하다. 나의 생각과 감정에 사로잡혀서는 진정한 나의 본성을 발현하기 불가능하다.

상구上九효는 "그 피를 흩뿌려 멀리 나가게 하니 허물이 없을 것이

다."『周易』,「風水渙」 자신의 생명까지 흩뿌린다는 자세로 본성을 발견하고
자 하는 것이다. 지위, 몸, 무리, 에고 등을 흩뿌리는 것이 바로 나의
본성이라는 것을 자각할 수 있다. 모든 흩뿌리고 자기를 텅 비우는 것
이 본성을 발현하는 유일한 방법이다.

3.
에고로부터의 자유를 추구하다

　본성의 발현을 막는 것은 에고가 활동하여 '나'라는 생각에 사로잡
힐 때이다. 이때, 가장 먼저 아상이 허상이라는 것을 자각하고, '나'라
는 생각의 껍질에서 벗어나며, '나'라는 마음을 내려놓으면 에고로부
터의 자유를 경험할 수 있다. 『주역』에서 말하는 에고로부터의 자유
를 경험하기 위한 마음공부법을 구체적으로 살펴보자.

아상我想은 허상

　아상我想은 나의 본성이 아니라 허상이라는 것을 자각한다. 아상이
란 자기의 생각과 감정을 나라고 착각하는 것에서부터 자기를 둘러싸
고 있는 외적인 성과와 관계를 모두 자기 자신과 동일시하는 것이다.[이
현지·이기흥, 2012: 41] 이러한 자기 동일시는 이 세상을 나와 나 아닌 것으로
이분법적으로 인식하게 하고, 아상에 사로잡혀서 진정한 인간 본성을
발현하는 데에 걸림돌이 된다. 생각과 감정이 나의 본성이 아니라는
것을 자각하고, 내가 이룬 지위나 성과가 나 자신이 아니라는 것을 인
정할 때 삶의 진정한 의미를 만날 수 있다.

현대 사회를 지배하고 있는 자아관은 자아를 키우는 것에 많은 관심을 기울여 왔다. 자기의 입장이나 관점을 가지고 자아 정체성을 확립하는 것이 현대 교육의 주된 목표가 된 것이 그것을 잘 보여 주고 있다. 나를 나 아닌 존재와 구분하고, 나라는 분리·독립된 개체를 키워야 한다고 보았다. 그러나 이렇게 키워진 나라는 생각은 자기에 대한 긍정적인 생각이 강조되면 자기 우월감으로, 부정적인 생각이 강조되면 열등감으로 드러날 수 있다. 결국 아상에 사로잡히게 되면 인간 본성을 상실하게 된다.

이에 대해서, 『주역』의 화뢰서합火雷噬嗑괘는 다음과 같은 마음공부의 방법을 말하고 있다. 서합괘의 괘사는 "서합은 형통하니 옥을 씀이 이롭다"『周易』, 「火雷噬嗑」고 한다. 서噬는 씹는 것을 말하고, 합嗑은 합하는 것이다. 서합괘의 의미는 씹어서 합하는 것으로 깨부수는 것을 말한다. 무엇을 깨부수어야 한다는 말일까? 이것은 마음공부로 보자면, 아상을 없애는 수행 과정이라고 할 수 있다.정재걸 외, 2015a: 339 분리·독립된 '나'라는 상을 깨부수는 것이 바로 마음공부이다. 괘사에서 '감옥獄을 쓰는 것이 이롭다'고 한 것은 아상을 없애기 위해서는 감옥에 가두는 것처럼 엄격하게 해야 한다는 것이다.

'나'라는 생각으로부터의 자유

'나'라는 생각에서 벗어나 자유로워진다. '나'라는 생각은 마음공부에서 가장 큰 장애물이다. '나'라는 생각 때문에 본성을 발현할 수 없으며, 있는 그대로의 세상을 인정하기 힘들고, 세상을 사랑할 수 없다. 그렇다면 어떻게 '나'라는 생각에서 벗어나서 자유로워질 수 있을까?

『주역』의 뇌수해雷水解괘에서 그 답을 찾아보자. 뇌수해는 해방의 도를 말하고 있다. 마음공부의 관점에서 보면, 해소해야 할 어려움이란 아상이 허상이라는 것을 인식하고 '나'라는 껍질에서 벗어나는 과정에서 만나는 어려움이라고 할 수 있다. 뇌수해괘는 아상에 사로잡혀서 어려움을 겪고 있을 때, 어떻게 그 어려움으로부터 벗어날 수 있을지를 잘 설명해 주고 있다.

해는 서남쪽이 이로우니 갈 바가 없다. 그 돌아와 회복함이 길하다. 갈 바가 있거든 일찍 하면 길할 것이다.『周易』, 「雷水解」

해괘의 괘사를 정재걸2015a은 다음과 같이 해석했다. "건괘가 간방이라면 해괘는 곤방이다. 높은 산이 험난하게 서 있는 모습은 에고의 산을 나타낸다. 이런 에고를 벗어 버리고 넓고 평탄한 곳으로 나아가야 한다. 괘사에서 갈 바가 없다는 것은 에고를 벗어나는 것이 그 무엇을 추구하여 노력함이 아님을 말한 것이다. 오히려 그런 노력을 쉬는 것이 에고를 버리는 지름길임을 말하고 있다. 그래서 갈 바가 없고 그 돌아와 회복함이 길하다고 한 것이다."

흔히 마음공부라고 하면, 더 나아지는 나의 상태를 위해서 노력해야 하는 무엇인가를 생각한다. 그러나 해괘에서 말하고 있는 마음공부에서의 진리는 그런 생각이 일어나는 것을 거부하지도 깨끗이 없애 버리지 않는 것을 말한다. 본성을 회복하기 위해서, 본성이 아닌 생각과 감정을 없애기 위해서 노력해야 할 것으로 착각할 수 있지만, 오히려 생각과 감정을 그대로 지켜보는 것으로써 본성을 발현할 수 있다고 한다. 괘사에서 '일찍 하면 길하다'고 한 것은 생각과 감정을 일찍 알아차릴수록 본성발현을 빨리 할 수 있으며, 생각과 감정으로부터 자유도 빨리 얻게 된다고 말하고 있다.

'나'라는 마음 내려놓기

'나'라는 마음을 내려놓는다. 화택규괘는 반목의 도에 대한 지혜를 말하고 있다. 규괘의 괘사는 "규는 작은 일에는 길할 것이다"『周易』,「火澤睽」라고 한다. 반목하는 것이 어떻게 길하다고 말하는 것일까? 그것은 반목이 부정적인 것만을 의미하지는 않기 때문이다. 반목이란 흔히 작은 일에서 시작되어, 큰 갈등으로 확대되는 경향이 있다. 이때 반목이 왜 발생하는가를 생각해 보면, '내가 옳다'라는 생각의 확신 때문이다. '내가 옳다'는 확신은 반목을 초래하는 원인이다. 화택규괘는 마음공부의 방법으로 '내가 옳다'라고 생각하는 나 자신과 반목해야 한다는 것을 말하고 있다.정재걸 외, 2015b: 106 규괘 상전의 다음 구절을 보자.

> 상에 이르기를 위에 불이 있고 밑에 연못이 있는 것이 규니 군
> 자가 본받아서 같되 다르게 한다.『周易』,「火澤睽」

'같되 다르게 한다'는 것은 나와 다른 생각에 대해서 인정하되 그것에 동조하지 않고 다른 것과 조화를 이룬다는 말이다. '나'라는 마음에 사로잡히지 않고, '나'와 다른 것을 그대로 인정하고 나아가서 그것과 조화를 이루려고 하는 것이 마음공부에서 에고로부터 자유를 얻는 방법이다. 에고는 자기의 내면으로 향하는 것을 막고 밖에서 존재의 의미를 찾고자 하기 때문에 모든 것과 조화를 이루기보다는 부정

하려고 한다. 이때 '나'와 '나 아닌 것'을 경계 짓고자 하는 에고를 알아차리고 '나다'라고 생각하는 마음을 내려놓는 것이 바로 에고로부터 자유를 얻을 수 있는 방법이다.

4.
마음교육으로 지금 여기를 살다

지금 여기

『주역』에서 말하는 마음공부법은 궁극적으로 지금 여기를 사는 것을 말한다. 지금 여기에 현존함으로써 인간 본성을 회복할 수 있다. 인간 본성을 회복하면, 끊임없이 자기를 힘들게 했던 자기 자신의 몸과 마음을 동일시하던 생각이 어느 순간 사라지게 된다. 이러한 본성회복의 방법은 바로 자기 내면을 살피는 것에서 시작할 수 있다.

회복의 도道를 말하는 지뢰복地雷復괘를 통해서 마음공부에 대한 지혜를 찾아보면 다음과 같다. 복괘의 초구初九의 효사를 보자.

초구는 머지않아 돌아오니 후회하는 데까지 이르지 않으며 크게 길하다. 상에 이르기를 머지않아 돌아오는 것은 자신을 닦기 때문이다.『周易』,「地雷復」

초구의 상전에서는 머지않아 돌아오는 것은 자신을 닦기 때문이라고 한다. 지뢰복괘의 초구가 회복의 첫 번째 효로서 미미하지만 맹렬하게 수행을 통해서 싹을 틔우므로, 초구임에도 지뢰복괘의 주된 효로 해석된다. 여기서 중요한 점은 자기를 회복하는 데에 가장 중요한 것이 바로 자신을 끊임없이 수행하는 것이라는 점이다. 즉 마음공부가 핵심이 되는 본성회복의 방법이라는 점을 말하고 있다. 이때, 어떻게 할 것인가에 대해서 육사六四효의 중도를 행하는 것中行을 말하고 있다.

> 육사는 중도를 행하여 홀로 돌아온다. 상에 이르기를 '중행독복中行獨復'은 그렇게 함으로써 도를 따른다는 뜻이다.『周易』,「地雷復」

위의 육사효에서 말하는 중도를 행하는 것은 도를 실천한다는 의미이다. 마음공부의 관점에서 보자면, 도를 실천한다는 것은 지금 여기를 온전히 경험한다는 것이다. 현재가 아닌 과거나 미래의 삶에 관심을 기울이고 그것을 위해서 사는 것이 아니라, 지금 이 순간을 그대로 경험하는 삶을 사는 것이다. 이것을 다른 말로 표현하면, 피부 밑 자아로부터 깨어나는 것이다.정재걸 외, 2015a: 389 자기 자신이라고 믿고 살았던 자아에 얽매이지 않고 자신의 본성을 회복하는 마음공부를 정진한다.

대아大我로서의 자기

생물학적 육체적 존재로서 자아로부터 벗어나는 것은 대아大我로서의 자기가 된다는 것을 말한다. 큰 나가 된다는 의미는 나의 생각, 감정, 성공, 몸, 관계, 지위 등에 갇히는 내가 아니라, 그 무엇과도 동일시하지 않는 나의 본성을 회복하는 것이다. 이런 나에 대한 자각은 나를 바꾸려는 시도를 멈추게 하고, 지금 여기에 편안히 머물 수 있도록 한다. 지금 여기에 온전히 사는 것이 왜 삶을 편안하게 하는 것일까? 답을 지천태地天泰괘에서 찾아보자. 태괘의 괘사에서 "태는 작은 것이 가고 큰 것이 오니 길하고 형통하다"『周易』, 「地天泰」라고 한다. '나'의 존재의 측면에서 보자면, 작은 것이란 지금까지 나 자신으로 착각하던 나의 생각, 감정, 성공, 몸, 관계, 지위 등이라고 할 수 있다. 큰 것은 바로 나의 인간 본성을 말한다고 할 수 있다. 태괘의 괘사에 대한 다음 해석은 이러한 내용을 더욱 분명하게 설명하고 있다.

태는 편안함의 도이다. 깨달은 사람에게는 편안하지 않은 날이 없겠지만 보통 사람들은 평소에 쫓기듯 살아가다가 문득 주위의 모든 일들이 아무 문제없이 잘 굴러가는 상황이 나타난다. 태괘는 이런 상황에 처했을 때 취해야 할 도를 말하고 있다. 작은 것이 가고 큰 것이 온다는 것은 지금까지 추구해 왔던 세속적인 욕망이 모두 부질없고 현재 자신의 상태가 있는 그대로 만족스럽다는 것을 말한다.정재걸 외, 2015a: 191

위의 구절에서 주목해야 할 내용은 '현재 자신의 상태가 그대로 만족스럽다'는 것이다. 편안함이란 바로 지금 여기에서 발견할 수 있는 것이다. 과거나 먼 미래에서 편안함을 찾는 것처럼 어리석은 선택은 없을 것이다. 그러나 마음공부를 하지 않고 본성을 자각하지 못하는 삶에 젖어 있으면, 현재에 불만을 가지고 자기를 부정하는 삶을 살게 된다. 그렇다면, 마음공부를 하는 과정에서 우리는 어떻게 해야 할까? 구삼九三효의 효사를 보자. "기울어지지 않은 평형은 없으며 가기만 하고 돌아오지 않는 것은 없다. 힘겹게 바름을 지키면 허물이 없다. 걱정하지 말라. 먹는 데 믿음이 있으니 복이 있다"『周易』,「地天泰」

　사람들은 편안함이라고 하면, 어떤 기울어짐도 없는 평형의 상태나 완벽한 어떤 상황이 되어야 이룰 수 있는 것이라고 생각한다. 심지어 그것이 어떤 고정된 실체나 이상적인 모양이 있는 것으로 인식할 때도 있다. 그러나 그런 편안함을 구한다면 절대로 편안함에 도달할 수 없다는 것을 태괘의 구삼효는 말하고 있다. 진정한 편안함은 매 순간 변화하는 일상생활 속에 이미 있는 것이기 때문이다. 편안함은 평형의 상태를 유지하려고 하는 것에서 맛볼 수 있는 것이 아니라, 울퉁불퉁한 길인 것 같은 삶을 그대로 경험하는 과정에서 얻을 수 있다.

　이를 구삼효의 상전에서는 다음과 같이 말하고 있다. "상에 이르기를 가기만 하고 돌아오지 않는 것이 없다는 것은 하늘과 땅이 접하기 때문이다"『周易』,「地天泰」 하늘과 땅이 분리되어 있지 않은 것처럼, 살면서 만나는 힘든 일도 언젠가는 좋은 일로 연결되어 있다는 것을 인식하면 편안함을 회복할 수 있는 것이다. 편안함이란 힘든 일이나 좋은 일을 경험할 때 그것을 온전히 그대로 경험함으로써 지금 여기를 살 때, 얻을 수 있는 선물이다. 힘든 일을 회피하려고 하거나 좋은 일에 집착하려 하면 지금 여기를 살지 못하게 되며, 편안함을 상실하게 된다.

　20세기의 대표적인 경제학자인 케인스John Maynard Keynes는 1930년에 100년 후를 예측하면서, 인류는 절박한 경제적 문제에서 벗어나서 노동과 가난에서 자유로워질 것이라고 예측했다. 생존의 문제에서 벗어난 인류가 여가를 어떻게 보낼 것인지, 어떻게 즐겁게 살 것인지를 고심할 것이라고 했다. 그 시대에는 삶을 위한 예술과 초월성 탐구에 보다 집중하게 될 것이라고 전망했다.제러미 리프킨, 2014: 17-18

　현대 사회가 케인스의 예측에 완전히 부합하지는 않다고 하더라도 그가 예측했던 물질적인 풍요는 어느 정도 이루었다는 점을 부정할 수는 없을 것이다. 더욱 흥미로운 점은 케인스가 말했듯이, 물질적인 안정을 이룬 사회에서 인류가 무엇에 관심을 기울여야 하는가의 문제이다. 케인스는 '삶을 위한 예술과 초월성 탐구'를 말했다. 오늘날 마음공부에 대한 논의를 활발하게 전개하는 것도 케인스의 예측에서 크게 벗어나지는 않는다고 할 수 있다.

마음교육의 목표

마음공부는 나의 본성이 나로부터 잠깨어 일어나는 것이다.아디야 샨티, 2015: 18 『주역』을 활용한 마음공부의 요지는 마음공부를 함으로써 인간 본성을 발현하여 행복에 도달할 수 있다는 것을 말하고 있다. 본성을 발현한다는 것은 내 안에 있는 본성을 자각하는 것이며, 그것은 자신의 삶을 거부하지 않음으로써 얻을 수 있는 것이다. 본성의 발현은 자기의 삶을 온전히 그대로 인정하고 부정하지 않으며 그대로 경험함으로써 가능하다.

『주역』을 활용한 마음공부를 통해서, 행복은 결코 자신의 마음과 별도로 존재할 수 있는 것이 아니라는 사실을, 자기 마음의 문제를 해결하지 않고서는 결코 행복할 수 없다는 것을 알 수 있다. 『주역』을 활용한 마음공부는 현대적인 삶에 갇혀서 간과할 수 있는 문제에 대한 해답을 분명하게 제시하고 있다. 그러므로 『주역』을 활용한 마음공부는 탈현대적인 삶의 대안이 될 것이다.

『주역』을 활용한 마음공부의 의미

『주역』을 활용한 마음공부는 인간 본성이 무엇이며 본성을 발현할 수 있는 방법은 무엇인지, 본성의 발현을 막는 것으로부터 어떻게 자유로워질 수 있는지, 본성을 회복하고 어떻게 지금 여기를 살 수 있는지에 대한 답을 말하고 있다. 이러한『주역』을 활용한 마음공부는 다음과 같은 탈현대적인 함의를 가지고 있다.

첫째,『주역』을 활용한 마음공부는 자신의 본성발현에 주목한다는 점이다. 마음공부의 근본 목표는 본성발현 이외에 그 무엇도 될 수 없으며, 되어서도 안 된다. 마음공부는 그 자체가 목표가 될 수는 있지만, 마음공부를 통해서 어떤 성과와 내가 아닌 다른 무엇이 되기를 추구한다면 그 의미를 상실하게 된다. 반면, 현대적인 삶에서는 마음공부마저도 현재의 자기 자신의 모습을 부정하고 부족한 나 자신을 완전한 어떤 사람으로 바꾸는 방법으로 생각하기도 한다. 그러나 내가 아닌 다른 사람이 되려는 노력을 기울이면 기울일수록 마음공부의 본래의 목표에서 벗어난다는 것을『주역』을 활용한 마음공부는 시사하고 있다. 인간 본성이란 노력과 변화를 통해서 이루는 무엇이 아니기 때문이다. 자기 안에 본성이 잠재해 있다는 것을 자각하고 그것이 깨어나도록 하는 것이다.

둘째,『주역』을 활용한 마음공부는 에고로부터의 자유를 얻고자 한다. 현대적인 가치관은 삶에서 에고를 확장하고 잘 다듬는 것에 치중하고 있다. 자기의 내면보다는 외적인 모습을 잘 가꾸는 것에 관심을 기울인다. 심지어 현대적 가치관에서 시도되는 마음공부는 현대적인 삶을 더 잘 살기 위한 도구로 전락할 수 있는 위험성을 안고 있다. 마음공부를 통해서 현대 경쟁사회의 경쟁력이나 집중력을 기르는 등 현대적인 가치를 추구하는 수단으로 활용하고자 하기도 한다. 그러나 진정한 마음공부란 현대적인 삶에서 키우고자 했던 에고를 깨부수는 것을 목표로 하고, 에고로부터 자유로워지는 것이다. 그러한 의미에서 『주역』을 활용한 마음공부는 현대적인 삶의 한계를 넘어서 탈현대적인 삶의 대안으로서의 함의를 가지고 있다.

셋째, 『주역』을 활용한 마음공부는 지금 여기를 온전히 사는 것에 대한 지혜를 말하고 있다. 현대 사회에서 잘 사는 것에 대한 관심이 지금 현재가 아니라, 미래의 삶에 초점이 맞추어져 있는 경향이 있다. 미래의 안위와 행복을 위해서 지금을 희생하고 극복해야 할 것으로 치부한다. 그러나 인간이 살 수 있는 것은 지금 현재밖에 없다. 인간은 과거와 미래를 살 수는 없기 때문이다. 『주역』을 활용한 마음공부는 지금 여기를 삶으로써 자기 자신을 진정으로 만날 수 있고, 나의 생각이나 감정 그리고 성공 등의 작은 나에서 벗어나 본성을 회복하는 큰 나로서의 삶을 살도록 한다.

제5장
인공지능 시대와 교육의 목표

1.
교육의 해답을 마음교육에서 찾다

내면으로 향하는 관심

현대인들은 좋은 세상을 꿈꾸고 행복한 삶을 원하지만, 어떤 방법을 통해서 좋은 세상에 도달할 수 있는가에 대한 해답을 가지고 있지 못하다. 현대화의 초기에는 물질적인 풍요를 이루는 것을 통해서, 행복을 얻을 수 있다고 생각했지만 인류가 이룬 물질적인 풍요에 비례하여 행복이 커졌다고 하기는 어렵다. 물질적인 풍요는 행복한 삶을 위한 기초가 될 수는 있지만, 행복의 필요충분조건이 아니라는 점은 분명하다.

오늘날 현대인은 자기 자신, 즉 내면에 대한 관심이 부족하다. 자신이 어떤 존재인지, 자기 내면의 목소리에 귀 기울이는 일에 인색하다. 내면보다는 외면을 가꾸고 보이는 자신을 꾸미는 일에 치중하는 삶을 산다. 최근에 트렌드가 된 소셜 네트워크를 활용한 네트워킹 활동 또한 자신의 삶을 과시하기 위한 도구로 활용하는 경향이 있다. 맛있는 집을 찾아가고 음식을 사진으로 찍어서 사회관계망 서비스SNS에 올린다. 이런 모습은 전 세계적인 삶의 트렌드이다. 이러한 현대적인 삶의 양상에 대해서 비판적인 목소리도 있다. 경향신문 2015년 6월 9일 자에서는 이러한 사회적 트렌드에 대해서, 이들이 올리는 음식 사진이 바로 자기 삶의 수준과 지위를 과시하려는 하나의 행위로 설명될 수 있다는 점을 비판적으로 보도한 바 있다.

사회관계망 서비스를 통해서 자기 삶을 다른 사람들에게 보여 주고 그에 대한 댓글을 기다리고 다른 사람의 평가에 일희일비한다. 사람들이 '좋아요'를 클릭하는 횟수가 커지면 행복을 느끼고, 반응을 보이지 않으면 SNS 우울증을 앓기도 한다. 물론 사회관계망 서비스를 건강한 소통의 장으로 활용하는 개인들이 증가하는 것도 사실이다. 여기서 문제로 삼는 것은 현대인들이 자기 삶에 관심을 기울이고 표현하는 활동에서조차 자신의 욕망 실현에 집착하는 경향이 나타난다는 것이다. 더욱 심각한 문제는 이러한 욕망을 채우기 위한 노력을 마치 참된 자기를 만나는 과정으로, 잘 살고 있다는 지표로 착각하고 그것에 집착하는 것이다.

이와 같이 자기에 대한 관심의 부족으로 내면에 대해서 무관심하고 겉으로 드러나는 모습에만 관심을 가지게 됨으로써, 인간 존재 가치를 이해하지 못하고 자기 자신을 폄하하는 현상이 나타난다. 자신의 존재 가치를 알지 못한다는 것은 다른 사람의 존재 가치를 이해하지 못하는 문제로 직결된다. 그러므로 우리는 누구나 인간 존재에 대한 가치를 인식해야 하며, 자신이 어떤 존재인가에 대한 자각을 위해서 노력해야 한다. 이러한 자각을 통해서 인仁한 본성을 발견할 수 있다. 이러한 노력은 마음공부를 통해서 실현할 수 있으며, 이 글에서는 공자의 마음공부에 주목하고자 한다.

공자 마음공부의 의미

오늘을 사는 현대인이 공자의 마음공부에 대해 주목해야 할 이유는 무엇일까? 그것은 현대인이 직면한 문제의 출발점이 공자가 그토록 강조했던 자기 존재의 가치를 자각하는 것에 소홀하고, 외적인 성취만을 추구한 것에 있기 때문이다. 현대인이 직면한 삶의 문제 그리고 마음공부에 대한 논의가 안고 있는 문제에 대해, 이 글에서는 다음과 같은 세 가지 논점을 제기하고자 한다. 첫째, 현대인은 자기 존재의 가치에 대한 이해가 부족하고, 인간의 존엄성이 어디서 확보될 수 있는지에 대한 질문을 결여한 삶을 살고 있다. 둘째, 지금까지의 마음공부에 대한 논의는 개인적인 영역으로 치부되고, 마음공부의 성과가 개인의 삶을 넘어 사회로 어떻게 확장될 수 있는가에 대한 고민이 결여되어 있다. 셋째, 현대인이 직면한 삶의 문제는 어떤 삶을 추구해야 할 것인지에 대한 근본적인 질문이 결여되어 있다.

이러한 현상은 현대 사회에 만연해 있다. 이에 대해 공자가 주는 답은 매우 명쾌하다. 공자는 인仁한 본성을 발견하기 위해서는 일상 속에서 지속적인 수행이 필요하다는 것을 강조하고 있다. 그래서 삶 자체를 구도로서의 삶, 즉 수행이 일상이 되는 삶을 살아야 함을 말한다. 나에서 출발하여 가족과 이웃 그리고 세상으로 확대되는 인仁의 실현을 말하고 있다. 이러한 인仁을 실현하는 것은 특별한 어떤 존재에 제한되는 특별한 능력이 아니라, 인간이라면 누구나 도달할 수 있는 경지이다. 이를 목표로 삼고 초월적인 자아에 대해 인정하고 자각하면서 지속적으로 노력을 기울인다면 누구나 군자君子가 될 수 있음을 공자는 제시하고 있다.

그렇다면, 이러한 참된 자기를 만나기 위한 마음공부는 개인적인 삶의 문제를 해결하는 차원에 머무는 것일까? 군자가 되는 것을 삶의 목표로 삼는 개인이 형성하는 사회가 바로 좋은 세상을 건설하는 것으로 연결되는 점이 바로 유교사상의 마음공부가 가지는 의미라고 할 수 있다. 이것은 유교사상의 핵심 이념인 수신제가치국평천하修身齊家治國平天下를 통해서 잘 드러난다. 마음공부란 자기 속에 얽혀 있는 문제를 풀어 나가는 것에 머물지 않는다. 마음공부란 우리가 인仁한 본성을 발현하는 행복한 존재, 즉 사랑의 존재가 되는 것을 의미한다. 나아가서 자기가 속한 공동체와 세상을 좋은 세상으로 만드는 것으로 그 의미가 확산된다. 여기서는 공자가 이에 대해서 구체적으로 어떻게 말하고 있는지, 수신修身, 제가齊家, 치국治國, 평천하平天下와 마음공부를 연결시켜서 살펴보고자 한다.

2.
인仁한 존재로서의
우주적인 나를 발견하다

공자 마음공부의 시작은 인仁한 존재로서의 자기와 만나는 것이라고 할 수 있다. 자기와의 만남은 인간 존재에 대한 믿음을 바탕으로 하고 있으며, 누구나 성인이 될 수 있다는 인간에 대한 근본적인 긍정을 토대로 하고 있다.이경무, 2010: 460 공자는 인간의 무한한 가능성을 인정하면서도, 성인이 되기 위해서는 스스로의 인간 존엄성을 자각하고, 자기 존중을 바탕으로 지속적으로 수행하며, 궁극에는 초월적인 자아를 일상에서 발견하려는 마음공부가 필요하다고 한다.박균섭, 2007: 230

인간 존엄성에 대한 자각

공자는 인간 존재의 가치에 대한 신뢰가 깊은 사상가였다. 그에게 있어서 모든 인간은 인仁한 본성을 갖춘 성인聖人이 될 수 있는 가능성을 내재하고 있는 존재이다. 단, 누구나 품부된 인仁한 본성을 발현하는 삶을 살기 위해서는 각자의 노력이 반드시 수반되어야 한다. 이러한 노력의 첫발은 자신의 존재 가치를 자각하는 마음공부라고 할 수 있다.이현지, 2012a: 18 사람다운 사람으로 사는 것은 본성을 실현하느냐에 달려 있으며, 유교의 관점에서 보면 이 지점이야말로 인간이 짐승과 구별되는 점이다. 이러한 입장은 유가의 인간 존중 사상으로 발전한다.

공자의 인간 존중 사상이 잘 드러나는 부분은 자신의 사사로운 욕심을 이겨 내는 노력을 통해서 예로 돌아간다는 것이다. 예로 돌아가는 것은 나에 대한 존중을 바탕으로 다른 사람과의 공존을 설명하는 원리이다. 자기를 이겨 내는 과정이 마음공부이며, 이 과정에서 인간의 존엄성이 확보되고 유지된다.^{김진근, 2014: 38} 극기복례克己復禮는 스스로 인仁한 본성을 발현하는 것을 통해서, 인仁한 본성이 발현될 수 있도록 끊임없이 자기 내면에 관심을 가지도록 하여, 스스로 변화하는 것이다.^{양재열, 1998: 255} 결과적으로 극기복례란 자신의 몸을 닦는 것修身을 말한다. 안연이 인仁에 대해서 묻자 공자는 다음과 같이 극기복례를 말했다.

　안연이 인仁에 대하여 묻자, 공자께서 말씀하셨다. 자기를 이겨 예로 돌아가는 것이 인仁을 행하는 것이니, 하루라도 자기를 이겨 예禮로 돌아가면 천하가 인仁하다고 인정할 것이다. 인仁을 행하는 것은 자기로 말미암지, 다른 사람으로 말미암는 것이겠는가? 안연이 말했다. 그 조목을 여쭙습니다. 공자께서 말씀하셨다. 예禮가 아니면 보지 말고, 예禮가 아니면 듣지 말며, 예禮가 아니면 말하지 말며, 예禮가 아니면 움직이지 말 것이다.『論語』, 「顔淵」

인仁을 행하는 일이 자기로 말미암는다고 밝히는 뜻은 자기 안에 있는 인仁한 본성을 발현시키되 사사로운 욕심은 이겨 내는 마음공부가 중요하다는 것이다. 이러한 마음공부가 인仁으로 돌아갈 수 있도록 하며, 예禮로 돌아감으로써 덕을 기를 수 있고 세상과 공존한다.^{정병} ^{석·엄진성, 2011: 10} 여기서 인간 존엄성이 부각된다.

자기 존중과 지속적인 수행

인간 존엄성을 자각한 개인이 자기를 존중하고 지속적으로 수행함으로써 수신의 경지가 깊어진다. 여기서 '자기 존중'과 '지속적인 수행'의 연결이 흥미로운 지점이다. 스스로의 존엄을 자각하는 사람은 자신의 삶을 충실하게 돌볼 것이다. 자신의 삶을 돌보는 방법이 바로 지속적인 수행이다. 공자는 바람직한 인간상으로 군자에 대해서 여러 가지 이야기를 남겼다. 아래 구절을 보자.

자공이 물었다. 어떠하여야 선비라고 할 수 있습니까? 공자가 말씀하셨다. 자기 혼자의 행동에 대하여 부끄러워함이 있으며 사방에 사신으로 가서 임금의 명을 욕되게 하지 않으면 선비라 이를 만하다. 감히 그다음을 묻습니다. 공자가 말씀하셨다. 종족들이 효성스럽다고 칭찬하고 향당에서 공손하다고 칭찬하는 인물이다. 감히 그다음을 묻습니다. 또 공자가 말씀하셨다. 말을 하면 반드시 믿을 수 있게 하고 행동은 반드시 앞뒤가 맞게 하는 것은 자잘한 소인이지만, 그래도 또한 그다음이 될 만하다.^{『論語』,「子路」}

자공이 선비란 어떤 사람이냐고 여쭙자, 공자는 혼자의 행동에 부끄러워함이 있으며 사신으로서 임금을 욕되게 하지 않아야 한다고 말한다. 가장 먼저 말한 혼자의 행동에 부끄러워함이 있다는 것은 스스로의 마음을 깨어서 지켜봄으로써 일상에서 지속적으로 수행한다는 뜻이다. 바로 마음공부를 가장 우선적인 조건으로 말하고 있다. 마음 공부를 지속적으로 성실히 하느냐 하지 않느냐가 선비의 가장 우선되는 조건이다.

왜 마음공부를 해야 한다고 했을까? 이것은 마음공부가 진정한 자기 존중의 방법이기 때문이다. 인仁한 본성을 갖춘 우주와 하나인 나라는 존재를 인정하고 자각한다면, 한순간도 도와 어긋난 삶을 살 수는 없는 것이다.심우섭, 2004: 19 그러므로 자기 내면에 관심을 기울이고 인仁한 본성이 발현되고 있는지, 사사로운 욕심이 자신을 지배하고 있는지에 깨어 있는 삶을 사는 것이 선비의 삶이라고 한다. 공자는 자신에 대해서 다음과 같이 말하고 있다.

성聖과 인仁으로 말하면 내가 어찌 감히 자처하겠는가? 행함을 싫어하지 아니하며 사람 가르치는 것을 게을리 아니함은 곧 그렇다고 말할 수 있을 따름이다.『論語』,「述而」

공자 스스로가 지속적으로 자신을 닦는 일에 최선을 다하고 있음을 자평하고 있다. 행함을 싫어하지 않는다고 스스로를 겸손하게 표현한 공자의 말에는 삶에 대한 사랑과 인간 존재에 대한 깊은 신뢰 그리고 인간 존엄에 대한 믿음이 전제되어 있다. 자기를 존중하고 인간에 대한 존엄을 자각한다면, 자신에 대한 수행을 게을리할 수 없음을 말한다. 시대를 거슬러서 인류의 존경을 받는 공자도 삶에서 지속적으로 마음공부의 노력을 싫어하지 않았다는 사실은 현대를 살아가는 우리에게 시사하는 바가 크다.

일상에서 만나는 초월적 자아

공자는 세속을 떠나지 않는 일상에서의 수행을 말하고 있다는 점에서 매우 현실적이고 구체적인 삶의 방법을 제시한 사상가이다. 그는 일상생활 자체에 경敬이라는 구체적인 수행의 키워드를 제시함으로써, 누구나 노력을 통해서 자기 삶 속에서 초월적인 자아를 만날 수 있다는 비전을 제시하고 있다. 인간의 삶은 세속에 발 딛고 있지만, 도와 하나가 되려는 구도자의 삶을 선택함으로써, 인간 존재의 최고의 경지인 초월적 자아를 실현할 수 있다. 그렇다면, 공자가 말하는 방법인 경이란 무엇일까?

경敬은 사전적 의미로 공경恭敬, 예禮, 감사感謝하는 예禮, 공경하다, 삼가다(몸가짐이나 언행을 조심하다), (마음을)절제하다, 정중하다, (예의가)바르다, 훈계하다, 잡도리하다 등의 뜻을 가지고 있다.네이버사전, 2015 사전적인 의미에서 드러나는 경사상을 일상에 적용한다면, 우리는 반복되는 일상에서도 매 순간 깨어서 그것에 감사할 수 있고, 익숙한 관계에서도 삼가고 정중할 수 있으며, 삶의 국면마다 공경하고 사랑할 수 있을 것이다. 『논어』의 다음 구절을 보자.

공자께서 말씀하셨다. 군자는 아홉 가지 생각이 있으니, 볼 때는 분명하게 볼 것을 생각하고, 들을 때는 분명하게 들을 것을 생각하고, 얼굴빛은 온화함을 생각하고, 용모는 공손함을 생각하고, 말은 충실함을 생각하고, 일은 경건함을 생각하고, 의심스러울 때는 물을 것을 생각하고, 분할 때는 어려움을 당할 것을 생각하고, 얻을 것을 보면 의로움을 생각한다.『論語』, 「季氏」

이 구절은 다음과 같이 해석할 수 있다. "천하의 이치는 하나라도 마음에 통솔되지 않음이 없고, 군자가 배우는 것은 하나라도 마음에 쓰이지 않음이 없다." 군자는 마음을 보존하고 몸을 다스리는 데에 노력을 기울이며, 이러한 노력은 곧 이치를 밝히는 공부에 주력하고 사사로운 마음을 이겨 내는 것으로 드러난다. 앞의 구절에서 말하는 아홉 가지 생각을 하면, 성誠을 생각하는 것이고 스스로를 다스리는 근본이 된다.유교문화연구소, 2005: 612 성이란 사람에게는 마땅함을 말하는 것이며, 『논어』에서 말하는 본성에 충실하고 마음이 진실하다는 충신忠信과 통하는 개념이다. 성실은 "스스로를 이룩할 뿐만 아니라 만물을 이룩하는 까닭"이라든가, "만물의 끝이요 시작"이라든가, "성실이 없으면 만물이 존재하지 않는다"는 말은 성실이 만물의 존재 근거가 된다는 뜻이다.한국학중앙연구원, 2015

위 구절의 아홉 가지 생각은 누구나가 일상 속에서 직면하는 상황이다. 세속적이고 평범한 일상에 대해 마음공부를 함으로써 세속적인 차원의 인간 존재를 넘어서는 초월적 경지를 경험할 수 있다. 즉 사사로운 욕심의 지배를 받는 욕망의 덩어리가 아닌 그런 자기를 이기려는 노력을 기울이는 과정에서 자기의 인仁한 본성을 발현하고 그 사랑을 다른 사람에게로 확산해 나갈 수 있는 우주적인 나와 만나는 것이다.이명수, 2007: 8-9 그런 나는 사랑의 존재 자체가 되고, 도와 하나가 되는 삶을 산다. 이것이 수신을 통해서 얻는 궁극적인 목표점이다.

3.
일상생활에서 나를 닦다

마음공부의 터전으로서의 일상

공자 마음공부의 장, 즉 수신의 장은 바로 일상생활이다. 공자는 특히 가족생활에서의 수신에 대해서 강조하고 있다. 왜 가족 영역에서의 마음공부를 중시한 것일까? 가족관계는 매우 일상적이고 세속적인 것들을 공유한다. 이러한 일상의 공동체에서 공손하고 삼가는 마음을 가지기는 쉽지 않다. 일상생활이란 감정이나 생각에 몰입하기 쉬운 환경을 제공하기 때문이다. 여기서 자기 마음을 자각하고 깨어서 자신을 닦는다는 것은 자기의 삶을 지금 여기를 생생하게 체험하고 경험한다는 것이다. 그런 의미에서 공자는 세속에서의 수행을 강조하고 있다. 일상이라는 공자의 마음공부의 장이 바로 유교적 마음공부의 강점이고 현실적인 실천력을 가지는 부분이라고 할 수 있다. 또한 현대인에게 주는 시사점도 여기에 있다.

그렇다면 일상에서 어떻게 수신을 하라고 말하는가? 다음 구절을 보자.

공자께서 말씀하셨다. 제자는 들어와서는 효도하고 나가면 공손하며 삼가고 미덥게 하며 널리 사람들을 사랑하되 인仁한 사람과 친해야 하고 행하고서 남은 힘이 있으면 글을 배워야 한다.『論語』,「學而」

공자의 답은 매우 명료하다. 가르침을 받는 사람은 누구나 아우나 아들의 입장에서 수신을 해야 한다. 아들의 입장에서는 가족의 영역에서 부모를 잘 섬기는 효를 실천하고, 사회의 영역에서는 윗사람을 공손하게 모시고 항상 삼가며, 미더운 말만 하고 사람들을 두루두루 사랑하고, 어진 사람과 가까이 지내야 한다. 이 모든 것을 하고도 여력이 남으면 학문을 해야 한다고 말한다. 남는 여력으로 학문을 하라는 뜻이 아니라, 그 무엇보다도 부모에게 효도하고 윗사람에게 공손히 하는 것을 우선해야 한다는 것을 강조한 표현이다.

마음공부로서의 효제孝悌

공자는 『논어』에서 효제에 대해 여러 구절을 통해서, 구체적으로 설명하고 강조하고 있다. 공자에게 있어서 효제란 일상에서의 마음공부의 구체적인 방법이다. 공자는 자유子游에게 부모와의 관계에서 효를 행한다는 것은 그 근본이 공경이라고 말한다. 이는 자유가 공경하는 마음이 부족했기 때문이 아니라, 부모를 사랑하는 마음이 공경하는 마음을 앞서는 것을 경계한 것이다.유교문화연구소, 2005: 36

공자는 왜 부모에 대한 사랑이 공경을 앞서면 안 된다고 생각한 것일까? 사랑에도 마음의 작용이 일어나지만, 사랑은 본능적으로 작동하는 감정이라고 할 수 있다. 우리가 "사랑하자"라고 마음을 먹는다고 해서, 사랑을 할 수 있는 것은 아니기 때문이다. 그러나 공경은 마음의 작용에 따라서 실천할 수 있는 감정이다. 부모를 공경해야 한다는 인식을 가지고 있는 사람이라면, 그런 문화 속에서 살고 있다면, 부모를 공경하는 것이 효의 기본이라는 것을 자각한다면, 마음공부를 통해서 그것과 하나가 되는 삶을 살 수 있다. 자유와 공자의 다음 대화를 보자.

> 자유子游가 효에 대해서 물었다. 공자께서 말씀하셨다. 오늘날 효라고 하면 잘 봉양하는 것을 일컫는다. 개나 말까지도 모두 길러 주는데, 공경하지 않는다면 무슨 차이가 있겠는가?『論語』,「爲政」

부모를 물질적으로 잘 부양하는 것은 효의 기본 바탕이라고 할 수 있으며, 진정으로 효도를 실천하는 것은 부모를 공경하는 것이다. 부모에 대한 공경을 실천하기 위한 노력은 마음공부를 통해서 가능하다. 공자는 다음과 같이 효의 구체적인 실천 방법에 대해서 말하기도 했다.

> 공자께서 말씀하셨다. 아버지가 계실 때는 그 뜻을 살피고, 아버지가 돌아가셨을 때에는 그 행동을 살피는 것이니, 삼 년 동안 아버지의 도를 고치지 않아야 효라고 말할 수 있다.『論語』,「學而」

효를 행하는 것에 대해서, 공자는 분명하게 설명하고 있다. 첫째, 효란 부모의 뜻을 거역하지 않는 것이다. 즉, 부모를 잘 섬기는 도리는 마음에서 구해야 한다. 마음으로 공경하지 않는 물질적인 부양에 대해서 공자는 근본적으로 비판하고 있다. 성격이 강한 자하가 효에 대해 물었을 때, 공자는 얼굴빛을 부드럽게 하는 것이 어려우니, 부모에게 일이 있으면 동생이나 자식이 그 수고로움을 대신하고, 술과 밥이 있으면 아버지나 형에게 잡수시게 하는 것을 도대체 효라고 할 수 있겠는가? 하고 반문했다. 마음으로 공경하지 않는 효란 없다는 입장을 보여 주고 있다.

둘째, 살아계실 때 예로써 섬기고 돌아가시면 장례를 예로써 하고 제사 지내기를 예로써 하는 것이다.『論語』,「爲政」공자는 이것을 이치라고 생각했다. 이러한 이치는 끊임없이 스스로 지키려고 노력을 기울이는 과정에서 확보할 수 있는 것이다. 즉 끊임없는 수기修己의 노력이 요구되는 부분이다.

셋째, 부모가 돌아가신 후에도 그 뜻을 존중하여 쉽게 폐기해서는 안 된다고 한다. 부모의 뜻을 지킨다는 것은 돌아가신 후에도 부모에 대해 삼가고 공경하는 마음을 유지한다는 것이다. 그것은 부모의 뜻이 옳고 그르고를 따지는 것과는 다른 차원의 문제이다. 부모는 완전한 인간이 아닐 것이다. 그렇다고 하더라도 부모의 뜻을 대하는 자세에는 효의 기준이 분명하게 있다. 공자는 다음과 같이 말한다.

공자께서 말씀하셨다. 부모를 섬길 때는 기운을 낮추고 부드러운 소리로 간해야 하니, 뜻을 따라 주지 않더라도 또한 공경함을 어기지 않으며 수고가 따르더라도 원망하지 않아야 한다.『論語』,「里仁」

공자가 말하는 핵심은 공경의 마음을 잃지 않는 것이다. 경으로써 부모를 대하면 그 뜻이 무엇이라고 하더라도 부드럽게 말할 수 있으며, 부모의 뜻이 자신과 맞지 않거나 옳지 않아서 따르지 못하는 경우라고 하더라도 공손할 수 있고, 부모로 인해 수고가 있더라도 원망하는 마음이 생기지 않는다. 이러한 경으로써 대하는 것은 가족의 영역을 넘어서는 일상생활에서 이웃과의 관계도 마찬가지이다.

공자께서 말씀하셨다. 안평중은 사람과 더불어 잘 사귀는구나. 오래되어도 공경하는구나!『論語』, 「公冶長」

위의 구절에서 공자는 사람을 잘 사귀는 것의 기본이 공경이라고 말한다. 오래 사귀어도 공경할 수 있는 것이 사람 사귀는 능력이라고 말하는 것은 오래 사귀면서 공경하는 마음을 지속하기가 쉽지 않기 때문이다. 또한 공경하는 마음이 없는 사귐이란 진정한 사귐이 아니라는 점도 말한다. 흔히 사람들은 오래 사귀었다고 하면 예를 지키지 않기 십상이고 편하게 아무렇게나 대하는 경향이 있다. 그리고 자기의 뜻에 동조해 주는 사람, 자신과 추구하는 즐거움이 유사한 사람, 자기에게 이로운 사람과 사귀기를 선호한다. 그러나 공자의 입장에서 보면, 이러한 사귐은 진정한 사귐이 아니다.

나를 미루어 상대를 배려하는 충서忠恕

공자가 말하는 마음공부를 일상에서 잘 발현하면 충서가 실현된다. 충서는 "유교의 덕목 가운데 대자적 수양을 바탕으로 대타적 배려를 강조하는 것이다. 충서는 개인적인 수양의 사회적인 확충을 드러내는 것이다."김일환, 2008: 16 『중용』에는 충서가 도와 멀리 있지 않으며, 자기에게 베풀어서 원하지 않는 것을 다른 사람에게 베풀지 않는 것이라는 공자의 말을 인용하여 충서를 설명하고 있다.연재흠, 2014: 169 다음 구절을 보면, 증자는 공자의 도를 충서라고 말한다.

공자께서 말씀하셨다. 삼參아 나의 도는 하나로써 꿰뚫었다. 증
자가 말하였다. 예. 공자께서 나가시니 문인들이 물었다. 무엇을
말씀하시는 것입니까? 증자가 말하였다. 선생님의 도는 충忠과 서
恕일 뿐이다.『論語』,「里仁」

충서忠恕란 무엇인가? 스스로 자기의 마음에 최선을 다하고, 자기의
마음을 미루어서 다른 사람을 생각하는 자세이다. 즉, 충은 몸을 극진
히 함을 이르는 것이며, 서는 내 몸으로부터 미루어 다른 사람에게 나
가는 것을 말한다.유교문화연구소, 2005: 115 이러한 마음의 자세가 일상생활
속에서 실현되는 것이 이상적인 공동체를 형성하는 바탕이 될 수 있
다. 다른 사람에 대한 이해와 배려는 공동체의 건전한 삶을 가능하게
한다.김득수, 2011: 14

자기의 마음에 충실하면 그것은 자신의 인仁한 본성을 발현하는 것
으로 드러날 것이다. 한 사람이 인仁한 존재가 된다면 상대를 배려하
고 다른 사람과 조화를 이룰 것이다. 즉 충서를 통해서, 다른 사람에
대한 사랑을 실현할 수 있다. 이와 같이 충서는 나에 대한 사랑이 다
른 사람에게 확대되는 유교적 방식이며, 이러한 마음이 삶의 일순간에
발휘되고 사라지는 것이 아니라, 평생 동안 지속되어야 한다는 점은
일상성이 강조되는 유교적 특징이 잘 드러나는 부분이다.

4.
사회 속에서 마음공부를 하다

마음공부와 정치

공자는 나라를 다스리는 일은 사회 속에서의 수신을 실현하는 것이라고 보았다. 공자의 정치에 대한 입장은 인본주의를 바탕으로 도덕과 분리되지 않는 정명正名의 정치사상, 중용의 정치사상, 도덕적 정치사상, 대동의 정치사상으로 나타난다.정경환, 2010: 44 이상의 정치에 대한 입장에는 그 정도의 차이는 있지만, 수기치인修己治人의 이념이 녹아 있다. 여기서 주목하고자 하는 측면도 바로 이것이다. 공자는 사적인 차원의 마음공부와 사회적 차원의 정치의 긴밀한 관계에 대한 답을 가지고 있었다.이강대, 2011: 335

여기서 공자의 정치사상을 모두 논할 수는 없기 때문에 수기치인의 이념이 가장 잘 드러나는 도덕정치의 특징을 중심으로 마음공부와 정치에 대한 그의 입장을 살펴보도록 하자. 도덕정치는 권력과 힘에 의한 정치가 아니라, 다스리는 자의 덕德에 의존하는 정치사상이다. 다음 구절에 이러한 공자의 관점이 잘 드러나고 있다.

공자께서 말씀하셨다. 정령[법제나 금지령]으로 인도하고 형벌로 질서를 유지하면 백성이 면하려고만 하고 부끄러워하지 않는다. 덕으로 인도하고 예로 질서를 유지하면 부끄러워하는 마음이 생기고 마음이 발라질 것이다.『論語』,「爲政」

나라를 다스리는 일의 근본은 백성들이 바르게 살 수 있는 세상을 만드는 것이다. 이때 법제나 금지령 그리고 형벌로 사람들을 바르게 하려고 하면, 겉으로는 그것을 지키는 듯이 하지만 그것을 면하려고 할 뿐, 진정으로 바른 삶을 살게 할 수는 없다. 반면 덕과 예로써 다스리면 사람들이 스스로 바르고자 하는 마음이 생기므로, 진정한 바른 삶을 실천하도록 할 수 있다. 나라를 다스림에서 덕과 예를 중시하고, 그것을 자신의 삶과 하나가 되도록 스스로 노력하는 마음공부와 연계되어 있다. 이는 나라를 다스리는 일이 사회 속에서 수신을 실천하는 것임을 말한다.

공자는 정치란 사회에서 실현하는 것만이 아니라, 가족 공동체에서의 수신과 별개의 일이 아니라고 보았다. 정치하는 것과 집안을 바르게 하는 일이 분리되어 있지 않으며, 부모에게 효도하고 형제간에 우애롭게 지내는 일 또한 정치의 하나임을 말하고 있다. 다음 구절을 보자.

어떤 사람이 공자에게 말하였다. 선생께서는 어찌하여 정치를 하지 않습니까? 공자께서 말씀하셨다.『서경』에 효를 말하기를 효도하면 형제간에 우애하여 정치에 베푼다고 하니, 이것이 또한 정치를 하는 것이다. 어찌하여 벼슬해서 정치하는 것만이 정치이겠는가?『論語』,「爲政」

위의 구절에서 공자가 정치를 하는 것이란 가족 내에서 부모를 잘 모시고 형제 사이에 잘 지내는 것과 구분되는 것이 아니다. 다시 말해서, 가족 내에서 효도하고 형제 사이에 우애 있게 지내는 일에 소홀하면서, 벼슬하는 일만을 통해서 정치를 해야 한다는 입장은 잘못이라고 말한다. 즉, 나라를 다스리는 것의 기본이 집안을 바르게 하는 것임을 말한다. 앞의 장에서 살펴보았듯이, 집안을 바르게 하는 일이 효제를 통한 마음공부이므로, 정치도 그것과 같은 맥락이라고 하더라도 무리는 없을 것이다.

나라 다스리는 자의 마음공부

위에서 공자의 정치가 마음공부와 직결되어 있는 면을 살펴보았다. 그것은 도와 덕을 바탕으로 하는 정치를 이상으로 하기 때문이다. 도와 덕으로써 나라를 다스리기 위해서는 나라를 다스리는 자의 마음공부가 중요한 의미를 가진다. 공자는 다스리는 자의 마음공부에 대해서 강조하고 있다.

> 공자께서 자산自産을 일컬어 말씀하셨다. 그는 군자의 네 가지 도가 있으니, 몸소 행함에 공손하며 윗사람을 섬김에 삼감이 있고 백성을 기름에 은혜로우며 백성을 부림에 의로웠다.『論語』,「公冶長」

자산은 정나라 대부로서 공경함으로써 임금을 섬겨서 공자로부터 위와 같은 평을 들었다. 자산은 벼슬을 하면서 몸가짐이 공손했고, 공손함에도 불구하고 겸손했으며, 자신의 공로를 내세우지 않고, 삼가는 자세를 가지고 있었다._{유교문화연구소, 2005: 147} 공자가 자산의 다스리는 자세에 대해서, 행하는 자세가 공손하고, 윗사람에게 삼가는 바가 있으며, 백성에게 은혜로우며, 의로써 백성을 부린 점을 높이 평가했다. 세상을 바르게 다스리는 일은 자기 자신의 행동에서 출발하여, 윗사람에 대한 공경과 아랫사람에 대한 사랑과 올바른 도리로 대하는 것으로 귀결된다. 마음공부가 정치와 면밀히 연결되어 있음을 잘 보여준다.

번지가 인仁에 대해서 물었다. 공자가 말씀하셨다. 거처함에 공손하며, 일을 함에 경건하고, 사람을 대함에 충심으로 해야 한다. 이는 비록 오랑캐의 나라에 가더라도 버려서는 안 된다.『論語』,「子路」

위의 구절은 나라를 다스리는 자가 스스로를 경계하고 마음공부를 해야 함을 말하고 있는 구절이다. 오랑캐의 땅에서도 이것을 지켜야 한다는 것은 수신이 다스림의 기본임을 말한다. 아래 구절 또한 같은 입장을 말하고 있다.

자장이 행실에 대해 물었다. 공자가 말씀하셨다. 말이 충실하고 믿음직스러우며 행실이 돈독하고 경건하면 비록 오랑캐의 나라라 하더라도 행해질 수 있지만, 말이 충실하고 믿음직스럽지 못하고 행실이 돈독하고 경건하지 못하면 고을과 마을에서라도 행해질 수 있겠는가? 일어서면 그것이 앞에 있는 것을 볼 수 있고, 수레에 있으면 그것이 멍에에 기대어 있는 것을 볼 수 있어야 하니, 이와 같은 뒤에야 행해질 수 있는 것이다. 자장이 이 말씀을 띠에 썼다.『論語』,「衛靈公」

공자에게 있어서, 나라를 다스리는 일의 근간은 법이 아니라 도덕이라는 점을 확인할 수 있는 구절이다. 다음 구절에서도 다스리는 자의 덕德의 의미를 말하고 있다.

공자께서 말씀하셨다. 덕으로 정치하는 것은 북극성이 제자리에 머물러 있으면 모든 별이 그를 향하는 것과 같다.『論語』,「爲政」

북극성이 제자리에 머문다는 의미는 무엇일까? 그것은 근본이 바로 세워졌다는 것을 의미한다. 나라를 다스릴 때는 근본을 바로 세우는 것이 가장 중요하다. 다스리는 사람이 자신의 일상을 바로 하고, 덕으로써 사람들을 대하면, 사람들은 자연스럽게 그 모습에 감동하고 그 모습을 따르게 된다. 법이나 제도로 사람들을 규제하지 않아도 다스리는 자가 스스로 바르게 하면 사회가 저절로 바르게 다스려진다. 다스리는 자의 마음공부가 세상을 잘 다스리는 요체라는 뜻이다. 오늘날의 관점에서 볼 때, 지나치게 이상적인 정치관이라고 평가할 수도 있지만 그것은 현대의 관점으로 현대 정치를 기준으로 보기 때문에 내려지는 평가라고 할 수 있다.

마음공부와 편안한 세상

공자의 마음공부는 자신이 행복한 사랑의 존재가 되는 것을 넘어서, 이 세상 사람들을 편안하도록 도모하는 것을 궁극적인 목표로 한다. 마음공부는 자신을 잘 돌보는 것이며, 마음공부를 하는 사람은 예로 돌아가 다른 사람도 잘 돌볼 수 있다. 유가사상에서는 나와 가까운 곳에서부터 출발하는 인仁한 본성의 실현을 통해서 나의 주변 사람들의 인仁한 본성도 완성될 수 있도록 도우며, 궁극적으로는 온 세상으로까지 확대되는 것을 목표로 한다.

자로가 군자에 대해 물었다. 공자가 말씀하셨다. 경으로 몸을 닦는 것이다. 자로가 이와 같을 뿐입니까라고 물었다. 공자가 말 씀하셨다. 자기 몸을 닦아서 사람들을 편하게 하는 것이다. 다시 이와 같을 뿐입니까라고 물었다. 공자가 말씀하셨다. 자기 몸을 닦아서 백성을 편하게 하는 것이니 요순도 오히려 부족하게 여겼 다.『論語』,「憲問」

"자기 자신을 잘 돌보고 도와 하나가 되는 삶을 사는 것이 결국은 다른 사람을 편안하게 하는 일과 유기적으로 연결되어 있다. 도덕적인 한 사람의 군자 혹은 위정자는 도와 하나가 되는 삶, 즉 인仁한 본성 을 발현한다. 그런 지도자의 존재는 세상 사람들이 편안할 수 있도록 도와주며, 덕이 넘치는 정치를 펼침으로써 사람들을 행복할 수 있도 록 해 준다."이현지·박수호, 2014: 186

공자는 수신의 궁극적인 목표를 좋은 세상을 만드는 것에 두고 있 다. 요순은 어떤 사람인가? 시대를 초월하는 어진 임금으로 꼽히는 자 가 아닌가? 그런 요순도 수신하여 백성을 편하게 하는 것이 부족할까 염려했다는 말은 두 가지 의미를 내포하고 있다. 하나는 수신이 평천 하의 경지에까지 이른다는 말이다. 또 하나는 수신이란 다함이 없는 끊임없는 그리고 연속적인 노력이 요구되는 것이라는 점이다.

마음공부와 이상사회

공자는 예가 회복되는 이상사회를 꿈꾸었다. 공자의 이상사회란 모든 인간이 자기 안의 인仁한 본성을 자각하고 발현하는 도와 하나가 되는 삶을 사는 사회이다. 다시 말해서, 구도의 삶을 통해서 이상사회를 실현할 수 있을 것이다. 구도의 삶이란 지금 여기에서 자기에게 주어진 것을 극진히 하는 삶이다. 지금 여기는 우리가 발을 딛고 있는 일상이며, 현재를 말한다. 공자가 추구한 도는 우리의 일상과 요원한 특별한 무엇이 아니라, 매 순간 경험 속에 함께한다.

사람들이 서로 공경하여 예가 살아 있고 마음에서 우러나는 정성으로 헌신하는 이상적인 사회가 되려면 어떻게 해야 하는 것일까? 다시 말하자면, 세상을 편안하게 하는 방법은 무엇일까? 공자는 이상적인 편안한 세상을 만드는 방법을 다음과 같이 말한다.

> 계강자季康子가 물었다. 백성으로 하여금 공경하고 충성하게 하며, 이것을 권면하게 하려는데 어찌하면 되겠습니까? 공자께서 말씀하셨다. 대하기를 장엄하게 하면 공경하고, 효도하고 자애하면 충성하고, 이것을 잘하는 사람을 들여 쓰고 잘 못하는 사람을 가르치면 권면할 것이다. 『論語』, 「爲政」

계강자는 백성들이 윗사람을 공경하고 충성하는 이상사회를 만들기 위해서 어떻게 하면 될 것인지 물었다. 공자는 계강자에게 그가 백성을 장엄히 대하고 먼저 효도하고 자기의 일에 근면하라고 한다. 그러면 백성들은 자연스럽게 충성하고 권면한 삶을 살 것이라고 한다. 윗사람에 대한 공경과 충성을 권면하게 하고 싶은 계강자가 먼저 그런 존재가 되도록 수신해야 한다는 말이다. 계강자가 수신할 장은 바로 자기에게 주어져 있는 현재의 일상이다. 가장 중요한 것은 자기 자신에게 주어진 지금 여기의 삶을 극진히 사는 것이라는 뜻이다.

공자는 마음공부(수신)라는 지극히 개인적인 노력이 궁극적으로는 편안한 세상(평천하)이라는 이상사회를 목표로 하고 있음을 말한다. 개인의 존재변화를 통해서 더 좋은 사회 건설이 가능하다는 이론적인 기반을 보여 주고 있다. 오늘날 현대인에게 마음공부가 의미를 가지는 이유 또한 개인의 변화를 통해서 사회 변화를 도모할 수 있기 때문이다. 현대의 문제를 넘어설 수 있는 탈현대 사회의 건설에 마음공부는 기여할 수 있는 바가 크다. 탈현대적인 삶에서 마음공부는 선택이 아니라 필수이기 때문이다.이현지·정재걸·홍승표, 2013: 190 공자의 마음공부는 개인적인 마음공부가 이상사회의 건설(좋은 세상 만들기)과 어떻게 연결되는지를 명쾌하게 보여 준다는 점에서 의의가 크다.

공자는 인간 본성을 발견하기 위해서 지속적인 노력을 기울이는 수행의 삶을 사는 군자가 통치를 담당하는 이상사회를 꿈꾸었다. 이러한 이상사회에 도달하기 위한 방법이 교육이라고 생각했으며, 교육의 궁극적인 목표는 평천하平天下를 이루는 것이었다. 즉 좋은 세상을 만드는 출발점이 교육이었으며, 그 교육의 핵심은 바로 본성을 발견하는 것이었다. 본성의 발견이란 인간 존재의 가치를 인식하고, 어떻게 살 것인지에 대한 답을 구하는 것과 직결되어 있다.이현지·박수호, 2014: 173

혼란한 시대를 살았던 공자는 사회질서를 바로잡고 예禮가 꽃피는 세상을 만들고자 했다. 그러한 세상을 건설하기 위한 방법으로 공자는 개개인이 저마다 가지고 있는 인仁한 본성을 발견하기 위하여 노력하고, 도덕적인 인간이 되어야 한다고 생각한 것이다.이선, 2009: 291 스스로 자기 안에 있는 인仁한 본성을 만나기 위한 노력은 개인적인 차원에서 보면 자기 내면에 관심을 기울이고 참된 자기를 만나기 위한 수행이라고 할 수 있다. 이러한 인仁한 자기를 가족의 영역에서는 효孝를 다 하는 것으로 실현하고, 사회로 나가서는 다른 사람의 입장에서 생각하고 공경하는 것으로 실천하며, 더 나아가서 사랑의 존재가 되어 다른 사람 또한 사랑의 존재가 될 수 있도록 영향을 미친다.

개인의 수양, 즉 마음공부가 바탕이 되어서 궁극에는 이 세상이 좋은 곳으로 바뀌어 간다. 공자의 이러한 이상사회 건설에 대한 기획은 매우 명료하며, 실천력을 가지고 있다. 공자 스스로도 그러한 삶을 살기 위해서 일생을 노력하였다. 공자가 일생 동안 배움을 즐겼으며, 끊임없이 도를 추구하는 구도자求道者로서의 삶을 살았던 것은 누구도 부인할 수 없다.

그런 의미에서 공자는 매우 실천적인 사상가였으며, 현실에 발을 딛고 있는 이상가였다. 공자의 관심은 인간적인 삶에 대한 해답을 찾는 것이었으며, 종국에는 인간 존재가 지향해야 할 삶의 목표를 모색하는 것이었다. 이러한 관심이 구체화되는 방법으로 공자는 마음공부에 주목하고 있다. 공자에게 있어서 마음공부는 자기 존재의 가치와 의미를 발견하는 것에서 출발하여, 일상 속에서 지속적으로 자기 자신을 닦는 수행을 늦추지 않는 것으로 확대되고, 좋은 사회를 건설하는 데까지 나아간다. 다시 말해서, 마음공부는 공자에게 있어 '좋은 세상 만들기'를 위한 결정적인 트뢰거Träger였던 것이다. 즉, 공산사회 건설을 위한 트뢰거가 노동자들의 계급투쟁이었던 것과 같이 탈현대 사회 건설의 트뢰거로서의 마음공부의 의미를 설명할 수 있다.

공자 마음공부의 탈현대적 의미

공자의 마음공부는 다음과 같은 탈현대적인 의미가 있다.

첫째, 현대적인 삶이 직면하고 있는 인간소외와 자기 폄하의 문제를 해결할 수 있는 방안을 제시해 준다. 공자 마음공부는 인간의 존엄성을 인정하여, 모든 인간은 누구나 노력만 기울이면 인仁한 본성을 발현할 수 있다는 가능성을 인정하는 것을 출발점으로 한다. 이러한 출발점은 자기 삶에 궁극적인 의미를 부여하고, 스스로에 대한 존중심을 기르는 데 기여한다.

스스로의 존엄성을 자각한다는 것은 욕망이나 사사로운 이익에 지배받지 않는 진정한 자기와의 만남을 추구하는 삶을 선택하는 것과 직결되어 있기 때문이다. 이와 같이 공자 마음공부는 현대의 인간소외와 자기 폄하의 문제를 해소해 줄 수 있는 인간 존엄성에 대한 자각과 수기修己를 통한 자기 존중의 실현에 도달할 수 있게 한다정재걸 외, 2014: 94는 점에서 탈현대적인 의미가 있다.

둘째, 마음공부가 가지는 사회적인 의미에 대해서 공자는 구체적인 해답을 제시해 주고 있다. 일반적으로 마음공부는 개인적인 차원에서의 의미만이 부각되는 경우가 많다. 그렇다면 사회학의 차원에서 마음공부는 어떤 의미를 가질 수 있을까? 이에 대해서 공자는 분명한 대답을 제공한다.

공자는 수신修身이라는 지극히 개인적인 노력이 궁극적으로는 평천하라는 이상사회 실현을 목표로 하고 있음을 말한다. 공자의 가르침을 따르면, 우린 쉽게 오늘날 마음공부가 탈현대 사회 건설에 기여할 수 있음을 알 수 있다. 지금까지 살펴보았듯이, 공자에게 있어서 수신은 가족의 영역에서는 제가齊家로, 사회와 정치의 영역에서는 치국治國

으로 실현되며, 마지막에서는 평천하平天下에 기여한다.

셋째, 공자 마음공부는 삶의 지향을 잃고 방황하는 현대인에게 어떻게 살 것인지에 대한 해답을 줄 수 있다. 현대인은 외적으로 드러나는 삶의 성취에 관심을 기울이고, 다른 사람의 평가와 인정을 얻기 위해 삶을 투자한다. 밖으로 향하는 관심과 노력이 커질수록 자기 내면과의 만남이 결여되고, 궁극에는 삶의 지향을 상실한 채 다른 사람이 가치를 부여하는 것에 편승하는 삶을 살게 된다.

공자 마음공부는 이러한 현대인들에게 인간 존엄성을 인정함으로써, 누구나 자신의 삶에서 진정한 인간 본성을 발현하기 위해서 삶의 매 순간을 구도求道의 삶으로 살아간다는 이상적인 모델을 제시하고 있다. 탈현대 사회를 살고자 하는 우리가 추구해야 할 삶의 지향점은 바로 여기에 있다고 해도 과언이 아니다. 이러한 의미에서 공자 마음공부는 탈현대적인 함의를 풍부하게 내포하고 있다.

제2부
인공지능 시대 초등사회과 교육의 내용

제1장
초등사회과 다문화교육

1.
다문화 사회를 살다

다문화의 현주소

법무부가 발행한 『법무 매거진』 2017년 5월 29일 자에 따르면, 우리나라 인구의 4%가 외국인이라고 한다. 이미 초등학교 다문화 학생 비율은 2%를 넘어서고 있다.^{이은정, 2017: 1} 특히, 2008년에서 2016년까지 다문화 출생 비중은 2008년 2.9%에서 2016년 4.8%로 증가하였다.
_{통계청, 2017년 11월 28일}

최근 우리나라에서 다문화 출생 비중이 증가하는 추이로 볼 때, 초등학교를 비롯한 교육현장에서 다문화 학생의 비중은 지속적으로 증가할 것으로 예측할 수 있다. 특히 초등학생들은 이미 학교현장에서 다문화 사회를 체험하고 있으며 다문화 사회를 체감하고 있다. 이러한 현실 속에서 초등학교 다문화교육의 현주소는 어떠한지, 다문화 사회의 주역으로 살아가기 위한 실질적인 해법이 교육 속에 녹아 있는지 살펴볼 필요가 있다.

오늘날 다문화교육의 현주소를 진단해 보면 다음과 같은 특징이 있다. 첫째, 한국 사회 다문화교육의 역사는 아직 짧다. 교육과정에 다문화교육 관련 내용이 본격적으로 다루어진 것은 2007년 개정교육과정이 시행되면서 시작했다.김정원, 2010: 136 다문화 현상이 가시화되고 심화된 상황을 고려하면, 교육현장에서의 대응과 노력은 미진하다고 평가할 수 있다. 특히 오늘날 다문화 현상은 더욱 급속하게 확산되고 있고, 다문화 간의 충돌로 인한 사회문제는 확대되고 있다. 다문화교육을 위해서 더욱 적극적인 투자와 노력을 기울여야 한다.

둘째, 다문화교육에 대한 논의는 현황 분석을 중심으로 이루어지고 있다. 다문화교육에 대해서 다양한 접근이 시도되고 있지만 다문화교육의 이론적인 관점에 대한 논의는 미약하고 현황에 대한 파악과 분석이 주를 이루고 있다. 다문화 교과 내용 분석, 교사 연수 실태, 지역의 다문화 활동 등이 대표적인 다문화교육의 내용이다. 다문화교육의 질적인 수준을 제고하고 본질적인 다문화 사회의 문제해결을 위해서 다문화 사회에 대한 세계관, 인간관 등의 이론적인 기반을 풍부하게 확장할 필요가 있다.

셋째, 다문화교육의 관련 주체들을 위한 통합적인 교육 방안이 모색되어야 한다. 다문화교육에는 학생, 교사, 학부모, 지역사회 등이 모두 연관되어 있다. 관련 주체들의 특수한 상황에 부합하고 그들이 요구하는 교육이 실시되어야 함과 동시에 이들을 모두 통합하는 교육 방안이 추진되어야 한다. 통합적인 교육을 통해서, 실질적인 다문화교육의 해법을 찾을 수 있을 것이다.

다문화교육 진단

현대 사회에서 다문화교육의 필요성에 대한 공감대는 이미 오래전부터 활발하게 논의되어 왔으며, 그 성과 또한 적지 않다. 다문화교육의 교과서 내용을 분석하고, 교육과정에서 활용할 학습 교재를 개발하는 등의 다양한 연구가 도출되었다. 여기서는 기존 연구의 성과와 의미를 충분히 인정하면서, 다문화 사회를 살아가고 있는 오늘날 초등학생들의 다문화 감수성을 강화할 수 있는 지혜를 유가사상에서 발굴해 보고자 한다.

왜 다문화교육의 지혜를 유가사상에서 발굴하고자 하는지, 의문을 제기할 수 있다. 이러한 의문에 대해서 답할 수 있는 것은 유가사상에만 다문화교육의 해답이 있다고 주장하는 것은 아니라는 점이다. 유가사상에 내재한 다문화교육의 지혜가 풍부한 이론적인 논거를 제공해 주기 때문에 주목하고자 하는 것이다.^{이현지, 2013: 256} 이를 통해서, 다문화교육의 이론적인 패러다임을 확대하는 데에 기여할 수 있을 것이다.

여기서는 먼저, 초등사회과 다문화교육의 현주소를 살펴볼 것이다. 초등사회과 다문화교육의 현주소를 살펴보기 위해서, 초등사회과 교과서의 다문화 요소에 대한 기존 연구 성과를 고찰하고 초등사회과 다문화교육의 실태와 의미를 분석해 보고자 한다. 다음으로는 유가사상에서 발견하는 다문화교육의 지혜를 분석할 것이다. 다문화교육의 해법으로 유가사상이 어떤 지혜를 내포하고 있는지를 다문화 요소에 따라 분석해 보고자 한다.

초등사회과 교과서의 다문화 요소

초등학교 교육과정에서 다문화교육은 다양한 교과에서 이루어지고 있다. 다문화교육이 사회과 교과의 독점적인 영역은 아니며, 다문화

사회의 확산으로 인해서 다각적인 측면에서 다문화교육은 강화되어야 할 필요성이 있다. 이 글에서는 원칙적으로 다문화교육의 강화가 필요하다는 입장에 원칙적으로 동의하면서, 초등사회과 다문화교육에 제한하여 논의를 전개하고자 한다.

여기서는 초등사회과 교과 내용 가운데 시민의식 교육과 관련성이 있는 5학년과 6학년을 중심으로 살펴보고자 한다. 초등사회과 교과 내용은 3학년에서 6학년 과정으로 구성되고, 크게 세 가지 영역을 포함하고 있다. 세 가지 영역은 지리, 일반사회, 역사 등이다. 다문화교육과 직결된 사회과의 내용은 5학년과 6학년의 일반사회 영역이므로, 여기에 초점을 맞추어 살펴볼 것이다. 3학년과 4학년의 일반사회 영역은 지역사회에 대한 이해와 경제생활에 초점을 맞추고 있어서 제외했다.

초등사회과 5학년과 6학년 교과서에 대한 교과과정 분석, 학습 자료 개발 등의 기존 연구 성과는 비교적 풍부하다. 다문화교육의 요소에 대해서도 선행 연구에서 의미 있는 결과를 도출한 사례가 다수 있다. 이러한 연구 성과를 토대로 하여, 선행 연구에서 분석한 다문화 요소에 대해서 이론적으로 새로운 관점을 제시할 수 있는 유가사상의 지혜를 분석해 보고자 한다.

다문화교육의 내용에 대해서는 연구자마다 상이한 범주를 다루고 있다. 대표적으로 베넷Bennett, C. I.은 평등교수법, 교육과정 개혁, 다문화 역량, 사회정의를 범주로 한다. 베넷의 논의를 토대로 기존의 다문화교육 요소를 반영하여, 하성수[2017]는 아래와 같이 다문화 분석 준거 틀을 정리했다.

다문화 요소별 분석 결과

핵심영역	하위요소 및 세부 내용		5학년	6학년
정체성 (Identity)	① 정체성의 개념 및 특성		–	–
	② 정체성의 차원	개별정체성	–	–
		집단정체성	–	–
		다문화 시민 정체성	2	1
	③ 정체성의 형성 및 변화		–	–
	④ 정체성의 성향	자신에 대한 긍정적 인식	–	–
		타인에 대한 긍정적 인식	–	–
다문화적 역량 (Multicultural competency)	⑤ 다양성	문화의 다양성	–	3
		문화 다양성의 가치 인정	1	–
	⑥ 문화	자문화에 대한 인식	2	–
		타문화에 대한 흥미와 관심	1	6
		타문화에 대한 인정 및 관용	–	1
		문화에 대한 잘못된 관점 비판	–	–
	⑦ 반편견	편견의 개념	–	–
		편견의 사례	–	–
	⑧ 협력	협력의 개념 및 가치	–	3
사회정의 (Societal equity)	⑨ 사회정의감	사회정의에 대한 태도	5	2
	⑩ 인권존중	인권의 개념 및 유형	1	2
		인권 보장을 위한 노력	3	6
	⑪ 평등	평등의 개념	1	1
		평등의 가치	–	–
	⑫ 소수자	소수자의 개념 및 특징	–	–
		소수자의 유형 및 현황	–	1
		소수자에 대한 태도	–	–
	⑬ 차별	차별의 개념	–	–
		차별의 사례	–	–
		차별 개선 노력	–	–

위의 다문화 요소별 분석 결과는 하성수[2017]의 "초등 사회 교과서 속의 다문화교육 요소"에 대한 연구 성과이다.[하성수, 2016: 26] 이 글의 목적은 초등사회과에 나타나는 다문화 요소별 분석이 아니므로, 여기서는 하성수의 연구 성과를 그대로 차용하여 활용하고자 한다.

다문화교육 요소에 대한 선행 연구에 대한 평가 및 분석 과정은 구체적으로 다루지 않더라도, 이와 관련한 연구는 이미 선행 연구에서 풍부하고 자세하게 분석되어 있다. 여기서는 다문화 요소의 핵심 영역에 해당하는 정체성, 다문화적 역량, 사회정의에 대한 이론적인 틀을 유가사상의 관점에서 논의하고자 한다.

표에서 알 수 있듯이, 핵심 영역별 하위 요소와 세부 내용별로 초등 사회과 교과에서 다문화교육 요소를 모두 섭렵하고 있지는 못하고 있다. 그러므로 교과서에서 다루지 않은 요소는 수업자료를 활용하여 교육 효과를 거두는 방법을 모색해 볼 수 있다.

초등사회과 다문화교육의 의미

초등학교 사회과 교과서에서는 사회과의 구성과 특징을 다음과 같이 설명하고 있다. "사회과는 주변에서 일어나는 일을 찾아서 자세히 살펴보고 이해하도록 도와주는 교과입니다. 그래서 여러분이 스스로 생각하고, 친구들과 이야기를 나누며 다양한 활동을 할 수 있도록 교과서를 구성하였습니다. 여러분이 『사회』 공부를 하여 주변에 있는 사람들과 일어나는 일들에 대하여 깊은 관심을 가지게 되길 바랍니다."
교육부, 2017: 2

이상 사회과의 구성과 특징을 중심으로 보면, 사회과에서는 사회

구성원으로서 개인이 자기가 속한 공동체에 관심을 기울이고 함께 살아갈 수 있는 역량을 키우는 것을 목표로 하고 있다. 이러한 관점에서 볼 때, 현대 사회가 직면하고 있는 다문화 사회에 대한 이해는 사회과 교과 내용으로 중요한 요소가 될 수밖에 없다.^{이현지, 2017: 368}

민주시민의 자질을 교육하는 것을 목표로 하는 사회과는 다문화교육과 유기적으로 연관되어 있다. 다음 인용문을 보자.

> 사회과에서 육성하고자 하는 민주시민은 사회생활을 영위하는 데 필요한 지식을 바탕으로 인권존중, 관용과 타협의 정신, 사회정의의 실현, 공동체 의식, 참여와 책임의식 등의 민주적 가치와 태도를 함양하고, 나아가 개인적·사회적 문제를 합리적으로 해결하는 능력을 길러 개인의 발전은 물론, 사회·국가·인류의 발전에 기여할 수 있는 자질을 갖춘 사람으로 규정하고 있다. 이렇듯 사회과의 성격과 목적에는 많은 다문화교육의 요소가 반영되었다고 할 수 있다.^{하성수, 2016: 3}

위의 인용문을 통해서, 사회과 교육에서 다문화교육의 비중과 의미를 충분히 알 수 있다. 앞 절에서 살펴보았듯이, 다문화 요소는 정체성, 다문화적 역량, 사회정의로 구성되어 있다. 초등학교 다문화교육이 실질적으로 구현되기 위해서는 이 요소들이 교과서에 충분히 반영되어야 할 뿐만 아니라, 다문화교육을 담당할 교사의 이론적인 기반 마련과 초등학생의 교육에 영향을 미치는 학부모들의 인식 개선도 필요하다.

다문화 사회를 살아야 하는 미래 세대의 다문화교육은 오늘날 그 무엇보다 중요한 의미를 가지고 있다. 미래 세대를 문화적 차이에 대해 이해하고 더불어 살아갈 수 있는 포용력을 가진 인재로 키우는 것은 그들이 문화적인 편견으로부터 자유롭고 사회통합에 기여할 수 있는 공동체의 일원이 되도록 교육하는 것이기 때문이다.

다문화교육은 다문화 사회인 현대 사회의 특징을 이해하고, 급속하게 진행하고 있는 다문화 시대로의 이행 과정에서 발생하는 문화적 갈등으로 인한 문제를 해결할 수 있는 능력을 갖춘 시민을 양성하는데 기여한다. 초등사회과 교육에서 다문화교육은 학생들이 다문화 사회를 이해하고, 다양한 문화에 대한 이해를 증진하며, 서로 다른 문화의 가치를 인정하고 존중하는 환경을 제공하도록 한다. 이때 교사들은 다문화 사회에 대한 이해와 문화적 충돌에 대한 조절 능력을 요구받는다.

이러한 요구에 의해서 초등교사를 양성하는 교육대학에서는 〈다문화 시대와 시민교육〉, 〈다문화 사회와 다문화교육〉 등을 교양과정으로 사회과의 일반사회 영역에서 개설하고 있다. 그리고 사회과 교육의 심화과정에서 〈사회변동론〉을 교육한다.대구교육대학교, 2018 각 교과목의 개요는 다음과 같다.

〈다문화 시대와 시민교육〉은 오늘날의 사회적 특징을 다문화 시대로 규정하고, 우리나라의 다문화 이행 과정에서 발생하는 전통문화와의 문화적 갈등과 충돌로 인한 사회문제에 주목하여 안정된 사회발전을 위한 시민 교육의 필요성에 초점을 맞추고 있다.

〈다문화 사회와 다문화교육〉은 교사와 학생이 다문화 사회로의 변화와 다문화를 이해할 수 있도록 다문화 사회로의 경향, 다문화 사회의 실체와 문제, 글로벌 교육, 선진 다문화 국가의 지역 커뮤니티 차원의 다문화교육 환경, 대구·경북지역 다문화 가정

지원정책의 실태와 문제점 등을 다룬다.

〈사회변동론〉에서는 "사회가 변동하는 원인, 과정, 방향, 결과 등에 대하여 총괄적으로 고찰하고 그것이 인간 행위에 미치는 영향을 이해시킨다. 특히 사회변동 과정에서 인간 행위가 어떻게 형성, 유지, 변화되어 가는가를 사회이론적인 측면에서 분석한다."대구교육대학교, 2018

이상의 다문화교육에 대한 체계적인 교과 운영은 실질적인 교육 성과를 도출하는 데 기여하고 있다. 여기서는 다문화교육의 이론적 배경을 풍부하게 할 수 있는 논점을 살펴봄으로써 논의 지평을 확장해 보고자 한다.

다음 장에서는 선행 연구에서 다문화 요소로 분석한 정체성, 다문화적 역량, 사회정의를 강화할 수 있는 유가사상의 지혜를 고찰해 볼 것이다. 이 논의는 초등사회과 다문화교육을 담당하는 교사의 다문화교육에 대한 이해를 증진시키고 다양한 논점을 확보하는 데 활용할 수 있다.

2.
본성회복을 통한 정체성 교육을 하다

정체성이란

정체성正體性이란 "변하지 아니하는 존재의 본질을 깨닫는 성질, 또는 그 성질을 가진 독립적 존재"국립국어원, 2018를 말한다. 다문화 요소의 핵심영역인 정체성의 하위요소에 포함되는 내용은 '정체성의 개념 및 특성', '정체성의 차원-개인, 집단, 다문화 시민', '정체성의 형성 및 변화', '정체성의 성향-자신과 타인에 대한 긍정적 인식' 등이다.

다문화 요소인 정체성의 하위요소는 정체성의 개념부터 스스로의 정체성에 대한 인식까지 다양한 요소로 구성되어 있다. 실질적으로 교육현장에서 세부적인 요소들을 교육할 때, 교사의 정체성에 대한 이해의 폭과 깊이에 따라서 교육의 성과와 결과가 달라질 수 있다. 여기서는 다문화 요소의 정체성 영역에서 이론적인 기반으로 활용할 수 있는 정체성 교육의 지혜를 유가사상의 본성회복 교육에서 모색해 보고자 한다.

유가의 본성

이러한 목표를 위해서, 먼저 유학에서 본성本性을 무엇이라고 정의하는지 살펴보고, 본성회복의 방법으로 말하는 극기복례克己復禮가 가지는 의미를 분석하고, 마지막으로 본성회복의 실현으로서 인仁에 대해서 고찰해 볼 것이다.

첫째, 본성이란 무엇인가? 본성에 대한 사전적인 정의는 '사람이 본디부터 가진 성질' 혹은 '사물이나 현상에 본디부터 있는 고유한 특성'이다. 역사적으로 유학에서는 본성에 대해서 복잡한 논쟁이 이어져 왔다.

『논어』에서 공자는 '인仁한 존재'로서의 인간 본성을 말하고 있다. 공자가 제자들과의 대화를 통해서 일깨우고자 했던 것은 바로 자신의 본성을 회복하고 그것을 자신에게만 머물도록 하는 것이 아니라 다른 사람에게까지 영향을 미치도록 함으로써 좋은 세상을 만드는 것이다.

공자의 주장대로 본성을 '인한 존재'로 규정하면, 본성회복이란 어진 존재로서의 삶을 실현하는 것이 된다. 즉, 사랑의 존재로서 살아가는 것이다. 그 사랑은 자신에 대한 사랑에서 출발하여 다른 사람에게로 향하는 나눔과 이해로 확대된다. 자신에 대한 사랑은 본성회복을 위한 관심을 기울이고 사랑의 존재로서 삶을 살도록 지속적으로 자신을 돌보는 것으로 가능하다.

둘째, 본성회복의 방법으로 극기복례克己復禮를 말하고 있다. 유학에서 말하는 본성은 바로 인仁이라고 할 수 있다. 공자가 가장 높이 평가했던 제자 안회가 '인'이란 무엇인지 스승에게 물었다. 공자는 '자기를 극복하여 예로 돌아가면 인이 된다'『論語』, 「顏淵」고 대답하였다. 인이라는 본성을 회복하는 방법은 바로 극기복례라는 말이다.

공자의 말을 통해서 보면, 본성회복은 저절로 되는 일은 아니다. "인은 자기를 극복해서 예로 돌아가야만 가능한 경지이다."정재걸·이현지, 2014: 423 극기를 통해서 사랑이라는 본성이 이기적 욕심보다 마음에 차지하는 비중이 커지게 되면 나와 남을 나누던 경계가 사라지게 된다.

본성회복이란 자신의 삿된 욕심이나 욕망이 본성을 가리는 것을 걷어 내기 위한 수행과 자각을 통해서 사랑의 존재로서의 삶을 사는 것으로 실현된다. 스스로 본성회복을 위한 삶을 선택할 때, 정체성의 성향은 '자신에 대한 긍정적 인식'과 '타인에 대한 긍정적 인식' 형성에 영향을 미칠 수 있다.

셋째, 유학에서는 극기복례를 통해 발현되는 본성으로 인仁을 말하고 있다. 공자가 안연에게 인을 설명하는 다음 구절을 보자.

안연이 인에 관하여 여쭈어 보자 공자가 말했다. "자기 자신을 이기고 예로 돌아가는 것이 인이다. 어느 날 자기를 이기고 예로 돌아가게 되면 온 천하가 이 사람을 어질다고 할 것이다. 인을 행하는 것이 자기 자신에게 달려 있지 남에게 달려 있겠느냐?" 안연이 "부디 그 세목을 여쭈어 보겠습니다." 하자 공자께서 말씀했다. "예가 아닌 것은 보지 말고, 예가 아닌 것은 듣지 말고, 예가 아닌 것은 말하지 말고, 예가 아닌 것은 하지 말라." 안연이 말했다. "제가 비록 불민하지만 모쪼록 이 말씀을 힘써 행하겠습니다."『論語』, 「顔淵」

극기복례란 예를 행하는 삶이며, 스스로의 내면에 지속적으로 관심을 기울이는 삶이고, 자기 변화를 이루기 위해서 지금 이 순간에 깨어 있는 삶이다. 이러한 자신의 내면을 돌보는 삶은 진정으로 자기를 존중하는 방법이며, 자기정체성을 확고하게 하는 수단이 될 수 있다.

공자는 도道와 부합하는 삶을 통해서, 끊임없이 본성회복에 관심을 기울이고 배우는 자신의 정체성을 강조하였다. 공자는 선비란 어떤 사람인가를 묻는 제자의 물음에 스스로를 다음과 같이 평가하고 있다.^{이현지, 2015b: 482}

성聖과 인仁으로 말하면 내가 어찌 감히 자처하겠는가? 행함을 싫어하지 아니하며 사람 가르치는 것을 게을리 아니함은 곧 그렇다고 말할 수 있을 따름이다.『論語』,「述而」

이러한 본성회복을 실현하는 어진 존재로서 정체성의 확립은 다문화 사회를 살아가는 주체로서의 삶을 이해하는 데 유용한 이론적인 기반을 제공할 것이다. 다문화교육에서 정체성 확립은 핵심적인 요소라고 할 수 있다. 스스로가 어떤 존재인지, 자기가 속한 공동체의 가치는 어떠한지, 자신이 속한 공동체와 어떤 관계를 맺어야 하는지 등이 정체성 확립과 직결된 문제이기 때문이다.^{성경희, 2012: 62}

3.
다문화 역량을 키우다

다문화적 역량

다문화적 역량의 하위요소는 '다양성', '문화', '반편견', '협력' 등으로 구성되어 있다. '다양성', '문화', '반편견', '협력' 등에 대한 인식을 형성하는 데는 세계를 인식하는 관계관이 영향을 미친다. 현대 사회를 지배하는 관계관의 핵심은 대립과 갈등을 전제로 하는 적대적 대립관이다.

적대적 대립관은 생물의 진화론을 주장한 다윈Charles Robert Darwin에 의해 체계화되었다. 그는 '자연선택에 의해 새로운 종이 기원한다는 자연선택설'을 발표했다. 이 관점은 제한된 자원을 차지하기 위해서 각 개체와 집단은 경쟁과 갈등의 관계에 노출된다는 것을 전제로 하고 있다. 경쟁과 갈등의 과정에서 강자는 살아남고 약자는 도태되는 적자생존과 자연도태가 일어나는 것을 자연스러운 현상으로 본다.

적대적 대립관은 자본주의체제와 만나면서 더욱 강렬한 사회관계를 설명하는 주된 관점이 되었다. 자본주의체제는 생산수단의 사유화를 전제로 하는 상품생산과 소비가 이루어지는 사회체제이다. 이러한 사회체제에서 더 많은 자본을 소유하고 소비하기 위해서 사회 구성원들은 경쟁하고 갈등한다. 또한 경쟁과 갈등관계에서 강자는 살아남고 약자는 도태된다고 보았다.

이러한 적대적 대립관으로 다문화 사회를 바라보면, 문화의 다양성을 인식하고 가치를 인정하기 어렵다. 특히 자문화에 대한 인식과 타문화에 대한 인정 및 관용의 자세를 형성할 수 없을 뿐만 아니라, 문화적 편견으로 인해서 협력의 개념이나 가치를 실현하기는 불가능하다. 현대 사회에 드러나는 다문화 사회의 문제는 대부분 약육강식의 관점으로 상호 관계를 이해하기 때문에 발생한다.

대대적 대립관

적대적 관계관의 한계를 해소하는 방법은 대대적 대립관이 대안이 될 수 있다. 대대적 대립관의 성격은 다음과 같다.홍승표. 2008: 83 첫째, 이 세상의 모든 존재는 홀로 존재하지 않는다. 각 존재는 상대의 존재를 통해서 나라는 존재의 성격을 가지게 된다. 둘째, 이와 같은 두 대립물은 서로를 존재하도록 하는 이유가 된다. 셋째, 대대적 대립관으로 보자면, 대립물의 다른 점이 조화와 통일을 이룰 수 있는 전제가 된다. 왜냐하면, 다르지 않으면 조화를 이룰 수 없기 때문이다. 넷째, 대대적 대립물의 가장 창조적인 관계는 교감을 통해서 이룰 수 있다. 유가사상의 음양론陰陽論은 대대적 대립관을 가장 잘 보여 주는 관점이다. 음陰과 양陽이 마주하여 서로를 이루어 주는 것이기 때문이다. 음양론에 나타나는 대대적 대립관을 다음과 같이 설명할 수 있다.홍승표, 2005: 398-399

음양론에서 보듯이, 대대적 대립관이란 마주하고 있는 대립물들을 네가 있으므로 내가 있을 수 있는 서로를 이루어 주는 관계로 인식하는 관점을 가리킨다. 대대적 대립관의 관점에서 보면, 이 세상에 어떤 존재도 홀로 살아갈 수는 없다. 모든 대립물들은 서로 의존하고 있으며, 근원적으로 하나이다.

이러한 대대적 대립관은 다문화적 역량을 강화하는 데 긍정적으로 기여할 수 있다. 다문화적 역량은 '문화의 다양성을 인정하고 다양성의 가치를 인정하는 것', '자문화를 인식하고 타문화에 대한 흥미를 가지고 타문화에 대해 인정하는 것', '편견의 개념과 사례를 이해하는 것', '협력의 개념과 가치를 아는 것'으로 강화된다.

대대적 대립관은 자신과 다른 문화의 존재를 인정할 수 있는 이론적인 기반을 제공해 줄 뿐만 아니라, 다른 문화의 존재와 가치를 인정할 수 있는 관점이다. 왜냐하면 대대적 대립관은 나와 마주하고 있는 상대가 나의 존재를 이루어 준다는 세계관으로 나와 상대를 인식하기 때문이다. 남성이 없다면 여성이 존재할 수 없는 것처럼, 다른 문화가 존재하지 않으면 그것과 다른 나의 문화도 존재하지 않기 때문이다.

이러한 대대적 대립관으로 스스로의 문화를 이해하면 내가 속한 문화에 대한 문화적 인식이 형성되고, 이러한 자문화에 대한 인식은 타문화에 대한 흥미를 가지는 데 도움을 준다. 그리고 자문화와 타문화가 배타적으로 존재하는 것이 아니라, 자문화는 자문화대로 타문화는 타문화대로 가치가 있다는 것을 인정할 수 있다. 바로 이러한 문화에 대한 입장은 문화적 편견으로부터 벗어날 수 있는 역량을 키워 준다.

이러한 문화에 대한 인식은 자연스럽게 협력의 개념과 가치를 이해할 수 있도록 영향을 미친다. 나와 다른 문화에 대한 인정과 이해는 타자와 더불어 살아가고 공존할 수 있는 협력이 가지는 의미를 키우는 데 기여한다. 이와 같이 대대적 대립관은 다문화 역량을 강화하는 데 현실적으로 활용할 수 있는 의미 있는 세계관적인 토대를 내포하고 있다.

4.
사회정의를 고찰하다

사회정의

사회정의는 "일반인의 통념으로 판단한 올바른 사회적 윤리·법 앞에서의 평등이나 정당한 보수 따위와 같이 모든 개인이 한결같이 인간다운 생활을 누릴 수 있는 최소한의 조건을 보장하는 것을 기본으로 한다"^{국립국어원, 2018}는 사전적인 개념을 가지고 있다. 따라서 사회정의 교육의 바탕에는 인간에 대한 이해와 인식이 포함되어 있다.

사회정의 교육의 근간을 이해하기 위해서, 오늘날 우리의 삶을 지배하고 있는 사회정의 개념에 가장 큰 영향을 미치는 인간관을 살펴보자. 현대 사회를 완성하는 데 바탕이 되었던 인간관은 근대적 인간관이다. 근대적 인간관이 다문화 핵심영역 '사회정의'와 그 하위 요소인 '사회정의감', '인권존중', '평등', '소수자', '차별' 등을 이해하고 그 개념을 강화하는 데에 기여하였다.

근대적 인간관은 중세의 질곡으로부터 벗어나 현대문명을 건설하는 데 크게 기여했다. 근대적 인간관은 인간의 개성, 주체성, 자율성을 강조했고, 역사 창조 주체로서 개인 관념을 확립했다. 이것은 인간이 신분 집단 등의 구속에서 벗어나 자유로운 존재가 되게 하는 데 기여했다. 또한 인간의 육체, 감정, 이성에 대한 긍정을 통해 신본주의 사회로부터 탈피를 도왔다._{홍승표, 2008: 75}

위의 인용문을 통해서 알 수 있듯이, 근대적 인간관은 중세사회가 안고 있는 신중심의 사회에서 인간중심의 사회라는 전환을 가능하게 했다. 특히 전근대적인 인간관에 의한 인간소외를 극복할 수 있는 그 당시 새로운 인간관으로서의 역할을 충실히 하였다. 근대적 인간관에 의하면, "세계는 이제 더 이상 신이나 마술적인 힘에 의해서가 아니라 수학의 원리에 따라서 작동하는 기계와 같은 것이었다. 생각하는 존재로서의 인간은 세상을 주재하는 주체로서 인식되었으며, 생각하는 나와 생각되는 대상으로서의 세계라고 하는 이원적인 세계관이 확립되었다."_{홍승표, 2006: 119}

사회정의의 하위요소인 '사회정의감', '인권존중', '평등', '소수자', '차별' 등에 대한 인식을 강화하는데, 근대적 인간관은 전근대적 인간관과 비교하면 매우 긍정적인 영향을 미쳤다. 사회정의감은 윤리·법 앞의 평등을 목표로 모든 인간이 인간다운 삶을 살 수 있는 조건을 제공하는 것을 말한다. 근대적 인간관은 인간다운 삶에 대한 인식과 관심을 확대하는 데 기여했다. 그리고 인권 보장을 위한 노력, 평등 개념과 가치 인식, 소수자에 대한 태도, 차별 개선 등을 위해서 근대적 인간관은 이론적인 논거를 풍부하게 제공했다.

근대적 인간관의 한계

인간을 분리·독립된 개체로 인식하는 이원적 세계관을 바탕으로 하는 근대적 인간관은 이성과 합리성을 넘어서는 인간 본성이 가지는 가치를 간과한다는 한계를 가지고 있다. 특히 인간중심주의는 신중심주의와 마찬가지로 또 다른 폭력적인 관점으로 다양한 사회문제를 야기했다. 이에 대한 논증은 이미 선행 연구홍승표, 2006: 117-121에서 자세히 다룬 바 있기 때문에 여기서는 생략한다. 다만 오늘날 인간중심주의의 문제를 해소할 수 있는 새로운 관점을 유가사상의 인간관에서 모색해 볼 것이다.

유가사상의 인간관은 인간의 욕구를 부정하지는 않지만, 인간 존재의 의미를 욕구 충족에 완전히 의존하지는 않는다. 인간이 인간다운 것은 하늘로부터 품부 받은 인간 본성을 회복하는 과정을 통해서 가능하다고 인식하기 때문이다. 이러한 관점은 공자가 품었던 인간에 대한 생각에서 분명하게 드러난다.

공자의 인간관

공자가 교육에 큰 뜻을 두었던 것은 교육을 통해서 좋은 세상을 만들 수 있다는 확신 때문이었다. 그는 도탄에 빠진 춘추전국시대의 비전을 교육에서 찾고자 했다. 그 확신의 밑바탕에는 인간은 누구나 교육을 통해서 성인이 될 수 있다는 신뢰가 있었다. 이와 같은 인간관은 교육을 강조하고 배우기를 즐기는 공자의 교육관과 삶에서 잘 나타나고 있다. 다음 구절을 보자.

가르침을 받는 자는 들어가서 효하고 나가서 공손하며 삼가고 성실하며 널리 사람들을 사랑하고 친히 인仁으로써 하니 행하고 힘이 남으면 즉 글을 배워야 한다.『論語』,「學而」

공자는 배움에 뜻이 있어서 가르침을 받은 사람이라면, 먼저 일상 생활에서 어진 존재로서의 삶을 살기 위해서 노력을 기울이고, 그다음에 글을 배우는 일에 힘을 써야 한다고 말한다. 이 구절을 통해서 교육을 중시하는 공자가 결국 강조한 것은 자기 삶을 스스로 돌보고 어진 존재로서 삶을 살기 위한 지속적인 수행의 중요성이다.

이러한 관점의 토대가 되는 인간관은 이 세계와 유기적으로 긴밀하게 연결되어 있는 통일체적인 존재이다. 일찍이 공자가 어진 삶이란 극기복례를 통해서 실현할 수 있다고 힘주어 말한 이유도 그의 인간관이 잘 드러나는 대목이다. 공자는 수많은 제자들의 역량에 맞추어서 다양한 양상의 어진 삶의 모습을 설명했다. 그 설명을 관통하는 공자의 관점은 누구나 노력한다면, 인한 본성을 회복할 수 있다는 입장이다.

인한 본성과 사회정의

인한 본성을 가진 존재로서 인간을 인식하면, '사회정의감', '인권존중', '평등', '소수자', '차별' 등에 대한 개념 이해 및 관점을 정립하는 데 근대적 인간관이 제공하지 못하는 풍부한 이론적인 기반을 제공해 준다. 세계와 유기적으로 결합된 존재로서의 유가적 인간관은 인간 존엄성에 대한 이해를 도모하도록 하며, 누구나 수행을 통해서 인한 본성을 회복할 수 있다는 유가사상의 인간관은 만물 앞에 평등한 인간 존재에 대한 인식을 정립하는 데 기여한다. 이와 같은 유가사상의 인간관에 입각하면, 소수자에 대한 차별은 발생하지 않는다.

이 글은 초등사회과 다문화교육의 현주소를 이해하고, 현행 다문화교육의 질적 보완을 위해서 다문화 요소에 대한 이론적인 기반을 유가사상에서 발굴해 보고자 하였다. 유가사상에서 찾은 다문화 요소에 대한 이론적 논점들은 교육적으로 활용하면 다문화 사회 주체들의 다문화에 대한 이해를 증진하는 데 기여할 수 있다.장승희, 2008: 125 이 연구가 가지는 의미를 정리해 보면 다음과 같다.

첫째, 다문화교육의 역사가 짧은 한국 사회에 이러한 논의는 다문화 사회에 대한 이해를 증진시키고 다문화교육의 필요성을 제기하는 의미를 가질 것이다. 그리고 지속적인 다문화교육을 위해서 기울여야 할 구체적인 노력의 방법을 모색하는 데도 기여할 것이다.

둘째, 현재 다문화교육에 대한 성과의 의미를 정리하고, 현황분석을 넘어서는 새로운 이론적 탐색을 시도하는 연구로서 의미를 가질 것이다. 다문화 사회에 대한 논의는 서구 사회의 이론적인 논의를 도입하여 한국적인 논의를 생성하는 쪽으로 발전하고 있다.

그러나 다문화교육의 대상은 한국 사회의 현실이지만 이론적인 기반은 여전히 서구사상이 근간을 이루고 있다. 그런 의미에서 이 글은 다문화교육의 질적인 수준을 제고하고 다문화 사회에 대한 이론적인 기반을 풍부하게 하는 데 기여할 것이다.

셋째, 다문화교육은 학생, 교사, 학부모, 지역사회 등의 다양한 주체들과 연관되어 있다. 이들은 각자의 상황에 따라서 상이한 수준의 교육 내용을 요구하고 있다. 그러나 다문화교육의 질적 수준을 제고하기 위해서는 통합적인 접근이 필요하다는 관점이 대두되고 있다.

다문화교육 주체들 간의 통합적인 접근을 위한 다각적인 노력이 필요하며, 본 연구는 그러한 노력의 일환으로 이론적인 토대를 풍부하게 하는 데 기여할 것이다. 연구 성과를 다양한 교육 도구로 발전시키는 방안에 대한 모색은 향후 연구과제로 남겨 두기로 한다.

다문화교육과 교사교육

다문화교육에서 교사교육 또한 중요한 과제로 제기되고 있다. 미국 교사교육의 흐름은 "1960년대 교사자질 항목Competence-Based Teacher Education 단계, 1970년대 후반기에 강조되는 교수내용지식Pedagogical Content Knowledge 단계, 1980년대 이후에 강조되는 반성적 실천지식 Reflective Practioner's Knowledge 단계"로 나타나는데, 이를 토대로 사회과 교사교육에 대한 상호보완 프로그램을 개발하는 연구 성과까지 도출하였다.이종일, 2010: 14

교사자질 항목을 중심으로 하는 교사교육의 한계를 넘어서고자 하는 교수내용지식 단계는 교사교육의 이론과 실천에 대한 문제를 제기하였다. 현장 교육의 한계에 대한 반성적 실천지식 단계를 통해서 이론의 현장 적용 문제를 교사교육에서 다루고 있다. 이와 같이 교사교육에서, 이론과 실천의 문제 그리고 이론과 현장 적용의 문제는 중요한 과제이다.

이상의 교사교육과 관련하여, 유가사상에서 발견한 다문화교육의 지혜가 어떻게 활용될 수 있을지에 대한 후속 연구도 기대해 볼 만하다. 이러한 연구의 지평은 다문화에 대한 인식과 접근에 따라서 그 범위가 확대될 것이다. 다문화를 어떤 관점으로 인식하고 있으며, 그 인식이 시대적으로 어떻게 변형되고 있는지에 대한 연구도 흥미로운 주제이다. 이미 다문화에 대한 인식은 사회사적인 접근을 통해서 다양한 관점에서 논의가 진행되고 있다.^{이종일, 2008: 7} 이 연구가 초등사회과 다문화교육의 이론적인 지평 확대를 위해서 작은 기여를 할 수 있기를 바라는 바이다.

제2장
초등사회과 리더십교육

1.
리더십을 생각하다

제4차 산업혁명 시대의 교육 목표

제4차 산업혁명의 진행과 함께 사회구조는 매우 급속한 속도로 변화하고 있다. 사회의 어떤 영역보다도 가장 많은 변화가 예상되는 것은 바로 교육현장이다. 변화할 사회구조하에서 삶을 영위해야 할 미래 세대의 교육은 혁신을 필요로 한다. 그런 의미에서 볼 때, 어떤 교육 목표와 교육방법이 우선되어야 할지에 대해서 다각적인 논의를 전개하는 것은 매우 시의적절하다.

인류가 맞이하고 있는 제4차 산업혁명은 기술의 혁신으로 인해 공동체적인 삶이 중요한 화두가 되고 있다. 공동체의 구성원으로서 어떻게 살아야 할 것인가에 대한 교육은 오늘날 중요한 목표라고 할 수 있다. 그러나 현대 교육의 목표는 이러한 미래 세대의 교육에는 부합하지 못하는 면이 있다. 지금까지 현대학교 교육은 이성 계발을 통한 직업교육과 도덕교육을 최우선의 목표로 하고 있다.정재걸·홍승표·이현지·백진호, 2014: 19

이러한 현대 교육은 현대 사회를 발전시키고 확장하는 데에는 기여한 바가 크다. 이성 계발을 통한 직업교육은 유한자원을 차지하기 위한 경쟁에서 승자가 되는 것에 초점을 맞추고 있으며, 이성 계발을 통한 도덕교육은 치열한 경쟁에서 비롯되는 갈등을 완화하는 것에 초점을 맞추고 있다. 이러한 교육의 목표에 따라서, 우리시대 교육은 도덕성을 갖춘 시민교육이 핵심적인 내용으로 다루어지고 있다.박병기, 2008: 3-4

제4차 산업혁명과 현대 교육

제4차 산업혁명이 급속하게 진행되고 있는 오늘날 이성 계발을 통한 현대 교육은 미래 교육의 비전으로서는 한계를 가지고 있다. 한계의 원인은 현대 사회를 지배하고 있는 현대적인 세계관에 내재된 태생적인 문제이다. 현대적인 세계관은 분리·독립된 개체로서의 인간 존재를 전제로 하고, 세계를 분리 독립된 개체의 경쟁과 갈등의 장으로 인식한다. 따라서 그러한 세계에서 교육은 경쟁에서 생존하기 위한 역량을 강화하는 데 초점을 맞출 수밖에 없다.

그러나 이러한 세계관으로 인류가 직면하고 있는 변화할 새로운 시대에 대한 비전을 모색하기는 불가능하다. 제4차 산업혁명은 인류를 유한자원시대로부터 자유로운 새로운 사회구조를 제공해 줄 것을 예고하고 있다. 이미 인류는 다양한 영역에서 공유경제를 실현하고 있다. 이와 같이 변화할 시대에서 요구하는 인재상은 공존하고 협력할 수 있는 역량을 갖춘 인재이다.

이러한 시대의 교육적 인간상은 공동체의 가치를 인식하고 공동체의 일원으로서 자기 역할을 원활히 수행할 수 있는 사람이다. 공동체의 구성원으로서 역할을 이해하고 수행할 때, 특히 리더의 역할의 중요성을 간과할 수 없다. 리더의 역할은 공동체의 운명을 결정짓는 영향력을 가지고 있다. 인류의 역사에서 공동체의 존립과 발전에 큰 영향을 미친 리더를 쉽게 발견할 수 있다.

리더십교육

공동체에서 리더의 중요성은 이미 공감대가 형성되어 있다. 그럼에도 불구하고 우리교육에서 사회 구성원으로서의 시민교육에 비해서, 리더십에 대한 교육은 미흡한 면이 있다. 리더란 일반적으로는 공동체에서의 지도자를 지칭하는 것으로 타자와의 관계에서 발생하는 개념이다. 이 개념을 자신의 삶에 확대해서 적용하면, 인간은 누구나 자기 삶의 리더라고 할 수 있으며 자신의 삶에 대해 리더십을 발휘해야 한다.

이 지점에서 리더십교육은 어떤 삶을 살 것인지에 대한 해답을 모색하는 것과 접점이 있다. 다시 말해서, 리더십교육은 삶의 가치와 비전을 모색하는 것과 같은 의미를 가지는 것이다. 제4차 산업혁명의 진행으로 인한 미래사회는 문화의 경계가 무너지는 사회이며, 인간과 로봇의 경계가 약해지는 사회이고, 고정불변의 영역은 사라지고 끊임없는 변화의 사회이다. 이러한 사회와 시대에 부합하는 리더십에 대한 대안 모색은 절실히 요청되고 있다.

여기서는 새로운 시대로의 변화와 리더십교육의 필요성을 인식하고, 초등사회과 리더십교육의 대안을 모색해 보고자 한다. 초등교육에 초점을 맞추는 이유는 리더십에 대한 인식이 형성되는 시기의 교육이 효과적이라고 생각하기 때문이다. 여기서는 그 대안을 『목민심서』에서 발견하고자 한다.

『목민심서』와 리더십교육

　『목민심서』는 지방관리가 부임할 때부터 업무를 마무리할 때까지 어떤 자세로 자신의 임무를 수행해야 하는지에 대한 규칙과 실천 방법을 다루고 있는 정약용의 저서이다. 이 책에서 '목민'의 의미는 단순히 다스림의 대상으로 백성을 인식하는 것이 아니라, 돌봄의 대상으로 인식하고 있다.^{최병근, 2007: 27} 본 연구가 『목민심서』에서 초등사회과 리더십교육의 답을 찾고자 하는 이유는 다음과 같다.

　첫째, 『목민심서』에서 발견할 수 있는 리더십에 대한 지혜는 초등사회과 교육과정에서 부족한 리더십교육의 대안을 찾을 수 있다. 『목민심서』는 지방관이 리더로서 역할을 어떻게 해야 할 것인지에 대한 공직 리더십을 다룬 200여 년 전의 저서이다. 오래된 리더십 교재이지만, 리더십에 대한 비전을 모색하기에 충분한 교육적 대안을 내포하고 있다.

　둘째, 『목민심서』에서 발견할 수 있는 리더십은 리더의 덕목과 역할에 대한 구체적인 사례로 활용할 수 있다. 『목민심서』는 부임赴任 · 율기律己 · 봉공奉公 · 애민愛民 · 이전吏典 · 호전戶典 · 예전禮典 · 병전兵典 · 공전工典 · 진황賑荒 · 해관解官의 12편으로 구성되어 있고, 각 편은 다시 6항목으로 구성되어 모두 72조이다.^{김종두, 2007: 208} 각 편의 내용이 72가지의 구체적인 상황을 다루고 있기 때문에 실질적이고 구체적인 사례로 의미를 발견할 수 있다.

　셋째, 『목민심서』의 리더십교육은 자신의 삶을 어떻게 다스리는가에서 출발하는 리더십교육의 새로운 비전이 될 수 있다. 일반적으로 리더십교육에서 리더의 자질은 중요한 요소로 다루어지는 반면, 리더다운 자질을 가지도록 하는 스스로를 다스리는 방법에 대한 논의는 부족한 면이 있다. 『목민심서』「율기律己」에서는 리더가 스스로를 다스리는 여섯 가지의 방법을 다루고 있다. 이와 같은 스스로를 다스리고 좋은 리더가 되어야 한다는 관점은 리더십교육의 중요한 요소로 의미를 가진다.

이 장에서는 『목민심서』에서 초등사회과 리더십교육을 위한 지혜를 모색해 보고자 하는 목표를 가지고 있다. 이 목표를 달성하기 위해서, 먼저 현행 초등사회과 리더십교육에 대해서 살펴볼 것이다. 다음으로 『목민심서』에서 발견할 수 있는 리더십에 대한 지혜를 분석해 볼 것이다. 마지막으로 이러한 리더십교육이 가지는 의미에 대해서 논의해 보고자 한다.

초등사회과 시민교육의 내용

초등사회과 전체 단원의 구성을 살펴보면 다음의 표와 같다. 초등사회과는 사회, 경제, 정치, 지리, 역사 등의 통합형으로 구성되어 있으며, 현행 교과서에서는 3학년에서 6학년의 교과과정에 포함되어 있다.

표를 통해서 알 수 있듯이, 초등사회과 교육과정에서 시민교육과 관련한 과정은 '민주주의와 주민자치', '우리나라의 민주 정치', '변화하는 세계 속의 우리' 등이 있다. 교육부가 2015년 개정 교육과정을 고시했고, 2017년부터 교육현장에 순차적으로 적용할 계획을 가지고 있다.신홍성, 2017: 2 현행 초등사회과 교육도 학교현장의 상황에 따라서 개정 교육과정이 적용되고 있다. 이와 같은 교과과정의 변화를 추진하고 있기 때문에 현행 초등사회과 교육에 대해서 일괄적인 기준으로 평가할 수는 없다.

초등사회과 단원의 내용

학년	학기	사회과 단원의 내용
3	1	1. 우리가 살아가는 곳 2. 이동과 의사소통 3. 사람들이 모이는 곳
	2	1. 우리 지역, 다른 지역 2. 달라지는 생활 모습 3. 다양한 삶의 모습
4	1	1. 촌락의 형성과 주민 생활 2. 도시의 발달과 주민 생활 3. 민주주의와 주민 자치*
	2	1. 경제생활과 바람직한 선택 2. 사회 변화와 우리 생활 3. 지역사회의 발전
5	1	1. 살기 좋은 우리 국토 2. 환경과 조화를 이루는 국토 3. 우리 경제의 성장과 발전 4. 우리 사회의 과제와 문화의 발전
	2	1. 우리 역사의 시작과 발전 2. 세계와 활발하게 교류한 고려 3. 유교 문화가 발달한 조선
6	1	1. 조선 사회의 새로운 움직임 2. 근대 국가 수립을 위한 노력과 민족 운동 3. 대한민국의 발전과 오늘의 우리
	2	1. 우리나라의 민주 정치* 2. 이웃 나라의 환경과 생활 모습 3. 세계 여러 지역의 자연과 문화 4. 변화하는 세계 속의 우리*

*시민교육과 유관한 교과과정
i-Scream, 2017

초등사회과 리더십교육

초등사회과 리더십교육의 현황을 개괄적인 수준에서 진단하고 어떤 교육 내용으로 구성하고 있는지를 파악하도록 하자. 이러한 분석을 위

해서, 초등사회과 교육과정에서 진술하고 있는 교육 목표에서 발견할
수 있는 리더십 관련 내용을 살펴보자.

사회생활에 관한 기본적 지식과 정치·경제·사회·문화 현상에
대한 기본적 원리를 종합적으로 이해하고, 현대 사회의 성격 및
민주적 사회생활을 위하여 해결해야 할 여러 문제를 파악한다.
사회현상과 문제를 파악하는 데 필요한 지식과 정보를 획득, 조
직, 활용하는 능력을 기르며, 사회생활에서 나타나는 여러 문제를
합리적으로 해결하기 위한 탐구 능력, 의사 결정 능력 및 사회 참
여 능력을 기른다.
개인생활 및 사회생활을 민주적으로 운영하고, 우리 사회가 당
면한 문제들에 관심을 가지고, 민족 문화 및 민주 국가의 발전에
적극적으로 이바지하려는 태도를 가진다.김효정·이정미, 2005: 334

위의 인용문은 초등사회과 교육의 하위목표에 드러난 리더십교육
관련 내용이다. 개정된 교육과정에서는 기존의 교육과정보다 더욱 체
계적인 영역, 핵심 개념, 일반화된 지식, 주요 내용 요소, 기능 등을 포
함하고 있다.신홍성, 2017: 27 초등사회과의 리더십교육은 리더십을 발휘한
위인의 사례를 통해서, 리더십에서 발견할 수 있는 가치와 덕목을 교
육적으로 활용하는 형태로 이루어지고 있다.
김효정·이정미2005는 초등 3학년과 5학년 사회과 교과에서 제시되
고 있는 리더십의 사례를 연구한 바 있다. 연구 결과에 따르면, 3학년
사회과 교과에서는 이순신을 통해서, 충성심을 발휘할 수 있었던 '목
표 설정'의 리더십을 살펴볼 수 있다. 5학년 사회과 교과에서는 세종
대왕 및 조선학자들의 슬기, 단군왕검과 주몽 그리고 혁거세의 민족정

신, 석가모니와 공자 및 예수 그리고 최제우의 민족애와 인류애 등에서 '목표 설정'이라는 리더십교육이 가능하다고 분석했다.

이와 같은 초등사회과의 리더십교육의 사례 이외에도 초등교육에서는 다양한 리더십에 대한 교육이 시도되고 있으며, 교과 과정과 관련한 영상 자료 혹은 보조 자료를 활용한 리더십교육이 시도되고 있다.

초등사회과 리더십교육의 필요성

초등사회과에서는 공동체의 일원으로서 어떤 의무와 역할을 수행해야 하는가에 대한 교육은 풍부하게 구성되어 있다. 민주주의, 시민의식, 선거참여 등 공동체의 구성원으로서의 개인에 대한 교육과정이 대표적인 사례이다. 이를 통해서 공동체와 개인의 관계를 이해하고, 사회조직 속에서 구성원이 가져야 할 자질을 다각적으로 교육받는다.

초등사회과 교육과정에서 공동체 구성원으로서의 교육은 비교적 잘 이루어지고 있다고 할 수 있다. 그에 비해서, 공동체의 리더십교육은 부족한 면을 발견할 수 있다. 리더십교육의 필요성은 쉽게 공감대를 형성할 수 있는 부분이다. 공동체의 원활한 운용을 위해서는 건강한 사회 구성원인 시민의 역할도 중요하며, 공동체의 리더 역할도 중요하다.

그런 의미에서 초등교육에서 리더의 가치관과 공동체 운영의 리더십 등에 대한 조기 교육이 필요하다. 조직의 리더가 갖추어야 할 자질과 역량 등을 교육함으로써 사회관계와 사회적 역할에 대한 이해를 제고할 수 있다. 특히 리더십교육은 제4차 산업혁명시대가 요구하는 공존과 협력이라는 시대정신에 부합하는 공동체 지향적인 역량을 강화하는 데 긍정적인 결과를 도출할 수 있다. 협력적 교육활동이 리더십교육에서 효과적이라는 연구 결과가 있다.김계순·류경희·심성경, 2015: 56

그리고 리더십교육은 피교육자의 내면에 초점을 맞출 경우, 자기계발에 기여할 수 있는 면이 있다. 인간은 누구나 자신의 삶을 경영하는 책임과 권한을 가지고 있다. 자신의 삶을 어떻게 만들어 갈 것인지에 대한 문제는 스스로의 삶에 어떤 가치관과 태도를 가지고 있느냐에 따라 완전히 달라질 수 있다. 그런 의미에서 리더십교육은 자신의 삶을 운영하는 가치관에 영향을 미칠 수 있다.신영삼, 2011: 8

그럼에도 불구하고, 초등사회과 교육과정에서 리더십교육은 충분한 비중을 차지하고 있지 못하다. 이러한 문제점을 해결하기 위해서, 초등사회과 교육에서 활용할 수 있는 리더십교육의 실질적인 사례를 발굴할 필요가 있다. 리더십교육의 사례를 발굴하면서 그 대상이나 내용에 제한을 둘 필요는 없다. 본 연구에서는 한국전통사상에서 그 사례를 개발함으로써, 리더십교육과 함께 한국사상에 대한 이해를 도모해 보고자 한다. 이러한 이유에서 『목민심서』에서 리더십교육의 근간을 찾아보고자 한다.

『목민심서』는 정약용이 백성들의 삶의 현장에서 보고 느낀 바를 토대로 지방 관리가 지켜야 할 실천 윤리를 정리한 것이다. 이 책은 지방 관리에 의한 부조리가 만연하고 폭정이 백성의 삶을 궁핍하게 했던 시대적 상황에서 집필되었다.정약용, 2017: 321 『목민심서』에는 혼란한 정치적 상황 아래에서 세상을 바로잡을 수 있고 민초들의 삶을 개선할 수 있는 희망을 지방 관리의 역할에서 찾았던 정약용의 사상가로서의 문제의식이 잘 드러난다. 여기서는 두 가지 측면의 리더십의 지혜를 살펴보고자 한다. 두 가지 측면은 첫째, 스스로를 다스릴 줄 아

는 리더가 되어야 한다는 것과 둘째, 사랑을 베푸는 리더가 되어야 한
다는 입장이다.

2.
스스로를 다스리는 리더가 되다

『목민심서』의 구성

『목민심서』는 「부임赴任」으로 시작한다. 「부임」에서는 지방관으로 임명받는 순간의 태도와 자세를 다룬다. 이 책이 지방관의 부임에서 해임까지의 수행할 직무에 대해 논하는 것이므로, 「부임」으로 시작하는 것은 필연적이다. 그다음 내용이 바로 정약용이 지방관이라는 리더가 되었을 때 가장 중시하는 바를 다루었을 것이다. 정약용은 리더십의 시작은 자신을 다스리는 일에서 찾고 있다.김수동, 2007: 146

「율기」편이 바로 그러한 주장을 분명하게 보여 준다. 「율기」는 칙궁飭躬, 청심淸心, 제가齊家, 병객屛客, 절용節用, 낙시樂施의 6조로 구성되어 있다. 칙궁은 자기 몸가짐을 바르게 조심하는 것을 말하며, 청심은 청렴한 마음가짐을 가져야 함을 말하고, 제가는 자신의 가족을 바르게 단속하는 일을 설명하고, 병객은 외부청탁을 막기 위해서 관청에 잡인의 출입을 막는 것을 주장하며, 절용은 재정을 절약해야 한다는 주장이며, 낙시는 즐거운 마음으로 자신의 것을 나누라는 메시지이다.정약용, 2017: 39-40

스스로 다스리는 일상

스스로를 다스리는 리더의 첫 번째 조목은 일상생활의 몸가짐에서 시작한다. 관복, 백성에 대한 태도, 일에 임하는 자세 등에서 주의를 기울이고 스스로를 바로 하고자 함에서 리더십의 첫 출발을 삼았다.

> 거처함에 절도가 있고, 갓과 띠는 가지런히 정리하며, 백성들 앞에서는 정중하고 엄숙하게 하는 것이 옛사람의 도(道)이다. 공무에 여유가 있으면, 마음을 집중하여 고요히 생각하며 백성을 편안하게 할 수 있는 방법을 헤아려서 정성을 다하여 잘 되도록 해야 한다.『牧民心書』,「律己六條 飭躬」

리더십을 효과적으로 발휘하기 위해서는 권력이나 지위가 필요하지만, 궁극적으로는 자신을 리더로 인정하고 따르는 사람이 있을 때 비로소 그 의미가 드러난다. 그러므로 리더십교육에서는 사람들이 존경하고 본받을 바를 가질 수 있도록 스스로를 다스리고 바르게 하는 것이 가지는 의미를 인식할 수 있게 해야 한다. 위의 구절에서 정약용이 강조한 바는 스스로를 바로 하는 일상과 진정으로 백성을 위하는 마음이 솟아나도록 노력을 기울이는 것이다.

스스로 계발함

> 관아에서 글 읽는 소리가 있으면 이를 청렴한 선비라 한다.『牧民心書』,「律己六條 飭躬」

위의 구절에서는 스스로를 다스리는 리더가 되기 위해서는 끊임없이 스스로를 계발하는 공부를 게을리해서는 안 된다고 말한다. 일상생활의 실천을 통해서 자신을 다스릴 뿐만 아니라 지속적인 공부를 통해서 군자의 삶을 이론적으로 심화하는 것이 바로 그 요체이다.^{이현지·박수호, 2014: 183} 그다음에 주장하는 조목은 바로 청렴한 정신이다.

> 청렴함은 지방관의 근본 임무이고, 모든 선의 근원이며, 모든 덕의 뿌리이니, 청렴하지 않으면서 훌륭한 지방관이 된 사람은 없다.『牧民心書』,「律己六條 淸心」

리더가 청렴하지 않으면, 권력을 이용하여 개인적인 이득을 추구하기 십상이고, 결국에는 공동체뿐만 아니라 자신도 파국으로 몰고 가게 된다. 특히 정약용이 관심을 기울인 지방 관리는 당시의 시대적 상황으로 비추어 볼 때, 임금의 권력을 위임받아서 지방의 백성에게는 가장 직접적인 권력을 미칠 수 있던 지도자였다. 이들이 청렴하지 못하다면 그 영향은 바로 백성의 삶을 피폐화시키는 것으로 미칠 수 있다. 청렴에 대한 조목에서 정약용은 다음과 같이 말한다.

> 무릇 베푼 일이 있더라도 공공연하게 말하지 말고, 자랑하는 기색을 하지 않으며, 남에게 말하지 말고, 전임자의 허물도 말하지 말아야 한다.
> 청렴한 사람은 은혜를 베푸는 일이 적으니 사람들은 이것을 병통으로 여긴다. 자신을 무겁게 책망하고 남을 가볍게 책망하는 것이 좋다.『牧民心書』,「律己六條 淸心」

청렴함이란 탐욕을 버리는 것을 넘어서서, 자신의 것을 나누고 자기가 나은 면을 드러내지 않는 것에까지 나아가는 것이다. 또한 청렴하고자 함으로써 강직함으로 베푸는 것에 인색해서는 안 된다고 한다. 자기 스스로는 청렴하고 높은 기준으로 삶을 살되, 타자에 대해서는 너그럽게 용서하는 삶의 자세를 가져야 함을 말한다. 이러한 자세는 자신에서 출발하여 집안을 다스리는 일로 확대된다.

수신 후에 집안을 바로 하고, 집안을 바로 한 후에 나라를 다스리는 것은 천하의 통하는 의리이다. 고을을 다스리고자 하는 자는 먼저 자기 집안을 바로 하여야 한다.『牧民心書』,「律己六條 齊家」

위의 구절에서 주장하는 스스로를 다스리는 일이 가족과 나라를 바로 다스리는 일로 확대된다는 입장은 유가사상의 보편적인 주장이다.이현지, 2015b: 493 유교사상의 핵심 이념인 수신제가치국평천하修身齊家治國平天下가 함축적으로 그것을 말하고 있다.

스스로를 다스리는 리더십의 지혜를 강조하는『목민심서』에서는 지방 관리의 경우는 관청에 사람을 들이는 일에도 엄격해야 한다고 주장한다. 본 고을 백성이나 이웃 백성을 불러 만나는 것은 좋지 않고, 관청은 엄숙해야 한다.『牧民心書』,「律己六條 屛客」 이것은 관청의 경비를 줄이고 청렴하게 운영하기 위한 방법이기도 하다. 그러나 동시에 강조하고 있는 면은 리더라면 베푸는 것을 즐겨야 한다는 점이다. 즉 리더는 공동체의 재정은 절약하되, 자신이 가진 것은 가까운 사람에게 은혜를 베푸는 덕목을 가져야 한다.

3.
사랑을 베푸는 리더를 지향하다

리더의 공동체에 대한 사랑

『목민심서』의 배경에 깔린 리더십의 기본적인 관점은 백성에 대한 지방 관리의 사랑이다. 리더십의 관점에서 표현하면, 구성원을 사랑하는 리더가 되는 것이 리더십의 중요한 요소라고 할 수 있다. 사랑이 결여된 리더는 공동체 구성원의 행복에 관심을 기울일 수 없으며, 그런 리더는 공동체 구성원들의 지지를 얻을 수 없다.

『목민심서』에서는 사랑을 베푸는 리더십을 매우 구체적인 사항별로 기술하고 있다. 백성에 대한 사랑을 다루고 있는 『애민愛民』은 양로養老, 자유慈幼, 진궁賑窮, 애상哀喪, 관질寬疾, 구재救災로 구성되어 있다. 노인, 어린이, 홀아비, 과부, 고아, 늙어 자식 없는 가난한 사람들에 대한 구호의 원칙과 상을 당한 사람, 장애인과 불치병자, 재난에 처한 사람을 구재하는 일에 대해 설명하고 있다.정약용, 2017: 81-82

사랑을 베푸는 리더는 공동체의 약자의 삶을 돌보고 소외되지 않도록 관심을 기울이는 자이다. 어떤 공동체이든 구성원들 간에는 연령, 성, 인종, 직종 등을 포함해서 다양한 측면에서 차이가 발생한다. 훌륭한 리더란 구성원들 간의 차이를 차별이 되지 않도록 하고, 공동체로부터 그 누구도 소외되지 않도록 지도하는 능력을 가진 자이다. 『목민심서』에서는 리더가 공동체에서 소외되기 십상인 약자를 어떻게 다스려야 한다고 했는지 살펴보자.

> 양로의 예가 폐지되면 백성들이 효도를 행하지 않게 되므로 관리가 된 사람은 양로의 의식을 하지 않아서는 안 된다. … 예전의 훌륭한 사람은 양로의 의식을 닦고 행하여 이미 상례가 되었으므로 지금도 아름다운 공적이 남아 있다. (지방관이) 노인에게 후한 혜택을 베풀면, 백성들은 노인을 공경할 줄 알게 된다. 『牧民心書』, 「愛民六條 養老」

이 구절에서 발견할 수 있는 지혜는 리더가 제도적 및 의례를 통해서 노인을 존중하고 사랑하는 문화를 만들면 공동체의 구성원들이 자연스럽게 그러한 영향을 받는다는 것이다. 따라서 노인을 위한 공동체의 부양은 사회적 약자인 노인을 섬긴다는 의미와 함께 그 공동체를 사랑을 나누는 공동체로 만든다는 의미가 있다. 여기서 주목할 점은 지방관이 리더로서 실시하는 노인에 대한 공경이 백성들의 일상에 영향을 미친다는 인식이다. 그런 의미에서 리더의 사회적 약자에 대한 섬김의 리더십은 중요한 의미를 가진다. 구명숙·김수동, 2007: 313 어린이와 가난한 사람에 대해서도 마찬가지이다.

약자와 공감하는 리더

『목민심서』에 다음과 같은 구절이 있다.

홀아비, 과부, 고아, 늙어 자식 없는 사람은 네 가지 궁벽한 사람이라고 이른다. 궁벽하여 스스로 떨칠 수 없고, 남의 도움으로 일어날 수 있다. 진振이란 것은 살 수 있도록 일으켜 주는 것이다.『牧民心書』,「愛民六條 賑窮」

위 구절은 리더의 역할은 사회적 약자가 그 곤궁함으로부터 벗어날 수 있도록 도와야 한다는 것을 말한다. 즉 약자를 보호하는 것이 리더십에서 중요한 요소이다. 이러한 입장이 현대 사회에 이르러서 사회복지정책으로 발현되고 있다. 공동체의 구성원을 사랑하는 리더는 약자의 입장에서 필요로 하는 도움을 간과해서는 안 된다. 공동체 구성원에게 갑자기 닥치는 어려운 상황, 예를 들어서 상을 당하거나 기근이나 전염병 등으로 고난에 처했을 때는 리더가 베풀 수 있는 혜택은 최선을 다 해서 베풀어야 한다. 구체적인 예로, 부모의 상을 당한 사람에게 부역을 면제해 주는 관행은 오래전부터 있어 왔다.정약용, 2017: 94

재난을 당한 사람을 구호할 때, 리더는 규정을 지키되 정성스럽게 이행해야 하고 신속히 하며 예방에 힘을 써야 한다고 한다. 다음 구절을 보자.

수해와 화재는 국가의 구휼의 규정이 있으니 오직 조심하여 행하고, 항상 하던 규정이 없는 것은 지방관이 정해서 구휼한다. 재해와 액운이 있으면 불탄 것을 구하고 빠진 것을 건지기를 내 것이 불에 타고 빠진 것처럼 늦추지 말아야 한다. 재앙을 염려하고 예방하는 것이 이미 재앙이 일어난 뒤에 은혜를 베푸는 것보다 낫다.『牧民心書』,「愛民六條 救災」

공동체의 구성원을 사랑하는 리더십은 구성원들이 재난에 노출되지 않도록 예방하는 것이라고 한다. 『목민심서』「진황육조賑荒六條」에서 구호물자 비축, 서로 나누고 돕도록 권함, 구호계획 수립, 구호기관 설치, 보력補力, 구호활동의 결산 등 매우 구체적으로 구호활동에 임하는 리더의 자세를 논하고 있다. 이러한 공동체 구성원에 대한 사랑을 베푸는 리더는 마무리를 『목민심서』에서는 다음과 같이 말하고 있다. 백성을 사랑하는 지방 관리는 임지에서 해임될 때 사랑을 남기고 떠나는 자라고 한다. 리더의 시작과 끝이 바로 사랑을 베푸는 것으로 연결된다.

있을 때 뛰어난 공이 없어도 떠난 뒤에 생각이 난다면 그가 공을 자랑하지 않고 남몰래 선정을 베푼 자일 것이다.『牧民心書』,「解官六條 遺愛」

리더로서 공동체의 구성원을 사랑으로 보살피면, 결국에 리더는 그 공동체에 사랑을 남기고 떠날 수 있다. 대부분의 지도자는 어떤 공적을 쌓을 것인지, 공적을 기릴 수 있는 흔적을 얼마나 남길 것인지에 관심을 기울이겠지만, 『목민심서』에서는 사랑을 베푸는 리더가 될 것을 주문하고 있다.

4.
목민심서의 리더십 지혜를 배우다

리더십과 『목민심서』의 의미

이상에서 살펴보았듯이, 『목민심서』는 리더십교육의 실천적인 자료로 활용할 수 있는 풍부한 지혜를 내포하고 있다. 『목민심서』는 리더십만을 다루기 위한 전문서적은 아니다. 그러나 지방 관리가 된 자가 어떤 자세로 백성을 다스려야 하는가에 대한 지침서이므로, 리더가 어떻게 공동체의 구성원을 이끌어야 하는가의 질문에 응용하여 그 답을 찾을 수 있다. 신분제 질서가 지배하던 당시의 목민관牧民官과 백성의 위계적인 관계를 전제로 한다는 한계는 있지만, 목민관의 스스로를 다스리는 태도와 백성에게 사랑을 베푸는 자세는 오늘날에도 그 가치가 높다.

『목민심서』는 공동체의 리더가 구성원을 일방적으로 다스린다는 의미보다는 돌보고 사랑해야 한다는 리더십의 이상향을 잘 보여 준다.손흥철, 2013: 86 오늘날 리더십에 대한 연구는 리더와 공동체 구성원 간의 상호작용을 전제로 한다.선정규, 2017: 20 리더십에 대한 수많은 연구들이 다양한 리더십의 사례에서 가치를 모색하고 있다. 그런 의미에서 리더십 연구는 하나의 전형적인 모델을 찾는 작업이라기보다는 수많은 리더십의 사례에서 의미를 발굴하고 실천하는 것으로 그 의미를 평가할 수 있다.

새로운 시대와 리더십

여기서 『목민심서』에서 주목한 리더십 또한 그런 의미에서 새로운 시대가 요구하는 리더십의 모델로 의미를 찾을 수 있다. 오늘날 공동체적 삶의 윤리는 더욱 강조되고 있다. 사회 구성원으로서의 역할과 덕목이 중요한 것 못지않게 공동체의 리더로서의 책무가 중요하다. 어떤 리더가 되어야 할 것인가? 다시 말하면, 오늘날 어떤 리더를 사회는 요구하고 있는가? 『목민심서』는 첫째, 스스로를 다스릴 줄 아는 리더를 필요로 하며, 둘째, 사랑을 베푸는 리더를 필요로 한다고 답한다.

이 두 가지 리더십의 덕목에서 어떤 가치를 발견할 수 있는지 자세히 살펴보도록 하자. 첫째, 스스로를 다스릴 줄 아는 리더십이다. 스스로를 다스리는 리더는 어떤 사람인가? 타인을 다스리기에 앞서 스스로를 다스리는 자를 말한다. 즉 자기 삶의 진정한 리더가 된다는 의미이다. 그런 리더는 끊임없이 자신이 리더로서의 자질이 충분한지, 리더로서 바른 길을 가고 있는지, 성찰하고 공부하는 리더이다.홍승표, 2014: 204 자신을 돌보는 일에 관심을 기울이고 나아가서 가족과 사회로 다스림의 영역을 확장한다는 의미가 있다.

둘째, 사랑을 베푸는 리더이다. 리더십의 유형이 다양하듯이 리더의 목표도 다양할 수 있다. 이러한 목표는 공동체가 처한 상황에 따라서 달라진다. 경제성장 시기에 공동체는 경제적 발전을 최우선의 목표로 하고, 민주적 질서가 억압당하는 시기에는 민주적인 사회를 건설하는 것이 첫 번째의 목표가 되기도 하며, 불평등이 심화된 공동체에서는 불평등을 해소하는 것이 목표가 된다. 그러나 이때 가장 근본이 되는 사랑을 실현하는 공동체를 건설하고자 하는 리더십의 근간은 흔들려서는 안 된다. 구성원에 대한 사랑이 결여된 리더의 선택은 어떤 목표를 달성하더라도 가치를 상실하기 십상이다. 그런 의미에서 사랑을 베푸는 리더십은 가장 기본적인 요소라고 할 수 있다.

제4차 산업혁명과 리더십

제4차 산업혁명이 실현되고 있는 오늘날 이러한 리더십은 더욱 의미를 가질 수 있다. 제4차 산업혁명의 진행으로 인류는 예측하기 어려운 미래사회를 대비해야 하고 복잡성과 상호연계성을 인정해야 하는 새로운 시대에 적응해야 한다.[이현지, 2016: 111] 이러한 시대에는 공동체적 가치관을 바탕으로 공존과 협력을 위한 비전을 필요로 한다. 이때 공동체의 리더로서 스스로를 다스리고 사랑을 베푸는 리더십은 그 빛을 발할 수 있을 것이다.

현재 초등학생들은 바로 이러한 사회를 살아야 할 주인공이다. 따라서 이들이 변화할 시대를 두려워하거나 부정하는 것이 아니라, 스스로 리더가 되어 새로운 사회에 대한 비전을 모색할 수 있도록 교육하는 것은 의미가 크다. 현행 초등사회과 교육에서 주를 이루고 있는 사회 구성원으로서의 역할에 대한 교육이 가지는 의미도 충분히 인정하면서, 동시에 누군가는 공동체의 리더 역할을 수행해야 한다는 사실을 대비한 리더십교육의 강화도 그 필요성이 충분하다.

제3장
초등사회과 인성교육

1.
인공지능 시대의 인간상을 기르다

인공지능 시대의 인간상

제4차 산업혁명 시대는 인류의 삶을 근본에서부터 뒤흔들 것으로 예측되고 있다. 이러한 제4차 산업혁명의 영향으로 인해 인류는 이미 새로운 시대를 경험하고 있다고 해도 과언이 아니다. 세계는 디지털화의 급속한 진행으로 다양한 정보를 공유하고 있으며, 빅데이터에 근거한 시장전략과 경영이 기본이 되고 있다. 또한 인공지능이 삶에 미치는 영향은 기하급수적인 속도로 빨라지고 있으며, 로봇과 공존하는 삶에 대한 수용과 관계를 수립하는 일이 중요한 관건으로 대두되고 있다.

이와 같은 시대적인 변화는 지금까지와는 다른 인간상을 요구한다. 현대 사회에는 생산력을 갖춘 노동자로서의 인간상을 요구하는 경향이 강했다. 따라서 현대 사회의 교육은 노동자를 길러 내는 것에 초점을 맞추고 있었다. 그러나 제4차 산업혁명은 더 이상 인류에게 노동자로서의 역할을 요구하는 시대가 아니다. 노동이 없는 삶이 어느 수준까지 실현될지에 대해서는 확답하기 어렵다고 하더라도 제4차 산업혁명 시대에 노동은 삶의 중심에서 밀려날 것이라는 점에 대해서는 모두가 쉽게 동의하고 있다.

현대 사회와 제4차 산업혁명 시대의 인간상에 대해서 고찰해 보면, 가장 첨예한 차이가 드러나는 지점이 바로 '노동하는 인간'에 대한 관점이라고 할 수 있다. 제4차 산업혁명 시대는 더 이상 인간의 노동력에 의존하여 유지되는 사회구조가 아니다. 따라서 자연스럽게 현대 사회의 인간상과 달리 제4차 산업혁명 시대에는 노동이 없는 삶을 지혜롭게 살아갈 역량을 갖춘 인간상을 필요로 한다.

노동이 없는 삶이 실현되면 공유경제의 범위가 확대되어야 한다. 공유경제가 제대로 작동하지 못하면 인류는 파멸로 치닫게 될 것이다. 공유경제의 실현이 가능하기 위해서, 기본이 되는 것은 공존과 공감 능력 그리고 협력할 수 있는 인간상이다. 이러한 인간상에 부합하는 인재를 배출하기 위해서는 현대 사회를 지배하고 있는 교육 목표와 방법의 혁명이 필요하다. 이러한 제4차 산업혁명 시대가 요구하는 인간상을 배출하는 데 이바지 할 수 있는 것이 바로 인성교육이라고 할 수 있다.

인성교육

인성교육이란 인간의 타고난 가치를 존중하고 인간다운 인간으로 키우는 교육을 목표로 하는 것이다.조석환·이언주, 2017: 152 현대 사회에서도 인성교육의 필요성은 공감대를 형성하였고, 인성교육은 다각적인 측면에서 시도되어 왔다. 인성교육은 여타의 교육이 지식의 확대에 초점을 맞추는 것과 달리 삶의 가치관 형성과 발견에 대한 교육으로서, 인간다운 삶의 토대를 제공해 주며 삶의 의미를 발견하도록 돕는 교육이다.

이러한 인성교육은 교육적 효과를 극대화하기 위해서 특별한 교육 시기가 제한되는 것이 아니라, 한 사람의 일생을 관통하여 지속되어야 할 교육이라고 할 수 있다. 삶의 한순간이라도 삶의 의미와 가치를 발견하는 일에 관심을 두지 않아도 된다고 할 수 없다. 특히 인성교육은 세계와 자신의 관계에 대한 이해가 형성되는 때에 빠르면 빠를수록 그 효과가 평생 동안 지속적으로 영향을 미칠 수 있다. 그런 의미에서 초등학교에서의 인성교육의 중요성을 인정할 수 있다.

오늘날 인성교육의 필요성에 대해서는 충분히 공감대가 형성되어 있다. 그러나 현대 교육이 새로운 시대의 교육으로서 대안이 될 수 있을 것인가에 대해서는 이견이 많다. 현대 교육이 새로운 시대의 교육으로서는 태생적인 한계를 가지고 있다는 점에 대해서는 공감대가 형성되어 있다. 현대 교육의 현장에서 만연하는 경쟁과 진학 위주의 교육 목표는 더 이상 미래교육으로서 비전이 될 수 없다.[이현지, 2017: 417]

제4차 산업혁명 시대, 현대 교육의 한계

현대 교육은 제4차 산업혁명이라는 거대한 사회구조적 변화의 파도를 수용할 수 있는 토대를 가지고 있지 못하다. 제4차 산업혁명이 순조롭게 안착할 수 있는 인간상을 교육하는 데에서, 현대 교육은 다음과 같은 측면에서 약점을 가지고 있다.

첫째, 현대 교육은 어떤 삶을 살아야 할 것인가에 대한 생활교육에서 약점이 있다. 현행 초등학교에서도 생활교육은 이루어지고 있다. 그러나 현대 교육에서 생활교육은 지식 학습이나 지적 역량을 강화하는 교육에 비해서 의미를 제대로 평가받지는 못하고 있다. 생활교육은 삶의 가치와 의미가 무엇이며, 어떻게 살아야 하는지, 무엇을 배우고 왜 배워야 하는지에 대한 해답을 발견할 수 있도록 도와주는 삶의 바탕이 되는 교육으로서 의미를 가지고 있다.

둘째, 현대 교육은 새로운 관계를 형성하고 조절하는 관계교육에서 약점이 있다. 현대 초등교육은 인간 관계교육을 포함하고 있으며, 예절교육을 실시하고 있다. 그러나 예절교육은 초등교육에서 중심적인 자리를 차지하지는 못하고 있으며, 오늘날 예절교육의 의미는 본질이 퇴색된 채로 점점 약화되는 경향이 있다. 형식적이고 관계의 위계를 확보하기 위한 예절교육의 폐단을 극복하고 인간관계의 질서와 안정을 확보하기 위한 절도節道의 예절교육은 초등교육에서 중요한 의미를 가진다.

셋째, 현대 교육은 자기주도적인 실천교육에서 약점이 있다. 교육의 성과를 평가할 때, 자기교육은 매우 중요한 의미를 가진다. 교육을 통해서 스스로 변화하고 발전하는 것은 교육의 어떤 효과보다 가치가 있는 것이라고 할 수 있다. 그러나 현대 교육은 외적인 성취나 지표 달성에 초점을 맞추기 때문에 자기교육에 대한 비전이 약하다. 그러나 초등교육의 단계에서부터 이러한 자기교육의 목표가 체화된다면 배움과 실천이 분리되지 않는 교육적 성과를 거둘 수 있을 것이다.

이상의 현대 초등교육의 문제점을 인식하고 새로운 지평을 모색하기 위해서 『소학』에서 그 지혜를 발견해 보자. 왜 『소학』인가? 부언할 필요 없이 『소학』에서는 초등교육의 전통적인 교육 목표와 방법을 확인할 수 있기 때문이다. 이를 위해서 먼저, 제4차 산업혁명 시대의 인간상과 초등 인성교육의 의미를 살펴보고, 다음으로 『소학』에서 발견할 수 있는 인성교육의 지혜를 분석해 볼 것이다. 마지막으로 이러한 연구가 가지는 의미를 고찰해 볼 것이다.

제4차 산업혁명 시대의 인간상

산업혁명은 언제나 새로운 사회구조를 야기했으며, 그로 인해 발생하는 사회 변화는 새로운 인간상을 요구해 왔다. 석태제[2017]는 산업혁명과 교육의 주요 내용을 다음과 같이 정리했다. 제1차 산업혁명 시대에는 행동주의를 중심으로 하는 고전적인 개념의 교육이 전개되고, 제2차 산업혁명 시대에는 제도교육의 강화와 고등교육기관 설립을 통한 인지이론이 교육 내용의 중심이 되었으며, 제3차 산업혁명 시대에는 국민의 기본 능력과 지식에 치중하는 컴퓨터기반 교육이 중심이 되었다.[석태제, 2017: 4-5] 제4차 산업혁명 시대의 교육 내용은 무엇이 될까? 먼저 제4차 산업혁명 시대가 어떤 특징을 가지는지 살펴볼 필요가 있다.

제4차 산업혁명 시대는 기술의 혁신에서 예측이 불가능한 시대이다. 우리가 예측할 수 있는 것은 제4차 산업혁명으로 인한 사회시스템의 변화는 기하급수적인 속도로 진행될 것이라는 점과 복잡성과 상호성으로 인해 인류차원에서 변화를 가늠하기가 힘들다는 것이다. 이 시대는 인간과 인간의 관계뿐만 아니라 인간과 인공지능이라는 새로운 관계가 중심으로 부각한다. 이러한 시대를 예고하는 학자들은 한 목소리로 이 시대를 대비하기 위해서 인간이 길러야 할 역량은 협력하는 인간으로서 더불어 살아갈 수 있는 역량을 키우는 것이다.[이승연, 2017: 189]

클라우스 슈밥[2016]은 제4차 산업혁명의 시대가 인간의 정체성과 세계관 고찰의 계기를 마련해 주는 때이며, 인류는 더 나은 세상을 위한 비전을 모색하는 데 동참해야 한다고 말한다.클라우스 슈밥, 2016: 34 제4차 산업혁명 시대는 이미 현재 진행형으로 빠르게 변화하고 있으며, 예측 불가능하고 복잡성과 상호연계성의 특징을 가지고 있다. 인류가 인간 중심주의를 극복하고 상호 신뢰하며 공존의 중요성을 인식한다면, 삶의 질적 비약을 가능하게 하는 기회를 얻을 수 있다. 물론 인류가 반대의 선택을 한다면, 인류의 미래는 없다고 할 수 있다.

제4차 산업혁명과 미래교육

제4차 산업혁명을 삶의 질적인 비약을 초래하는 기회로 만들기 위해서, 미래교육은 어떤 모습이어야 할까? 미래학자들은 교육이야 말로 가장 급격하게 변화될 제4차 산업혁명으로 인한 사회구조 변화의 핵심적인 장이 될 것이라고 말한다. 제4차 산업혁명이 본격적으로 실현되는 시대에 오늘날과 같은 학교의 역할은 무의미하다는 주장이 팽배하다. 바로 학교의 위기를 말한다. 학교의 위기는 즉, 현대 교육의 위기를 말하는 것과 같은 의미다. 그렇다면 제4차 산업혁명 시대의 교육의 모습과 역할은 무엇일까? 박영일2018은 '과학문화융합을 통한 미래사회 변화와 예측'에서 교육 변화를 다음과 같이 말하고 있다.

박영일 교수는 "미래 사회가 어떻게 변한다고 해도 교육의 목표에는 변함이 없다"며, 사회 변화에 따라 교육의 모습이 변화할 수는 있어도 결국 본질적인 가치는 동일하다고 강조했다. 그는 "교육은 '교육자'가 아닌 '학습자'에, '교과목'이 아닌 '학습자가 당면하게 되는 문제'에 집중할 때 그 본질을 찾을 수 있다"고 설명했다. 또한, 그는 "무엇보다도 미래에는 정형화된 학교 교육의 틀을 벗어나 삶 전체가 교육(학습)과 일체된 모습이 요구될 것이다"라며, 교육과 학습이 학생의 전유물로 취급되는 것이 아닌 평생에 걸쳐 일어나는 것으로 인식되어야 한다고 말했다.『사이언스타임즈』, 2018년 9월 25일

위의 인용문에서 말하듯이, 제4차 산업혁명 시대 교육의 핵심어는 '학습자', '학습자가 직면한 문제', '평생교육'이라고 할 수 있다. 교육자의 역할은 축소되고 학습자가 교육에서 중심이 될 것이며, 교육 내용은 정형적인 어떤 것이 아니라 학습자가 당면한 문제가 되고, 교육의 시기는 시대변화에 적응하는 삶을 위한 평생교육으로 이루어질 것으로 예측할 수 있다.

평생교육의 필요성은 이미 오래전부터 논의되어 왔었다. 시대의 변화에 적응할 수 있는 교육으로서 평생교육은 지식과 정보의 변화 속도가 빠를수록 교육 내용이 급속도로 변화하고 지속적인 교육이 필요한 구조를 말한다. 그러나 제4차 산업혁명의 시대에는 이러한 지식과 정보를 습득하여 생산하기 위한 교육이 아니라, 자신의 삶을 향유하고 삶의 의미를 발견하는 데 초점을 맞추는 평생교육이 중심이 될 것이라고 한다.

평생교육 체제에서 인간은 개인의 다양한 지적 호기심의 욕구를 스스로 충족시키기 위한 탐구역량을 개발하고 향상시키는 자율적 역량을 강화시켜야 할 것이다. 무한한 정보와 지식을 선별하여 직업에 연계시키고 개발하는 자율적 역량이 중요하기 때문이

다. 그러므로 제4차 산업혁명 시대에서는 교육의 대상인 인간상은 목적 지향적이고 능동적이며 상호 협력하는 탐구적 자율인이어야 할 것이다.석태제, 2017: 10

제4차 산업혁명은 인류에게 무엇이든 배울 수 있는 시간적인 여유가 있는 사회시스템을 제공할 것이며, 노동보다는 배움 그 자체나 여가를 즐기는 일에 시간을 투자할 수 있는 삶을 선사할 수 있는 시대이다. 그러므로 무엇에 시간을 투자하느냐에 따라서 인류가 직면하게 될 삶의 질이 달라질 수 있다. 또한 이러한 물질적인 풍요를 어떻게 공유하고 어떻게 협력하여 함께 공존하는 삶을 살 것인지에 대한 지혜를 찾을 수 있는 기회를 교육이 제공해야 한다.

초등학교 인성교육의 의미

현대 사회 초등교육에서는 다양한 교육 목표를 수립하고 충실히 수행하기 위한 다각적인 방법을 모색하고 있다. 초등교육이 학생들의 기초교육을 담당하고 있기 때문에 사회에서 갖추어야 할 기초적인 소양을 함양하는 데에 초점을 맞추고 있다. 최근에는 창의인성교육의 필요성이 부각되었고, 교육현장에서도 필요성에 부합하기 위한 교과과정 개발이 활발하게 이루어졌다.

최석민2013은 우리나라 창의인성교육의 176개 수업지도안을 분석하여, 현행 창의인성교육의 실태를 진단하였다. 그는 연구에서 창의성 교육의 다양한 접근의 필요성과 교사의 지성적 기획의 필요성을 제기했다. 현행 창의인성교육에서 방법의 다양화가 요구되고 있다. 창의인성교육이 통합적으로 진행되는 과정에서 창의와 인성 가운데 어디에 목표의 가중치를 두어야 할 것인지, 이러한 교사의 지성적 기획이 영향을 미칠 수 있는 반성적 실천을 통한 교과과정의 수정과 변형이 가능해야 한다.최석민, 2013: 381-382

초등학교 인성교육의 실태

초등학교의 인성교육 실태는 어떠한가? 엄상현[2014]은 우리나라 초등학교 인성교육의 운영은 학부모들의 교사에 대한 불신과 잦은 교육정책의 변화라는 조건에 영향을 받고 있음을 밝혔다. 그리고 인성교육을 실시하고 있는 교사들의 전문성 및 정보 부족 등으로 인해서 지금까지 인성교육은 교사의 개별적인 전략에 의존하는 경향이 있으며, 교사 간 불균형적으로 실행되는 경향이 나타난다고 분석했다.엄상현, 2014: 85 현실적으로 초등교육 현장에서 이루어지는 교육이 생활지도, 인성교육, 특정 교과목 교육의 경계가 불분명하다는 평가이다.

물론 인성교육이 반드시 생활지도나 특정 교과목 교육 내용과 분명한 경계를 그려야 할 필요는 없을 것이다. 다만 인성교육의 목표를 분명하게 제시하고 목표 달성의 과정에서 학생의 자질과 실행 방법이 실질적인 교육 효과를 발휘할 수 있도록 체계화될 필요는 있다. 교육 주체인 교사의 전문성 확보는 인성교육의 실질적인 성과를 극대화하고, 교육 수요자인 학생의 인성 함양에 대한 자기 필요성을 인식하도록 하는 데 영향을 미칠 것이다.

초등학교에서 실시하고 있는 개별 교사의 인성교육 원리를 분석한 결과, '교사와의 신뢰, 감성 공유, 교감', '사회 풍토 속에서 저절로 보고 배움', '학교생활에 만족을 주는 자긍심에 기초', '인지적 성장 과정과 더불어', '교사의 열정, 사명, 일관성', '학생 개인차 고려' 등으로 나타났다.^{엄상현, 2014: 95} 이 연구가 특정한 사례연구를 기반으로 한 분석이기 때문에 초등학교 인성교육을 완전히 대변한다고 할 수는 없겠지만, 일반적으로 초등학교 현장에서 볼 수 있는 인성교육의 원리가 여기서 크게 벗어나지는 않는다고 할 수 있다.

교사의 열성에 의존하고 체계적이고 행정적인 대응이 약한 상황 아래에서 이루어지고 있는 인성교육은 지속성 및 효과성에서 긍정적인 기대를 하기는 힘들다. 이러한 초등학교 인성교육의 현실은 다시 인성교육은 무엇이며, 왜 인성교육을 초등교육에서 강조해야 하는가의 질문과도 연결된다.

인성교육의 본질

인성교육의 본질은 무엇인가? 인성교육은 본성회복을 목표로 하는 교육이다. 인간 본성의 회복이라는 인성교육의 목표는 현실 학교교육의 실상과는 배치되는 면이 없지 않다. 오늘날 학교는 학업스트레스, 집단따돌림, 스마트폰 중독, 학교폭력, 학교 부적응 등 부정적인 요소들로 점철되어 있다. 이러한 학교의 위기상황에서 학생들을 벗어나도록 도울 수 있는 방법은 본성회복을 목표로 하는 인성교육이라고 할 수 있다.

특히 인성교육이 초등교육에서 중심이 되어야 하는 이유를 생각해 보면 다음과 같다. 먼저, 인성교육은 초등교육이 담당해야 하는 생활교육에 대한 실질적인 해답을 제공할 수 있다. 일상생활의 의미와 가치를 발견하고 자신의 도리를 배우는 인성교육에서 학생들은 절도節道에 맞는 삶을 배울 수 있다. 절도에 맞는 삶이란 인간관계의 순리와 위치를 배우고 그 질서를 바탕으로 관계를 형성하고 예의를 지켜서 사회질서에 부합하는 것이다. 이러한 절도에 맞는 삶 또한 생활교육의 범주에 포함된다.

　이와 같은 생활교육은 이론교육이 아니라 몸으로 익히는 교육이며 자기교육이라고 할 수 있다. 스스로 몸에 체화한 일상생활의 예의범절을 실천하는 과정에서 자연스럽게 인성 함양의 효과를 거둘 수 있다. 이러한 인성교육은 초등교육의 기초교육으로서의 역할을 가장 잘 드러내는 교육이며, 초등교육에서 가장 중요한 교육 내용이라고 할 수 있다.

2.
생활교육을 통한 인성교육을 하다

『소학』 교육의 특징

『소학』에서는 배움의 중요성을 강조하고 있다. 배움의 중요성을 강조한다는 점에서 『소학』은 유교경전으로서의 강령을 잘 보여 주고 있다. 『소학』에서는 무엇을 배워야 한다고 말하는가? 바로 경敬공부를 말하고 있다. 그렇다면, 경공부는 무엇인가? 궁극적으로는 나의 마음, 즉 내면으로 관심을 기울이는 공부이다. 경공부는 이러한 궁극의 목표에 도달하는 방법으로 일상생활의 모든 순간에 깨어서 자각하는 것이다.이현지, 2018: 319

『소학』의 경공부는 일상생활에 대한 생활교육에서 시작하고, 이 생활교육을 몸에 익히고 삼가는 것으로 머무는 것이 아니라, 『대학大學』에서 말하는 유가교육의 목표를 궁구하는 기본 바탕이 되는 것이다. 다음 구절에는 그러한 『소학』의 궁극적인 목표가 잘 드러나고 있다.

배우는 자가 진실로 여기에 맛을 두어, 동動과 정靜을 반드시 경敬으로 하고 잠깐에도 반드시 경敬으로 하여 나의 출입하는 마음을 거둬들이고 나의 바르고 옳은 근본을 세워, 오늘 한 가지

공부를 하고 내일 한 가지 일을 하여, 알지 못하고 깨닫지 못하는 사이에 마음靈臺이 편안해지고 안팎이 밝게 통하면, 대학大學에 나아가서 이른바 몸을 닦고 집안을 가지런히 하고 나라를 다스리고 천하를 평안히 하는 방법을 다만 한 번 들어서 조치하면 되는 것이다.『小學』, 御製小學序

『소학』과 생활교육

주자朱子는 『소학』을 집필한 친구 유청지劉淸之의 글을 수정하고 보완하여 해제를 덧붙이고 완성했다. 『소학』은 일상생활을 바탕으로 하는 구체적인 유가적 행동규범을 다루고 있으며, 궁극에는 『대학』에서 논하고 있는 유가사상의 이상을 구현하는 것과 연계되어 있다. 『대학』에서 말하는 신분에 관계없이 모두 자신의 몸을 닦는 것을 근본으로 삼는 삶이 『소학』의 구체적인 일상에서 비롯됨을 알 수 있다.홍승표, 2016: 127

주자의 소학은 강령이 매우 좋아 일상생활에 가장 절실하니, 비록 대학의 성공에 이르러도 또한 여기에서 벗어나지 않는다.『小學』, 總論

『소학』의 강령이 좋아 일상생활에 절실한 것이라고 한다. 『소학』에서 일상생활에 주목한 이유는 무엇일까? 일상생활에 주목한다는 것은 공부의 목적이 삶과 분리되어 있지 않다는 것을 말한다. 다시 말해서, 이론에 치중하여 지식을 쌓는 교육을 목적으로 하는 것이 아니라, 공부의 핵심이 자신의 삶을 변화시키고 본성을 회복하는 실천적인 교육이라는 점이다.^{이현지·박수호, 2014: 192).}

이와 같은 『소학』 교육의 성격은 인성교육과 완전히 부합한다. 인성교육 또한 일상생활과 직결되어 있기 때문이다. 인성교육의 목적은 우리의 삶과 분리되지 않는다. 따라서 자신의 내면으로 관심을 기울이고, 자신을 만나는 일이 공부의 궁극적인 목적이 된다.

육구연이 말했다. "옛날에는 자제를 가르칠 적에 말을 하고 밥을 먹을 때부터 곧 가르침이 있어, 물 뿌리고 쓸며 응하고 대답하는 따위에 이르기까지 모두 익히는 바가 있었다. 그러므로 장성해서 말하기가 쉬웠었는데, 지금 사람들은 어려서부터 다만 대구對句 짓는 것만 가르치고, 점점 자라면 곧 허탄한 글을 짓도록 가르치니, 이는 모두 그 성性의 바탕을 무너뜨리는 것이다."『小學』, 總論

위의 구절은 일상생활을 바탕으로 하는 몸에 익히는 교육이 가지는 의미를 피력한 것이다. 『소학』을 집주했던 당시에도 어린 시절부터 대對를 맞추는 시의 글귀를 짓는 공부에 힘쓰게 함으로써 허망한 글을 짓는 능력만 키우는 지식교육의 폐단이 있었다.

3.
절도節道교육으로 인성교육을 실천하다

절도교육과 인간관계

절도節道교육은 예절에 대한 모든 절차와 질서에 대한 교육으로 인간관계의 기본을 형성하는 데 기여한다. 현대 사회는 절도가 무너짐으로 인해서 인간관계의 악화와 파괴라는 극단으로 치닫는 양상도 드러나고 있다. 현대 사회가 개인을 존중하고 개인의 자유를 보장하는 면에서 이전 사회보다 나아진 면은 충분히 인정할 수 있다. 그러나 그 과정에서 인간관계의 도리를 지키고 유지하는 것의 가치와 의미는 간과하는 경향이 나타나고 있다.

아이러니하게도 개인의 존엄성을 인정하고 자유를 보장하는 과정에서 빚어진 예절의 붕괴로 인해, 결과적으로 인간관계 파괴와 인간 소외라는 사회문제가 심화되고 있다. 이러한 문제에 대해,『소학』에서 해답을 찾는다면 바로 문제의 본질적인 해법으로 '절도'를 말할 수 있다. 그렇다면, 절도란 무엇인가?『소학』의 다음 구절을 보자.

옛날 소학교에서 사람을 가르치되, 물 뿌리고 쓸며 응하고 대답하며 나아가고 물러나는 예절과 어버이를 사랑하고 어른을 공경하며 스승을 높이고 벗을 친히 하는 방도로써 하였으니, 이는 모두 몸을 닦고 집안을 가지런히 하고 나라를 다스리고 천하를 평안히 하는 근본이 되는 것이다.『小學』, 小學書題

『소학』에서 말하는 예절교육의 핵심은 일상생활에서 출발하며, 어버이·어른·스승·벗과 같이 기본적인 인간관계에 대한 구체적인 예절이다. 또한 이러한 인간관계에 대한 도리를 잘하는 것이 자신을 수양하는 일에서 출발하여 집안을 돌보는 일로, 그리고 나라를 다스리는 일로 나아가며, 궁극에는 천하를 평안히 하는 것이라고 한다.

일상 예절과 예의 이상

『소학』의 강령은 『소학』과 『대학』의 관계를 밝히는 데에도 고스란히 적용된다. 『소학』에서의 가르침은 구체적인 일상의 교육에서 출발하고 그것은 곧 천하를 운용하는 『대학』의 정신에 닿는다는 것이다. 『소학』은 구체적인 덕행의 중요성을 다루고 있으며, 『대학』은 덕행의 근거가 되는 원리를 탐구하는 목적을 두고 있다.김종선, 2008: 22 다음 구절에는 『소학』과 『대학』의 관계에 대한 이러한 관점이 잘 드러나고 있다.

옛날에 가르침은 소학이 있고 대학이 있었는데, 그 도는 하나일 뿐이다. 소학은 곧 일이니, 이를테면 임금을 섬기고 부형을 섬기는 등의 일이요, 대학은 이 일의 이치를 밝히는 것이니, 그 상면上面으로 나아가 임금을 섬기고 부모를 섬기는 등의 일이 어떠한 것인가를 강구하여 곡진하게 하는 것이다.『小學』, 總論

이상에서 말하는 핵심적인 내용은 인간관계의 의미를 설파하고, 임금과 부모를 섬기는 일을 정성스럽게 할 것을 권하는 것이다. 인륜을 지키는 것을 통해서, 유가사상의 근본 원리를 이해하는 데까지 나아갈 수 있다. 그 출발점은 나를 있게 해 준 부모에 대한 효에서 시작하며, 인간으로서의 절도를 지킴으로써 사람다운 사람이 될 수 있다고 보았다.

『소학』「입교」에는 다음과 같이 인륜의 중요성을 강조하는 구절을 다양하게 포함하고 있다.

> 맹자가 말했다. "사람에게 도리가 있음에 배불리 먹고 따뜻이 입어 편안히 살기만 하고 가르침이 없으면 금수에 가깝게 된다. 그러므로 성인이 이를 근심하시어 설契로 사도司徒를 삼아 인륜을 가르치게 하셨으니, 부자 간에는 친함이 있으며, 군신 간에는 의리가 있으며, 부부 간에는 분별이 있으며, 장유 간에는 차례가 있으며, 붕우 간에는 신의가 있는 것이다."『小學』,「立敎」: 『孟子』,「縢文公上」

위의 구절과 같이 『소학』에서는 매우 구체적으로 다섯 가지 인륜의 행동강령을 말하고 있다. 옛 성인들이 인륜을 가르친 이유는 각각의 관계에 부합하는 예의를 알고 행하는 것이 더불어 살아가는 삶의 기본 바탕이 되기 때문일 것이다.임영빈, 2017: 60 인륜의 중요성을 설파한 다음 구절을 보자.

> 공자가 말했다. "제자가 집에 들어가서는 효도하고 나와서는 공손하며, 행실을 삼가고 말을 미덥게 하며, 널리 여러 사람을 사랑하되 인仁한 자를 가까이할 것이니, 이것을 행하고 여력이 있거

든 이를 써서 문文을 배워야 한다."『小學』,「立敎」:『論語』,「學而」

　주자는 이 구절에 대한 주석에서 스스로의 직분을 닦지 않고 글을
먼저 배우고자 하는 것은 위기爲己의 공부가 될 수 없음을 단호하게
말한다. 스스로의 직분을 다한다는 것은 인륜에 어긋나지 않도록 예
를 실현한다는 의미이다. 『소학』은 유교 윤리 개론서로서 의미를 지니
고 있다. 바로 경敬과 효孝를 강조하는 윤리 교재라고 할 수 있다.석은유,
2010: 25 유교 윤리의 핵심은 오륜五倫을 밝히는 것이며, 명륜明倫을 거
경居敬으로 이루고자 한 것이다.

4.
자기교육으로 인성을 함양하다

자기교육

유학의 목적은 수기치인修己治人의 군자가 되는 것이다. 이러한 목적에 달성하고자 하는 유가에게 있어서, 『소학』은 어떻게 자신을 닦을 것인지에 대한 구체적인 덕행을 다루고 있는 교재이다. 이러한 『소학』의 강령은 올바른 삶의 도를 자신의 삶에서 실천한다는 의미에서 자기교육을 중시한다.이해욱, 2008: 55 『소학』에서, 실천이 없는 공부란 의미가 없다. 행동으로 실천하는 것의 중요성을 강조하는 다음 구절을 보자.

> 자하가 말했다. "어진 이를 어질게 여기되 여색을 좋아하는 마음과 바꿔 하며, 부모를 섬기되 그 힘을 다하며, 임금을 섬기되 그 몸을 바치며, 친구와 사귀되 말함에 성실함이 있으면, 비록 배우지 않았다고 말하더라도 나는 반드시 그를 배웠다고 이르겠다."「小學」,「立敎」;「論語」,「學而」

위의 구절은 글을 배우는 것보다는 행동으로 어진 이를 존경하고,

부모를 잘 섬기며, 몸 바쳐 임금을 섬기고, 성실하게 친구와 사귀는 것이 더 중요하다는 것을 말하고 있다. 특히 『소학』에서는 효의 실천을 강조하는 구절이 많다.

> 공자가 증자에게 말했다. "신체와 모발과 살은 부모에게서 받았으니, 감히 훼상하지 않는 것이 효의 시작이요, 몸을 세우고 도를 행하여 후세에 이름을 드날려 부모를 드러나게 하는 것이 효의 마지막이다."『小學』,「明倫」:『孝經』

위의 구절은 효를 실천하는 것이 자기자신을 잘 돌보는 것에서 시작한다고 말한다. 자기자신을 잘 돌보는 것은 자신의 몸을 잘 돌보는 가시적인 행동으로 시작하여, 유가의 이상적인 인간에 부합하게 살고 뜻을 펼쳐서 부모의 이름을 높이는 일로 마무리한다.이영노, 2003: 46 이 과정에서 스스로가 유가사상의 실천가가 되는 자기교육의 성과를 거둘 수밖에 없다. 실천을 통한 자기변화 및 자기성장을 자연스럽게 동반하게 된다.

효의 실천과 자기교육

효의 실천에 대한 위 구절에 대해서, 『소학』에서는 더욱 분명하게 다음과 같이 해석하고 있다.

> 효는 부모를 섬김에서 시작되고, 임금을 섬김에서 중간이 되고, 몸을 세움에서 마친다.『小學』,「明倫」

'몸을 세운다'는 것의 의미는 세상으로부터 유교 윤리를 실천한 사람으로 인정을 받는다는 뜻이다. 즉 널리 이름을 알릴 만큼 훌륭한 인재가 된다는 뜻이며, 이는 또한 자신이 유교 윤리의 실천가인 도학자道學者의 삶을 산다는 의미이기도 하다.장윤수, 2015: 113 이러한 유교 윤리를 실천하는 첫 번째의 대상은 바로 자기자신이라고 한다.

공자가 말했다. "군자가 공경하지 않음이 없으나 몸을 공경함이 가장 크다. 몸은 부모의 가지이니, 감히 공경하지 않을 수 있겠는가, 그 몸을 공경하지 않으면 이는 그 어버이를 상함이요, 그 어버이를 상하면 이는 그 뿌리를 상함이니, 그 뿌리를 상하면 가지도 따라서 망한다."『小學』, 「敬身」: 『禮記』, 「哀公問」

자기 몸을 공경하는 일이 바로 유교 윤리를 실천하는 근본이라고 한다. 그것은 자기 몸이 있게 한 부모님에 대한 효를 실천하는 방법으로서 의미를 가진다. 자기 몸을 공경하여 부모에게 효를 실천하는 것은 글이나 이론을 배움으로써 확인할 수 있는 것과 달리 자기교육의 성과로 드러나는 것이다. 이러한 자기교육의 결과는 인간관계에 대한 예의로 표출된다. 다음 구절을 보자.

「관의」에 말했다. "무릇 사람이 사람이 된 까닭은 예의가 있기 때문이니, 예의의 시작은 용체를 바루며, 안색을 가지런히 하며, 말과 명령을 순히 함에 있다. 용체가 바르며, 안색이 가지런하며, 말과 명령에 순한 뒤에야 예의가 구비되니, 이것으로써 군신을 바루며, 부자를 친하게 하며, 장유를 화하게 한다. 그리하여 군신이 바루어지며, 부자가 친하며, 장유가 화한 뒤에 예의가 확립되는 것이다."『小學』,「敬身」:『禮記』,「冠義」

위의 구절은 인간다움이란 예를 구현하는 것에서 드러난다는 것을 말한다. 예의 시작이란 바로 자신의 얼굴과 몸을 바르게 하고 말을 순히 하는 것이다. 이와 같은 예의를 자신의 몸에 완전히 익힌 후에 인간관계의 적재적소에 맞는 예로 관계를 맺을 수 있다. 다시 말해서, 유교의 예를 자기교육하고 그 결과로서 다양한 인간관계의 절도에 맞는 도리를 할 수 있다는 뜻이다. 그렇다면 자기교육이란 어떻게 가능한 것일까? 다음 구절을 보자.

공자께서 한가히 계실 때에는 활짝 펴시고 얼굴빛을 화평하게 하셨다.『小學』,「敬身」:『論語』,「述而」

위의 구절에 따르면, 공자는 혼자 한가로이 있을 때에도 흐트러지지 않고 몸을 활짝 펴고 화평한 얼굴을 하고 있었다고 한다. 혼자 있는 시간이란 누구나 나태해지기 쉽다. 그러나 공자가 한가한 때에도 몸을 활짝 펴고 얼굴을 화평하게 하고 있었다는 것은 언제나 자신의 일상을 경敬공부의 장으로 삼았다는 것을 말한다.이현지, 2013: 323 이것은 유가사상의 실천을 한순간도 놓치지 않았음을 말하는 것이며, 실천을 목표로 하는 자기교육에 충실했음을 보여 주는 것이다.

인성교육에 대한 『소학』의 지혜

이 장에서는 인류의 문명 전환을 예고하는 제4차 산업혁명 시대의 초등학교 인성교육의 해답을 『소학』에서 탐색해 보았다. 제4차 산업혁명 시대는 인간 가치관과 세계관을 새롭게 정립할 것을 촉구하는 새로운 시대이다. 이러한 시대에 요구되는 인간상은 노동보다는 여가와 일상생활에서 삶의 의미를 발견할 수 있고, 공존하고 공감하며 협력할 수 있으며, 이러한 가치를 스스로 실천할 수 있는 존재이다.

이와 같은 제4차 산업혁명 시대의 인간상을 기를 수 있는 지혜를 『소학』에서는 생활교육, 절도교육, 자기교육이라는 측면에서 발견할 수 있었다. 이러한 세 가지의 지혜는 초등학교 인성교육이 가지는 특수한 상황에 대한 교육적인 해답으로서도 충분히 의미를 가지고 있다. 『소학』의 어떤 특징이 초등학교 인성교육의 대안으로서 의미를 가지는지를 살펴보면 다음과 같다.

『소학』은 구체적인 일을 중심으로 어떻게 행동해야 하는 것인가, 즉 어떻게 살아야 할 것인가에 대한 강령을 전달하고자 하는 목적을 가지고 있다. 이러한 특징은 초등학교 교육에서 방법적으로 활용할 수 있는 면이 많다. 초등학교 교육은 피상적인 논리를 주입하는 것보다는 현실적이고 구체적인 행동을 중심으로 구성되는 것이 그 효과 면에서 성과가 크다고 할 수 있다. 그러나 『소학』에서 말하는 구체적인 행동은 현재의 삶에 그대로 적용하기에는 맞지 않는 면이 많은 것도 사실이다. 따라서 지금 여기를 살고 있는 우리에게 활용도가 있는 인성교육의 해답으로서 의미를 찾기 위해서는 『소학』의 정신에서 부합하는 지혜를 발굴하되 세부적인 행동 강령은 현대화할 필요가 있다.

여기서 목적은 『소학』의 가치를 발굴하고 현대적으로 재조명하는 것이 아니라, 『소학』에서 발굴할 수 있는 제4차 산업혁명 시대의 초등학교 인성교육의 지혜를 찾는 것이다. 앞에서 밝힌 생활교육, 절도교육, 자기교육이라는 세 가지의 핵심적인 가치를 현대 초등학교 인성교육에 적용하기 위해서는 오늘날의 초등학교 현장의 상황과 요구에 맞는 내용으로 재구성해야 할 필요가 있다. 이 작업은 생활교육, 절도교육, 자기교육을 목적으로 하는 초등학교 인성교육 프로그램을 개발하는 새로운 연구에서 가능할 것이다.

『소학』의 인성교육적 가치

본격적인 연구는 다음 과제로 미루고 여기서는 생활교육, 절도교육, 자기교육의 관점에서 『소학』의 가치를 간략하게 살펴보도록 하자. 이에 대한 가치를 밝히는 연구는 비교적 풍부하며 선행연구들은 다각적으로 성과를 거두었다. 그러한 성과에 덧붙여서, 향후 초등교육 현장에서 활용할 수 있는 구체적인 프로그램의 개발에 다음 내용들을 포함시킬 수 있을 것이다.

먼저 생활교육의 측면에서 다룰 수 있는 내용은 다음과 같다. 첫째, 친구나 부모님에 대한 감사의 마음을 담은 일기쓰기와 전달하기, 둘째, 자기 생활에서 실천할 수 있는 정리정돈의 목표를 스스로 세우고 실천한 것을 발표하기, 셋째, 일상에 대한 스스로의 규칙을 정하고 실천한 것을 기록하기, 넷째, 나의 일상생활을 관찰자가 되어서 기록해 보기, 다섯째, 스스로의 생활에서 잘하고 있는 것과 개선해야 할 것을 작성하기 등이다.

다음으로 절도교육의 측면에서 개발할 수 있는 프로그램은 다음과 같은 것이 있다. 첫째, 매일 자신의 예절 점수를 스스로 측정하고 기록하는 수첩 만들기, 둘째, 친구나 가족에게 공손한 말과 바른 말로 진심을 담아 칭찬하고 자신이 한 칭찬활동을 발표하기, 셋째, 스스로 예의 바른 사람이 될 수 있도록 목표를 수립하고 실천한 내용을 작성하기, 넷째, 내가 지킨 예의를 관찰하고 나의 변화를 기록하기, 다섯째, 내가 가장 존경하는 사람의 존경할 점을 관찰하고 보고서를 작성한 후 그 내용을 예의를 갖추어 전달하기 등이다.

마지막으로 자기교육은 이상의 내용들을 단순히 목표를 수립하는 것에 그치는 것이 아니라, 실천하는 과정을 통해서 자기변화를 관찰하고 자신이 어떤 삶을 살고 있는지를 성찰하도록 지도하는 것이다. 이상의 프로그램은 학년별, 교육대상의 상황별로 더욱 다양하고 구체적으로 체계화할 수 있을 것이다. 이에 대한 구체적인 연구는 또 하나의 가치 있는 연구주제가 될 것이다.

이와 같은 생활교육, 절도교육, 자기교육은 반드시 『소학』이 아니라고 해도 교육의 이념을 발견할 수 있다. 그러나 『소학』을 통해서 이러한 교육을 생각하는 이유는 『소학』의 강령이 내포하고 있는 생활교육이 궁극적인 유교의 교육적 이상의 기본이 된다는 것과 절도교육을 통한 인간관계의 근본을 바로잡고자 하는 정신, 그리고 어떤 배움보다도 중요한 것이 스스로 실천하고 변화하고 행동하고자 하는 자기교육의 중요성을 근간으로 하고 있기 때문이다.

여기서는 제4차 산업혁명 시대의 사회구조적 변화에 의해서 요구되는 교육적 인간상을 길러 내는 데에 초등학교 인성교육에서 어떤 교육 목적을 수립할 수 있는지를 분석하는 것으로 주제를 제한하였다. 향후 본 연구에서 발굴한 생활교육, 절도교육, 자기교육을 목적으로 하는 초등학교 인성교육 프로그램을 개발하고 교육현장으로 확산한다면, 『소학』은 오래되었지만 미래교육에 이바지할 수 있는 바가 클 것으로 기대된다.

제4장
초등사회과 생활교육

1.
초등사회과 생활교육의 답을 찾다

교육사상가로서의 율곡

율곡은 당시 사회가 직면한 부조리한 면을 개혁하고자 했다. 그는 조선 중기사회의 사회적 모순을 해결하고자 하는 문제의식을 가진 경세가經世家였으며, 사회개혁을 통해서 시대의 문제를 해결하고자 했다. 율곡은 정치, 교육, 군사 등 모든 영역에서 사회개혁을 실시할 것을 주장했으며, 개혁을 통해서 더 나은 사회를 건설해야 한다는 생각을 가진 개혁적인 사회사상가이다.

율곡의 시대정신은 전현대의 문제를 극복하는 것에 초점을 맞추고 있다는 점에서 현대적인 의미가 크다. 그러나 여기서 주목하고자 하는 것은 율곡 사회사상의 탈현대적인 가치이다. 전현대 사회를 살았고, 전현대 사회의 문제를 극복하고자 했던 율곡의 사회사상에서 어떻게 탈현대적인 가치를 발굴하고자 하는 것일까? 다음과 같은 세 가지 측면에 주목해 보자.

첫째, 율곡은 당시 사회적 모순에 굴복하지 않고 사회개혁을 통해서 더 나은 사회에 대한 비전을 모색하고자 했다. 이러한 율곡의 시대정신은 당시의 사회체제와 사회관계 등 구조적 조건을 고정불변의 실체로 인식하지 않았다는 점에서 의미가 있다. 만약 율곡이 당시의 시대상을 불변의 고정된 것으로 인식했다면, 개혁에 대한 의지를 가질 수 없었을 것이다. 즉, 율곡의 시대정신은 현대를 사는 우리에게 현대의 모순과 문제를 해결하기 위한 비전을 모색해야 하고, 그리고 할 수 있다는 사회사상가다운 비전을 제시해 준다.

둘째, 율곡의 사회사상에는 현대 사회가 직면한 문제를 해소할 수 있는 대안적인 관점이 내재해 있다. 필자는 그것이 탈현대적인 관점이라고 생각하고 그 점에 주목하여 율곡 사회사상을 분석해 보고자 한다. 오늘날 사회학은 시대를 걱정하고 미래를 위한 비전을 제시하는 데에서, 근본적인 한계에 직면해 있다. 현대적인 세계관에 입각한 현대 사회가 발전하면 할수록 현대의 모순은 확대되고 있으며, 현대인의 삶은 소외되고 있다. 그 이유는 현대 사회의 문제의 출발점이 바로 현대적 세계관이기 때문이다. 현대 사회는 자가당착적인 모순에 직면한 채, 어디로 나아가야 할지 방향을 상실했다. 이러한 문제를 해소할 수 있는 방법은 새로운 문명의 건설과 탈현대 사회로의 비전을 모색함으로써 가능할 것이다. 여기서는 탈현대 문명의 세계관적 토대를 율곡사상에서 탐색해 보고자 한다.

셋째, 율곡 사회사상은 매우 구체적인 일상에 토대를 두고 있으며, 실천을 강조한다. 현대 사회를 지배하고 있는 현대적 사회사상은 개인을 분리·독립된 개체로 인식하고 개인과 사회를 이분법적으로 나눈다. 더 좋은 세상을 만드는 방법에서도 사회구조적인 개혁에 방점을 두고 있다. 현대 사회사상 가운데도 개인의 역할에 관심을 기울이는 사상이 있지만, 그 또한 개인과 사회를 적대적인 대립의 관계로 인식하기 때문에 개인과 사회의 이익이 갈등하고 충돌한다는 인식의 한계에 머물러 있다.

율곡의 사회사상

율곡의 사회사상은 매우 구체적인 개인의 삶에서의 개혁을 강조하고 있으며, 자신의 사회사상과 삶이 유리遊離되지 않았다.이동인, 1995: 915 그는 스스로의 삶을 경계하기 위한 구체적인 방법으로 〈자경문自警文〉을 집필했으며, 그런 신념을 바탕으로 성리학에 전념하는 삶을 살았다. 〈자경문〉은 율곡이 학자로서의 자기 삶을 경계하는 17개의 조목으로 구성하였다. 그는 수기치인修己治人의 정신에 입각하여, 지속적으로 자기 수양에 매진했으며, 그러한 개인의 변화를 바탕으로 해서 더 나은 세상을 만들 수 있다고 생각했다.

율곡은 시대에 안주하지 않고 개혁을 추구하고자 했기 때문에, 입장을 달리하는 지배층의 탄핵을 받았다. 그러나 그가 진정으로 두려워한 것은 백성들과 후학이었으므로, 당시의 지위와 위세에 연연하지 않았다. 그 결과, 세계의 원리와 진리를 밝히고자 하는 학자로서, 시대의 문제를 극복하는 비전을 제시하는 사상가로서 종적을 남길 수 있었다. 율곡은 오로지 더 나은 사회를 근심하고 대안을 탐색하는 큰 사상가였다고 할 수 있다. 그렇다면, 이러한 율곡의 사회사상이 오늘날 현대 사회가 직면한 문제를 어떻게 해결할 수 있는 해법이 될 수 있다는 것인지 다음 장에서 현대 사회의 문제를 살펴보도록 하자.

현대 사회의 문제

오늘날 현대 사회는 총체적인 난국에 직면해 있다. 나날이 증가하는 자살률과 확대되고 있는 빈부격차, 그리고 사회적 위기의식과 불안감은 현대 사회를 피로사회라고 부르는 데 이의를 제기하지 못하도록 한다. 현대 사회가 인류의 역사 이래 물질적으로는 가장 풍요로운 시대임에도 불구하고, 현대인은 불행하고 경쟁에 내몰리며 인간적인 소외로 고통을 받고 있다. 물론 전현대 사회의 구조적인 불평등이나 차별이 어느 정도는 해소되었으며, 어느 정도의 인간적인 삶을 위한 조건이 보장되었다는 점에서 현대적인 세계관은 기여한 바가 크다. 지금 우리가 문제로 삼는 것은 현대적인 세계관이 지속되고 목표로 추구되는 오늘날 드러나는 현대적인 고통이다.

2015년 1월 8일 이슬람 극단주의자의 프랑스 주간지 '샤를리 에브도' 테러 이후에 전 세계는 다시 한 번 테러에 대한 두려움에 떨고 있다. 이 사건은 표현의 자유에 대한 논란을 야기하기도 했지만, 프랑스의 이민자통합정책의 실패에 기인했다는 시각이 압도적이다. 언론의 논평대로 용의자 3명이 프랑스에서 나고 자라는 과정에서 경험한 차별에 대한 분노의 표출로 비인간적이고 폭력적인 테러를 선택했다는 사실을 간과해서는 안 될 것이다.

이러한 무차별적인 분노의 표출은 특정 사회의 문제라기보다는 전 세계가 직면하고 있는 병리적인 현상이다. 분열된 이슬람세계의 통일이라는 목적 아래 전 세계를 테러의 두려움으로 몰아넣고 있는 IS 무장단체, 한국의 극우성향 사이트 '일간베스트' 회원의 반인권적인 행동, 가족불화를 이유로 하는 가족살해, 사회와 불특정 다수에 대한 분노심으로 인한 묻지마 범죄, 극단적인 혐오주의 등은 전 세계가 빠져 있는 분노사회의 현실이다.

현대 사회문제의 원인

현대 사회는 왜 이러한 문제에 직면할 수밖에 없는 것일까? 이 질문에 대해서, 다음과 같은 이유를 말할 수 있을 것이다.

첫째, 현대 사회는 예禮가 무너진 사회이기 때문이다. 현대 사회에서 나타나는 많은 사회문제는 자기를 무시하고 상대를 무시하는 것에서 원인을 찾아볼 수 있다. 종교, 인종, 국적, 성별 등에서 드러나는 차이를 차별로 확대하려는 경향이 현대 사회를 지배하고 있다.

현대 사회에서 예가 무너질 수밖에 없는 이유는 인간을 욕망의 주체로 인식하기 때문이다. 현대 사회는 전현대 사회가 간과했던 인간의 욕망에 대해 긍정적으로 인식하고 인정하는 관점을 가지고 있다. 이러한 관점은 "인간의 영적이고 정신적인 면을 인간에 대한 인식에서 배제한 채, 배타적으로 인간의 감성적·물질적인 특징만을 강조하는 세속적 인간관"홍승표, 2012: 29이다. 이 관점으로 인간을 바라보면, 인간이란 자신의 욕망 충족의 극대화를 추구하는 존재이다. 이와 같은 인간관의 지배를 받는 현대인은 인간관계와 사회관계에서 관계의 파괴에 직면할 수밖에 없다.

둘째, 현대 사회는 관계가 파괴된 사회이기 때문이다. 오늘날 인간과 자연, 인간과 인간, 인간과 사회, 사회와 사회 간의 관계가 파괴된 양상이 심각하다. 상호 신뢰가 붕괴되고, 믿음을 상실했으며, 갈등과 투쟁이 드러나고 있다.

이러한 양상이 현대 사회를 지배하는 이유는 모든 관계를 분리·독립된 개체의 합으로 인식하고 있기 때문이다. 그로 인해, 현대 사회는 비인간화와 인간소외의 문제에 직면해 있다. 욕망의 주체로서 인간관은 자신의 욕망을 충족시키는 데에 삶의 목적을 두며, 모든 사회관계를 나와 분리·독립된 개체의 합으로 인식함으로써, 적대적 대립의 관계로 바라본다. 나를 둘러싼 세계는 투쟁을 통해서 정복하고 탈취해야 할 대상으로 인식된다. 이와 같은 이해관계의 대립에 의해, 현대인은 인간 소외를 경험하고 결과적으로 관계의 파괴로 인한 비인간화에 직면하게 된다.

셋째, 현대 사회는 교육의 근본을 상실한 사회이기 때문이다. 오늘날 현대 사회는 어떤 사람을 길러 낼 것인지, 어떤 세상을 만들 것인지에 대한 비전을 가지고 있지 못하다. 현대 교육은 몸값이 높은 직업인 양산을 목표로 치부하고, 현대 사회는 경제적으로 부유한 사회가 되는 것을 목표로 치부한다.

그로 인해서, 현대 사회는 교육 및 공부의 궁극적인 목적을 상실했다. 현대 사회에서 교육은 직업인을 양산하는 것에 초점을 맞추고 있다. 교육은 개인의 몸값을 높이는 도구로 전락했고, 현대인은 교육을 통해서 치열한 경쟁의 세계를 경험하게 된다. 오늘날 현대 교육의 목표를 비판하는 대안교육들마저도 이익-손해의 패러다임을 전제로 "아이들이 가진 천부적인 재능을 최대한 발현시키고, 실천이성을 통한 아이들의 도덕적 선의지를 최대한 고양시키는 것을 목표로 삼고 있다."^{정재걸, 2015: 34}

넷째, 현대 사회는 잘 산다는 목표의 혼란에 직면해 있다. 경제적인 측면에 국한해서 생각해 보더라도 현대 사회가 추구하는 잘 사는 삶은 도달할 수 없는 사회이다. 매년 세계 각국은 경제적인 성장을 목표로 발표하고 경제적인 확대를 추구한다. 그러나 끊임없이 확대해 나가는 사회의 양적 발전이라는 것이 가능할 수 있을까? 당연히 불가능하다. 그러기 위해서는 무엇인가를 파괴하고 새롭게 건설해야 한다. 파괴를 통해서라도 건설의 대상을 발굴하고자 하는 현대의 논리는 극단적으로 전쟁이라는 파괴적인 선택으로 드러나기도 한다.

이러한 현대 사회는 경제지상주의의 지배를 받고 있다. 개인과 사회는 이익을 극대화하는 것을 목표로 한다. 현대 사회에서 "사회란 각자 자신의 이익을 추구하는 개인들에 의해서 형성된 거래의 장이라는 시장"홍승표, 2011: 79이다. 이러한 관점에 의해, 돈·이윤·성장이 최상의 가치를 부여받으며, 개인과 사회는 무한 경쟁에 노출하게 된다. 경제지상주의는 균형 잡힌 경제관을 상실함으로써, 모든 가치를 경제 아래 놓고 경제적 이윤이 삶의 궁극적인 목적이 되는 주객전도의 양상을 초래한다.

이와 같은 현대 사회의 문제를 해결하기 위해서, 다음 장에서 율곡의 사회사상에서 그 해답을 찾아볼 것이다.

2.
인간의 본질을 이해하다

인간 본성에 대한 이해

유가사상이 일반적으로 가지고 있는 공통점은 인간 존재에 대한 인식에서 쉽게 발견할 수 있다. 인간의 본성에 대한 신뢰와 가능성에 대한 인정이다. 인간에 대한 신뢰가 잘 드러나고 있다는 점에서 율곡사상도 예외는 아니다. 율곡은 유가사상의 전통을 잇고 있는 인간 존재에 품부된 성性이란 하늘과 맞닿아 있다는 관점을 고수하고 있다.이현지, 2013: 322 『맹자』에서 말하고 있듯이, 율곡 또한 인간에게는 하늘의 속성이 내재해 있다고 본다. 다음 구절을 보자.

> 맹자께서 말씀하셨다. 그 마음을 다 하는 사람은 그 본성本性을 알고, 그 본성을 알면 하늘을 안다.『孟子』,「盡心」上

이 구절은 유가의 인간 존중 사상이 잘 나타나고 있다. 유가사상에서 인간은 천지만물과 통일체적 존재이며, 그것을 자각하고 도덕적인 존재로서의 삶을 살기 위해서 지속적으로 노력을 경주함으로써 인간다운 삶을 산다. 여기에는 누구나 성인이 될 수 있다는 입장이 내재해 있다. 그러므로 누구나 성인이 되기 위해서 끊임없이 노력을 기울여야 한다고 본다. 율곡의 도학적道學的 인간관에는 이러한 관점이 잘 드러나고 있다.

도학적 인간관

율곡의 학문은 "성리학 가운데서도 도통의식에 깃들인 실천적 성리학으로서의 도학道學이었다."윤사순, 1999: 45 그는 이론을 궁구하는 데에 그치지 않고 자신의 삶에서 실천하고자 했으며, 사회개혁을 위해서 일생을 매진하며 삶으로써 성리학을 실천하고자 하였다. 그는 자신의 삶을 통해서, 인간은 누구나 성인이 될 수 있으므로, 성인이 되기 위해서 노력을 기울여야 한다는 것을 성실히 보여 주었다. 다음 구절을 보자.

중인이 어찌 성인으로써 스스로를 기약하지 않을 수 있겠는가.『栗谷全書』 27,「擊蒙要訣」 82

율곡은 인간의 기질의 차이는 인정하지만, 성인聖人과 중인衆人의 본질은 하나라고 보았다.이동인, 2012: 75 이 구절은 모든 사람은 성인이 되려는 의지를 가져야 함을 강조하고 있으며, 이상적인 인간상으로 성인을 제시하고 있다. 그러므로 그는 누구나 수기修己하는 삶의 자세가 필요하다고 보았다. 이 지점에서 율곡의 실천성을 강조하는 철학적 입장이 고스란히 드러나고 있다.이선경, 2014: 103 율곡은 리理가 심心을 통해서 드러난다는 점에 주목함으로써, 리理를 드러낼 수 있는 마음의 움직임을 중시한다. 이에 율곡은 인간의 주체성을 강조하는 인간관을 피력한다. 본체로서의 리理를 추구하는 것보다는 시대와 현실의 조건에서 만들어진 가치와 규범으로서 현상화된 리理를 만들어 가고자 한 것이다. 이때, 리理를 잘 드러내고자 하는 초기의 마음이 지속되도록 하는 인간의 의지가 중요하다. 그래서 율곡은 입지立志를 끊임없이 강조하고 있다. 무엇에 대한 입지를 말하는 것일까? 바로 성인이라는 목표를 정립하고 도달하기 위해서 나아가는 것을 말한다.김경호, 2012: 285-286 율곡에게 있어서, 인간이란 도를 넓혀 나갈 수 있는 무한한 가능성이 있는 존재라고 할 수 있다.

올바른 인간이 되기 위한 조건을 논의한 〈경성훈警省訓〉에는 율곡의 인간관이 잘 드러나고 있다. 〈경성훈〉의 첫 번째 조목은 입지立志이다.

처음 공부를 하는 사람은 가장 먼저 뜻을 세워서 반드시 스스로 성인이 되고자 해야 하고, 조금이라도 자신을 작게 여겨서 물러서서는 안 된다.이상덕, 1993: 204

여기서 말하고 있는 입지는 스스로 참되고자 하는 실심의 노력을 말하는 것이다. 이러한 관점은 누구나 성인이 될 수 있다는 믿음 아래, 가장 먼저 입지를 우선한다면 그 목적하는 바를 이룰 수 있다는 것을 말한다. 위 구절에서 말하는 입지란 주자朱子의 설명과 맥락을 같이 한다. 『주자어류』에 다음과 같은 구절이 있다. "뜻을 세우는 것은 마치 배고플 때 먹고 목마를 때 물 마시는 것처럼 절실해야 한다. 그저 한가하다면 뜻이 서 있지 않을 것이다."황금중, 2014: 145

특히 율곡은 학문, 수기, 정치에서 군주의 입지가 치란治亂의 관건이 된다고 강조하여 입지가 가지는 중요성을 시사하고 있다. 이러한 율곡의 인간관은 그 당시 사회를 지배하던 신분제를 넘어서는 급진적인 입장을 가지고 있었다. 율곡은 당시의 신분제의 한계 속에서도 국민의 권익에 관심을 기울였고, 노비의 인권까지 인정하는 개혁적인 사상가였다.황의동, 2013: 250

3.
대동大同과 화和를 추구하다

관계의 원칙

율곡은 『격몽요결』의 「접인接人」장에서 초학들에게 인간관계를 맺는 방식을 일러 주고 있다. 이웃 사람과의 관계에서 가장 중요한 것은 화경和敬과 온공자애溫恭慈愛이다. 이러한 입장은 이웃 사람의 기질이 어떠하더라도 예외가 없이 적용하는 관계의 원칙이었다.[이동인, 2013: 138] 그러나 율곡은 정치를 펼침에 있어서, 조정의 신료에 대해서는 매우 엄격하고 냉정한 평가를 내렸다. 그 이유는 상대를 공격하기 위함이 아니라, 그러한 평가를 통해서 자신을 비추는 거울로 삼았기 때문이었다.

유가사상은 요순堯舜시대의 대동사회를 이상으로 삼고 있다. 율곡도 이러한 전통에서 벗어나지 않는다. 「위정공효爲政功效」장에서 율곡은 『예기』를 인용하여, 자신의 대동사회에 대한 이상을 구체화하고 있다.

대도가 행할 때에는 천하가 공평하게 되어 어진 이와 능한 이를 선발하여 신의信義를 강구하고 화목을 닦는다. 그러므로 사람들은 자기의 어버이만 어버이로 여기지 아니하고, 자기의 아들만 아들로 여기지 아니하며, 늙은이는 종신할 곳이 있고, 젊은이는 쓰일 곳이 있으며, 어린이는 자랄 곳이 있으며, 홀아비와 과부와 고아와 독신, 그리고 병든 불구자도 모두 부양될 곳이 있다. 이러므로 모략이 일어나지 아니하며, 도둑이 일어나지 아니하여 사립문을 열어 놓고 닫지 아니하니, 이것을 대동 大同이라 한다.『全書』,『聖學輯要』, 爲政 下

대동사회란 자타 自他를 나누지 않는 사회를 말한다. 율곡은 모든 존재를 분리·독립된 존재가 아닌 유기적으로 결합된 통일체로 인식하고 있다. 이러한 관점은 유가사상의 근본적인 관계관을 그대로 수용하고 있다.

이러한 율곡의 관계관은 和의 개념으로도 잘 드러난다. 조남국은 율곡의 화 和개념은 "본질의 문제, 인간 간의 관계, 인간과 대상의 관계, 사물(대상) 간의 관계가 화의 개념으로 요약된다"고 했다. 조남국, 2002: 107 율곡은 철학사상의 측면에서도 리기의 관계를 하나이면서 둘이고 둘이면서 하나인 관계로 보고 있다. 이에 대해서 조남국은 다음과 같이 설명하고 있다.

율곡은 이상과 현실의 양면을 분열시키지 않고 어떻게 균형을 이룰 수 있을까에 깊은 관심을 기울였던 것이다. 선후와 본말을 어떻게 알맞은 방법으로 처리할 수 있는가를 중요한 관심사로 여겼던 것이다. 여기에 분석과 종합을 아울러 볼 수 있는 리기의 묘가 율곡 철학의 특징으로 드러난다. … 그는 성격이 전연 다른 이원적 관계에 있는 리와 기를 동시에 긍정 포괄하면서 아울러 지양시키고 있는 것이다. 이처럼 율곡은 리기의 묘에서 기의 실재성

과 리의 초월성을 체인하여 이 양자를 조화의 관계에서 파악하고 있다.조남국, 2002: 117

율곡은 위와 같이 철학사상에서도 화개념을 적용하여, 리기를 상호 조화의 철학으로 이해하였다. 이러한 사상적 발전이 가능했던 이유는 그 자신의 삶이 자타를 포용하는 내면적 조화를 이루었기 때문이라고 볼 수도 있다.

화和의 의미

화의 개념은 『주역』의 「서합괘噬嗑卦」에서도 확인할 수 있다. 서합괘는 화합을 방해하는 것을 제거하고 진정한 화합으로 나아가는 道를 말한다.김석진 역주, 1997: 584 괘사에서 "서합은 형통하니 옥獄을 씀이 이롭다."『周易』, 「火雷噬嗑」라고 한다. 옥을 씀이 이롭다는 것은 현재의 문제를 극복하고 화합으로 나아가기 위한 구체적인 방법을 쓴다는 것을 말한다. 이 방법은 현대 사회가 직면한 문제를 인식하고, 그 문제를 극복할 수 있는 대안을 마련하는 것이다. 현대 사회가 직면한 대표적인 문제점은 관계 파괴로 인한 인간소외의 문제이다. 이를 극복하기 위해서는 비인간화를 초래한 현대적인 세계관을 극복할 수 있는 새로운 관계관을 모색해야 한다.

현대적 관계관은 인간을 분리·독립된 개체로 인식하고 사회를 이러한 개인들의 집합체로 이해한다. 따라서 모든 존재들을 이해관계가 대립되는 갈등과 경쟁의 관계로 인식하고 있다. 이러한 관점에서 보면, 사회는 단순한 개인의 합이다. 사회 구성원들은 자기 이익을 위해서 타자와 적대적으로 대립하게 된다. 그러나 사회관계를 분석해 보면, 경쟁과 갈등으로만 설명할 수 없는 서로의 존재가 서로를 있게 하는 면이 있다. 바로 상생과 상성의 관계이다.

율곡은 위정자는 사욕을 버리고 부모와 같이 백성을 자녀를 돌보듯이 보살펴야 한다고 말한다. 이러한 정치가 이루어지면 백성은 국가를 위해서 자신의 목숨을 바치는 것도 아까워하지 않을 것이므로, 오래도록 국가가 존립할 수 있다. 여기서 율곡은 위정자와 백성이 화和를 이룰 수 있도록 위정자가 백성을 존중하고 사랑하는 자세를 가질 것을 주문하고 있다. 율곡은 권력의 힘으로 백성을 지배할 수 있는 것이 아니라, 사랑으로 펼치는 위민정치가 위정자와 백성의 화합을 이끌어내어 국가가 발전할 수 있다고 말한다.조남국, 2002: 119-120

4.
행동과 실천을 노력하다

일상에서 실천 강조

율곡에게 있어서, 학문이란 사람다워지기 위한 길이며 일상생활의
바른 도리를 궁구하는 것이었다. 율곡은 일생을 학문에 뜻을 두고 자
신을 연마해 나갔다. 그래서 그에게 있어서 학문이란 행동과 실천[이동인,
2013: 22]을 뜻하는 것이며, 우리의 생활 속에 있는 것이며 삶 자체를 의
미하는 것이다. 『격몽요결』에서 율곡은 다음과 같이 말한다.

일상생활에서 그 마땅함을 따르는 것이다.[『全書』 27, 『擊蒙要訣』 序]

교육을 통한 이상사회의 건설과 인간다움을 실현하고자 하는 이념
은 유가의 이상 실현의 출발점이라고 할 수 있다.[이동인, 2004: 129] 이상적
인 삶이 공허하고 멀리 있는 것이 아니라, 일상생활에 밀접하게 자리
잡고 있다는 관점은 단 한 순간의 삶도 아무렇게나 되는 대로 하지
않았던 유학자들의 삶에 대한 경외심으로 잘 드러난다. 『논어』의 다
음 구절을 보자.

나는 열다섯 살에 학문에 뜻을 두었고, 서른 살에 자립하였으며, 마흔 살에 의혹하지 않았고, 쉰 살에 하늘의 뜻을 알았으며, 예순에 들으면 그대로 이해가 되었고, 일흔 살에 마음이 하고자 하는 바를 좇아도 법도에 어긋나지 않았다.『論語』,「衛靈公」

위 구절은 공자가 자신의 점진적으로 나아가고 변화 발전하는 학문 여정을 회고하는 것이다. "공자는 삶의 매 순간을 학문에 뜻을 두고, 도道를 구하고자 했으며, 스스로 체득하여 실천하고자 했다. 그는 가장 위대한 스승으로서의 삶을 살았음과 동시에 일생을 배움의 길을 묵묵히 걸었던 실천가였다."이현지·박수호, 2014: 179 여기서 관심을 기울여야 할 부분은 학문이란 일상생활과 유리되지 않고 자기 삶에서 실천하는 것이라는 점이다.

지식보다는 실천 중시

율곡은 사람들에게 학문을 함에 있어서, 식견이 넓지 않음을 염려하지 말고 실천이 독실하지 못함을 염려해야 한다고 힘주어 말하고 있다.이동인, 2004: 131 이는 사람들이 지식을 쌓는 것에 치중하여, 사람답게 잘 사는 학문의 근본에 무관심해질 것을 우려한 것이다. 『격몽요결』의 다음 구절이 율곡의 우려를 잘 보여 주고 있다.

입으로는 책을 읽었으되 마음으로 체득하지도 않고 몸으로 행하지도 않는다면, 책은 책이고 나는 그대로 나일 뿐이니 무슨 유익함이 있겠는가?『全書』27,「擊蒙要訣」四

어떤 지식을 얼마나 쌓느냐가 중요하지 않고, 삶의 근본을 바로 하는 도리를 알고 그것을 얼마나 잘 실천하기 위해서 노력하려는 자세를 가지느냐가 중요하다는 것이다. 바로 도학道學 공부를 말한다. 도학 공부의 특징은 사회적 성공과 같은 외적인 성취를 지향하는 공부가 아닌, 자기 내면의 수행을 통해서 궁극적으로 자기 자신과 만나고 삶의 진리를 찾는 공부를 말한다. 율곡은 도학 공부가 학문의 궁극적인 목적이 되어야 한다고 천명했지만, 과거시험과 같은 현실 사회에서 필요로 하는 공부를 전면적으로 부정하지는 않았다.

율곡은 과거의 폐단은 해결해야 하지만, 단기간에 해결할 수 없는 문제라고 생각했다. 따라서 과거제도를 거부하고 부정하는 것이 아니라 과거시험을 공부하여, 입신한 후 좋은 세상을 만드는 데 기여해야 한다고 생각했다. 즉 현실에 충실하되 도학 공부에 열중하여 자기 수행을 게을리해서는 안 된다는 입장이다.

율곡의 교육개혁

율곡은 교육에 대해서도 매우 개혁적인 사상을 주장했다. 선비교육의 중심은 도학을 중시해야 하며, 당시 출세 지향의 문화를 탈피해야 하고, 교육을 개방하여 교육의 기회에 차별이 없어야 한다고 주장했다. 율곡은 교육개혁의 첫 번째 조건으로 학교교육을 내실화하는 방안을 제안했다. 학교교육을 내실화하는 방법으로 교사의 자질을 높여야 한다는 구체적인 방안을 제시했다. 학교교육의 수준이 낮고 파행적으로 진행되는 문제가 발생하는 이유는 양질의 교사를 확보하지 못했기 때문이라고 보았다. 그러한 문제는 그 당시 교사에 대한 대우가 낮은 점에서 기인하므로, 교사에 대한 대우를 현실화할 것을 개혁안으로 주장했다.^{이현지, 2014: 415}

여타의 유가사상가와 마찬가지로 율곡 또한 서민교육의 필요성을 말하고 있다. 서민을 부유하게 하고 가르치는 것이 이상사회로 나아가는 발판이 된다고 보았다. 이러한 관점에서 율곡은 향약진흥에 대한 구체적인 방안도 제시했다.

그렇다면, 학문하는 사람은 어떤 자세를 가져야 하는 것일까? 율곡은 학문하는 사람이 가질 수 있는 병폐를 〈삼병훈三病訓〉에서 다음과 같이 경계하고 있다. 공부를 하면서도 뜻을 세우지 못하는 이유는 첫째, 믿지 않는 것이다. 글을 읽지만 실천하지 않기 때문에 나타나는 병폐이다. 둘째, 알지 못하기 때문이다. 학문이란 자기 하기에 달려 있음을 알지 못하기 때문이다. 셋째, 용감하지 못한 것이다. 낡은 습관을 고치고자 하는 용기가 없기 때문이다.^{이상덕, 1993: 200}

〈삼병훈〉을 통해서, 율곡이 전달하고자 한 것은 학문을 함에 있어서 스스로를 믿고 끊임없이 담금질할 용기가 필요하다는 말이다. 학문의 길에서 가장 위험한 선택은 스스로 안 될 것으로 생각하고 포기하는 것이라고 보았다. 올바른 인간이 되기 위한 10가지 조목을 말한 〈경성훈警省訓〉에서 그는 다음과 같이 선언적으로 말하고 있다.

사람이 이 세상에 태어나서 공부를 하지 않으면 사람다운 사람이 될 수 없다. 이른바 공부한다는 것은 이상하거나 별다른 것이 아니다. … 요즘 사람들은 공부하는 도리가 일상생활에 있는 것을 알지 못하고, 망령되게 높고 먼 데 있어 행하기가 어려운 것으로 생각한다. 그러므로 학문하는 것을 특별한 사람에게 미루고, 자기에 안주하고 포기하니 어찌 가히 슬퍼하지 않겠는가?^{이상덕, 1993: 203}

위의 구절을 통해서 율곡은 학문을 이루지 못하는 경계를 스스로에게 하고 있다. 〈경성훈〉의 서론에서 자신이 스스로 일상에서 충실하고 그날그날의 공부를 성실히 하며 낡은 습관에 얽매이는 것을 경계하고 반성하려고, 이 글을 썼다고 밝히고 있다.

경제관-부족함이 문제가 아니라 고르지 못함이 문제

유가에서는 인간의 삶에서 경제적인 안정이 매우 중요하다는 것을 인정하고 있다. 따라서 경제적인 성취를 이루는 것에 대해서 부정하지는 않았다. 고로 유가의 경전에는 백성들이 배불리 먹을 수 있도록 농사를 짓도록 지도하거나 가축을 기르고 노약자를 부양하는 것에 대한 구절이 빈번히 등장한다. 경제적 안정이 치국의 기본 바탕이 되어야 한다고 본 것이다.

그러나 유가의 경제관은 더 많은 생산에 집중하지 않는다. 즉 백성들에게 안정적인 생활을 제공해 주고자 하는 경제관을 토대로 하지만, 언제나 부족함이 문제가 아니라 고르지 못함이 문제라는 점을 인식하고 있었다. 『논어』의 다음 구절을 보라.

나는 들으니, 나라를 소유하고 집을 소유한 자는 백성이 적은 것을 근심하지 않고 고르지 못한 것을 근심하며, 가난한 것을 근심하지 않고 편안하지 못한 것을 근심한다고 한다. 고르면 가난이 없고, 화합하면 적음이 없고, 편안하면 기울어짐이 없다.『論語』, 「季氏」

율곡 또한 이러한 경제관을 견지하고 있다. 그 당시 농촌경제의 파탄과 국가경제의 혼란을 격렬하게 비판했으며, 백성에게 경제적으로 안정된 삶을 살 수 있는 기반을 조성해야 한다고 했다.

율곡은 자신의 경제관을 정리하는 별도의 저술을 남기지는 않았다. 하지만 그의 저술 곳곳에서 유가적 전통을 지키면서도 율곡만의 강조점이 두드러지는 경제적 관점을 쉽게 발견할 수 있다. 『성학집요』에서는 왕자의 정치는 백성들의 힘든 일을 줄여 주고, 백성들의 생산을 후하게 해 주어서, 백성들이 풍족하여, 본연의 마음을 보존하게 하는 것이라고 했다. 즉 정치의 궁극적 목적은 생민生民이다.

이와 같이 율곡 또한 백성의 삶에 대해 관심을 기울이고 덕치를 실현하겠다는 입장은 유가사상가의 경제관과 다름이 없다. 유학자들의 저술이 대부분 위정자와 지식인을 대상으로 하고 있다는 점 또한 공통점이다. 그러나 율곡의 저술은 치자治者에게만 국한되지 않고 서민들에게도 그 역할을 부여하고 있다는 점에서 특징이 있다. 율곡은 경제적 안정을 위해서는 치자의 선정善政도 중요하지만, 백성들 스스로 인륜을 지키면서 자발적으로 경제문제를 해결하려는 의지가 필요하다는 것을 말하고 있다.조남국, 1994: 312-313 맹자 또한 경제적인 문제와 인륜의 문제를 분리하지 않았다.황의동, 2014: 55 경제적인 욕구를 충족시키는 것과 인간을 도덕적으로 이끌어 가는 것은 직접적으로 영향을 미친다고 보았다.최인순, 1997: 497

율곡의 경제관의 특징을 정리하면 다음과 같다. 먼저 성현의 학문을 본으로 삼아 수기修己를 근본으로 하는 치인이 백성의 경제적 안정을 위해서 헌신하고, 그를 본받는 백성들은 스스로 인륜을 지키고자 노력하면서 재화를 얻으려 노력하지만 낭비하지 않는다. 혹여 축적된 부가 발생하면 자기 자신의 것이라고 인식하지 않고, 다른 사람에게

부를 분배할 수 있는 대도大道가 행해지는 사회를 이상으로 삼았다.

경제가 백성과 국가의 존립 기반이라는 점을 인식하고, 양민을 위한 방법을 모색하는 데 적극적이었다. 율곡은 양민법으로 다음과 같은 3가지를 말하고 있다. 첫째, 생산을 장려하고 국부國富를 증대시키기 위해서 노력해야 한다고 보았다. 둘째, 형평의 원리에 입각한 경제적 분배를 시행해야 한다고 주장했다. 셋째, 절검의 소비윤리가 중요하다고 보았다. 더 많이 생산하는 것보다는 생산한 것을 어떻게 골고루 배분할 것인지가 중요하다는 입장이다.

율곡사상의 탈현대적 함의

앞에서 율곡 사회사상을 살펴보았다. 율곡 사회사상은 당시의 전현대적인 상황을 벗어나기 위한 개혁적인 사상이었으며, 시대의 문제를 극복하고 더 좋은 세상을 만들고자 하는 사회사상다운 품격을 내포하고 있다. 이와 같은 부분은 율곡 사회사상이 가지고 있는 현대적인 가치라고 할 수 있다. 율곡 사회사상의 현대적인 가치에 대한 논의도 오늘날 큰 함의를 가지고 있으며, 이미 다수의 연구에서 자세히 논의된 바 있다. 필자의 관심은 율곡 사회사상이 가지는 탈현대적인 함의를 조명하고자 하는 것이다. 따라서 여기서는 현대적인 가치에 대해서는 심도 있는 논의를 전개하지는 않기로 하겠다.

필자는 율곡사상이 가지는 현대적 함의보다는 탈현대적인 함의가 오늘날 조명되어야 할 핵심이라고 생각한다. 왜냐하면 현대 사회가 직면한 문제의 본질은 바로 현대적 세계관의 한계에 기인하는 것이며, 현대적 세계관으로 현대 사회가 직면하고 있는 문제를 해결할 수는 없기 때문이다. 그렇다면, 탈현대성이란 무엇을 말하는 것일까? 이 지점에서 탈현대적 가치에 대한 필자의 관점을 밝히고자 한다. 필자가 말하는 탈현대란 홍승표와 정재걸[2006: 60]의 연구에서 논의하고 있듯이, 과학기술의 발달로 이룬 물질적 풍요와 같은 현대적 성과를 인정하지만, "중세에서 근대로의 전환과 비견되는 새로운 세계관에 바탕을 둔 새로운 역사적 시기"[홍승표, 2006: 114]를 의미한다.

탈현대 사회는 통일체적 세계관을 바탕으로 한다. 모든 존재는 시공간적으로 연결되어 있으며, 탈현대 사회에서의 인간관은 우주적인 존재이며 자각할 수 있는 존재이다. 이러한 관점에서 관계는 "상대편의 존재를 전제로 하여, 나의 존재가 성립하는 대대적인 대립의 관계"[홍승표, 2012: 107]이다. 그리고 학문의 목적은 "우주적인 존재로서의 모든 존재에 대한 자각과 이의 확충이다"[홍승표, 2012: 133] 즉, 본성을 실현하고 참된 자기와 만나는 것을 목표로 한다. 나아가서 경제관에서도 시장논리를 넘어설 수 있는 균형감을 갖춘 경제관을 지향한다. 이처럼 탈현대 사회에서의 세계관, 인간관, 관계관, 학문관, 경제관은 현대 사회의 그것과 완전히 다른 패러다임을 가지고 있다.

율곡 사회사상이 가지고 있는 탈현대적 함의는 다음과 같다.

첫째, 인간 본성에 대한 신뢰를 바탕으로 개인의 변화를 통한 더 좋은 사회 건설에 대한 사회사상을 펼치고 있다. 율곡이 말하는 개혁은 인간의 자기혁신과 자신이 속한 사회를 개혁하는 것이다. 이러한 개혁 이념은 유교의 전통에서 발견할 수 있는 수기치인의 이념을 계승하고 있다. 유교사상에서는 지속적인 수기를 통해서, 이상사회를 건설하는 치인과 안민으로 나아가고자 한다. 이때 이상을 실현하기 위해서 전제되는 개인의 자기완성을 위한 의지와 노력은 매우 중요한 의미를 가진다.[이애희, 2000: 81-82]

탈현대 사회는 개인의 수양이 중요한 의미를 가지는 사회이다. 현대 사회가 외적인 성취를 지향하던 사회였다면, 탈현대 사회는 내면에 관심을 기울이는 사회라고 할 수 있다. 밖으로만 향하던 시선을 자기 내면으로 돌림으로써, 탈현대 사회에서는 현대 사회가 직면했던 비인간화의 문제를 해소할 수 있을 것이다.

둘째, 율곡 사회사상은 현대 사회가 직면한 분리·독립된 개체로서의 개인의 합이라는 사회에 대한 관점을 극복할 수 있는 대안으로서 대동사회와 화개념의 비전을 가지고 있다. 모든 존재를 분리·독립된 개체로 인식하는 현대의 관점은 모든 관계의 파괴를 초래했다. 분리·독립된 개체로서의 존재에 대한 인식은 세상을 바라보는 하나의 관점에 불과하다.

이에 대해서, 율곡사상은 모든 관계의 통일성을 인정하고 유기적으로 연결되어 있다는 대동사회관과 화개념으로 관계를 인식할 수 있는 관점을 제시하고 있다. 이를 통해서, 현대적인 관계관이 절대적인 관계관이 아니라는 점을 인식할 수 있고, 현대적인 관계관으로 인해 야기되었던 문제를 해소할 수 있는 관점을 모색할 수 있다.

셋째, 율곡의 학문관은 공부의 근본 목적을 자기와의 만남인 수행으로 삼고 있으며, 그것을 일상생활에서 실천하는 것을 목표로 한다. 이와 같은 학문관은 탈현대적인 함의를 가지고 있다. 현대적 가치관을 추구하면서 살아가는 삶에서 현대인들은 고통을 느끼면서도 무엇이 문제인지, 어떻게 살아야 하는 것인지, 혼돈에 빠져 있다. 외적인 성취를 향해서 달리는 동안 내면은 텅 비어 버리고, 자기 자신을 잃은 채 살아가게 된다. 이러한 현대인의 삶은 진정으로 자기 삶과 맞닿지 못한다.

율곡은 일상생활에서 지속적으로 수기(修己)함으로써, 이상적인 인간상에 나아가는 도학을 대안으로 말하고 있다. 바로 성인이 되고자 하는 목표를 품는 것이다. 바른 입지를 한 후에 삶이란 외적으로는 똑같은 모양을 하는 일상생활이라고 하더라도 질적으로 매우 다른 차원의 삶을 살 수 있다는 것을 율곡의 사상에서 말하고 있다.

넷째, 율곡 사회사상의 경제관은 현대 사회에 만연한 물질주의를 넘어설 수 있는 탈현대적인 사상을 내포하고 있다. 현대 사회는 인류 역사상 그 어느 때보다도 물질적으로 풍요로운 시대이다. 하지만, 현대를 살고 있는 현대인들은 그 어떤 시대의 인류보다도 심각하게 물질주의의 지배를 받고 있는 물질의 노예와 같은 삶을 살고 있다. 이러한 현대인에게 삶은 현대적 가치를 추구하여 열심히 살면 살수록 더욱 물질의 노예와 같은 삶을 살 수밖에 없으며, 궁극적으로 삶의 방향성을 상실했다.

율곡 사회사상에서 백성과 국가의 경제적인 측면은 매우 중요한 위치를 차지하고 있다. 그가 좋은 사회를 구성하기 위한 첫 번째 조건으로 경제적인 안정을 꼽는 것으로 쉽게 그 사실을 인정할 수 있다. 그럼에도 율곡은 경제주의에 빠지는 것은 경계하고 있다. 즉 위정자라면 경제를 안정시키기 위한 노력을 우선적으로 기울여야 하지만, 그것의 전제는 골고루 분배하기 위한 노력을 기울여야 함을 강조하고 있다.

이러한 사상은 유학의 사회사상이 일상적인 삶에 근거를 두기 때문에 경제적인 생활의 안정을 중시하지만, 안빈낙도라는 삶의 지혜를 강조하는 것과 맥락을 같이한다. 즉, 우리가 삶을 살아가는 데 필요로 하는 재화를 충족시키기 위한 노력을 기울이고 욕구를 가지는 것은 자연스러운 것으로 인정하지만, 그것의 노예가 되는 삶은 비인간적이라는 탈현대적인 시사점을 담고 있다.

여기서 논의한 탈현대 사회란 현대 사회 이후에 필연적으로 도래하는 사회는 아니다. 탈현대 사회의 패러다임이 어떻게 구축될지의 선택권은 현대의 말末을 살고 있는 현대인에게 있다. 현대의 문제를 극복하고 현대의 성과를 바탕으로 하는 인간다운 사회를 구축할 것인지, 현대의 문제에 매몰되어 완전한 파멸에 이를 것인지는 인류에게 던져져 있는 선택지이다. 율곡 사회사상은 이와 같은 선택의 기로에 서 있는 현대인에게 탈현대로 한걸음 나아갈 수 있는 대안을 제공해 주고 있다.

제5장
초등사회과 공동체교육

1.
초등사회과 공동체교육을 진단하다

현대 사회와 공동체

현대 사회를 살아가는 현대인의 자화상은 당당한 혼자이다. 오늘날 혼족이라는 말로 대표되는 혼자하는 문화를 가진 이들이 하나의 트렌드를 이루고 있다. 혼밥, 혼술, 혼놀 등 어쩔 수 없어서 혼자가 아니라 자발적으로 혼자의 삶을 즐기는 생활양식이다. 이러한 트렌드는 사회경제적인 환경에 의해 함께하는 문화를 즐길 수 없는 청년세대가 주축이 되고 있는데, 관계를 맺고 유지하는 노력을 최소화하려는 경향에 의해 확산되고 있다.

최근 이러한 트렌드에 부응하여 한국 사회에서는 혼족을 겨냥한 다양한 상품을 개발하고 새로운 시장을 개척하는 움직임이 빠르게 확대되고 있다. 혼족을 겨냥한 역할대행 서비스『아시아뉴스통신』, 2018년 1월 25일, 신용카드, 인테리어, 아쿠아리움 할인권, 간편 조리식, 불족발 도시락 출시, 동전 노래방, 1인분 주문가능 식당, 무인주문 시스템 등 다양한 시장이 형성되고 있다.

혼족 트렌드는 관계를 중시하고 관계 속에서의 역할에 집중하면서 살아야 했던 한국의 사회문화에 대한 반작용과 청년층이 직면하고 있는 취업난이 관계지향적인 삶을 포기하도록 하는 경향이 동시에 초래한 결과라고 할 수 있다. 혼자라는 것을 스스로 선택한다는 점과 혼자라서 불행하기보다는 혼자의 삶을 즐긴다는 점은 긍정적으로 평가할 수 있다.

인공지능 시대와 공동체교육

현대인이 혼족의 삶을 즐긴다고 하더라도 인간은 누구나 사회 속에서 타인과 함께 살아가야 하는 사회적인 동물이라는 점은 변하지 않는다. 게다가 오늘날 인공지능 시대의 도래로 급격하게 변화하는 사회구조 아래에서 이 시대가 요구하는 인재상은 공동체의 일원으로서 협력하고 공감하는 능력을 가진 사람이다.[이현지, 2017: 363]

따라서 인공지능 시대를 맞이하는 이 시대 교육의 화두는 공동체교육이라고 해도 무방하다. 기술혁신은 인류의 삶을 완전히 변화시킬 것으로 예측되고 있으며, 그러한 양상은 이미 일상 속에서 변화의 기미를 발견할 수 있다. 인공지능으로 대체될 노동현장과 기업 중심의 생산 구조에서 누구나 메이커가 될 수 있는 메이커시대가 도래하는 현실 그리고 그러한 생산물을 공유하는 사회의 확대 등이 가시화되고 있다.

이러한 변화는 인류가 선택할 수 있는 것이 아니라 이미 현대인의 삶에 실현되기 시작한 것이다. 그러므로 이러한 사회 변화에 어떻게 적응하고, 변화에 따라 대두되는 공동체의 삶을 위해서 어떤 가치를 추구해야 할 것인지에 대한 성찰이 요구되고 있다. 이와 같이 사회구조적으로는 공동체적 삶을 위한 지혜와 가치 부여에 대한 요구가 높은 반면, 현대를 살아가는 사회 구성원들은 공동체의 일원으로서 삶의 의미를 발견하지 못하고 있으며 공동체의 일원으로서 책무에 대한 의식도 낮다.

그 이유는 여러 가지 측면에서 찾아볼 수 있을 것이다. 어떤 관계를 맺지 않고 관계에 소홀하더라도 크게 불편하지 않은 사회구조의 편리함 때문이기도 하다. 혼놀이라는 말에서 알 수 있듯이 혼자서도 여가를 보내고 재미있는 시간을 즐길 수 있는 인터넷의 발달, 게임 산업의 확산 등이 그 원인이다.

이러한 상황에서 제대로 놀이문화를 경험하지 못한 아이들은 게임에 빠지고 세상과 소통하기보다는 가상 세계에 몰입하기 십상이다. 아이들이 다른 사람과 관계를 맺고 상대를 이해하는 품성을 기르기는 불가능하다. 현대인들이 직면하고 있는 타인과 소통의 어려움이나 공동체의 일원으로서 직면하는 어려움의 이유는 바로 여기에 있다.

인공지능 시대와 사회 변화

인공지능 시대가 본격적으로 확산되는 시점에는 현대의 물질적인 풍요를 토대로 하지만 완전히 다른 패러다임을 가지는 사회가 실현될 수 있다. 그런 사회를 현대 사회의 물적인 풍요를 기반으로 하지만 현대 사회의 한계를 넘어서는 탈현대 사회라고 할 수 있다.

탈현대 사회에서 사람들은 노동으로부터 해방될 수 있고, 삶의 대부분을 여가로 활용할 수 있다. 이때 공동체를 위해서 협력하는 것은 인류의 삶을 영위할 수 있는 매우 중요한 요건이 된다. 이러한 사회에서 사람들은 더 많이 가지거나 더 많이 소비하는 것에는 관심이 없다.

탈현대인은 '나는 누구인가'에 대한 해답을 찾는 일을 삶의 중심에 두게 된다. 즉, 탈현대인의 삶에서 가장 중요한 일은 자기 성찰이다. 탈현대인은 삶의 매 순간을 자기 자신을 만나고 경험하는 '나는 누구인가'에 대한 해답을 찾는 기회로 여긴다. 탈현대인은 에고가 '나'라고 착각했던 현대인의 삶과 달리 '참나'를 만나는 삶을 살 수 있다.홍승표, 2018: 19

이상의 탈현대 사회와 탈현대인의 삶을 실현하기 위해서는 인류가 공동체의 의미를 인식하고 공유하며 공감하는 공동체적 삶을 선택해야 한다. 다시 말해서, 탈현대 사회와 탈현대인의 삶의 모습을 결정하는 선택권은 현대를 사는 인류에게 달려 있다. 어떤 선택을 할 것인지에 따라서 인류라는 공동체가 유지되면서 개체로서의 삶을 존중받는 탈현대 사회를 누릴 수도 있고, 인류의 공멸로 갈 수도 있다.

새로운 시대 공동체교육의 해법

여기서는 이러한 문제의식에 입각하여 오늘날의 공동체교육과 공동체의 원리로서 사랑에 대해서 진단해 보고자 한다. 공동체교육의 중요성에 대해서는 쉽게 동의하고 필요성을 인식하고 있지만, 막상 공동체의 원리로 설명하는 사랑이 무엇인지에 대해서는 고찰이 부족하다.

현대 사회에서도 사랑에 대한 다양한 이론적인 기반을 가지고 다각적인 측면에서 논의되고 있다. 여기서는 현대 사회를 지배하고 있는 현대적 세계관의 관점에서 이해되고 있는 사랑에 대해 주목하고 그 현상을 중심으로 분석해 볼 것이다.

현대 사회에서 일반적으로 개념화된 사랑의 특징을 세 가지 측면에서 정리할 수 있다. 첫째, 사랑의 대상에 대한 경계가 엄격하게 구분된다. 둘째, 사랑은 지속성을 가지기 힘들며 일시적인 경향이 있다. 셋째, 현대적인 사랑은 본능적인 것으로 이해되며 누구나 할 수 있는 것으로 인식한다. 여기서는 이러한 현대적인 사랑의 한계를 극복할 수 있는 새로운 사랑의 개념을 유가사상의 인仁에서 대안으로 찾아보고자 한다.

이 글은 초등사회과 공동체교육의 해법으로서 인仁의 의미를 살펴보는 것이 목적이다. 이 목적을 달성하기 위해서 먼저, 초등사회과 공동체교육의 실태를 분석할 것이다. 그다음에는 인仁이 공동체교육의 사랑이론으로 어떤 특징을 가지고 있는지 살펴보고자 한다. 마지막으로 공동체교육의 해법으로서 인仁의 의미를 고찰할 것이다.

초등사회과 공동체교육의 실태

초등 교육의 목표는 학생들의 학습과 일상생활에 필요한 기초적인 능력과 태도를 육성하는 것이다.정윤경, 2014: 264 그런 의미에서 초등 교육은 사회 구성원으로서 개인이 갖추어야 할 소양과 기초적인 지식을 습득하도록 하고, 공동체에 적응할 수 있는 역량을 기르는 데 초점이 맞추어진다. 이 글의 관심사는 공동체교육에 대한 것이므로, 초등 교육에서 공동체교육의 상황을 중심으로 분석해 볼 것이다. 구체적인 내용을 정리하면 다음과 같다.

첫째, 공동체교육은 사회과와 도덕과 교육의 공통적인 요소라는 점이다. 물론 초등 교육의 다른 교과에서도 공동체 의식이나 덕목을 형성하기 위한 교육을 포함하고 있지만, 여기서는 사회과와 도덕과의 내용을 중심으로 논의해 볼 것이다. 이 두 교과에서 공동체교육이 학습 목표로 수립되고 달성을 위한 교육을 실시하기 때문이다.

우선 사회과 교육에서 공동체교육의 의미를 살펴보면 교과 목표 달성에 핵심적인 사항으로 꼽을 수 있다는 것을 알 수 있다. 사회과 교육에서는 사회관계, 사회조직, 공동체 생활 등에 대해 이해하고, 이에 대한 가치관 및 태도를 정립하도록 하는 것을 목표로 다루어야 한다.설규주·은지용, 2011: 78

그런가 하면, 도덕과 교육에서 공동체교육은 다음과 같은 의미로 말할 수 있다. "초등 도덕과 교육의 목표가 겨냥하는 도덕적 인간이란 단순히 개인의 덕 함양을 통해 개인만이 잘 사는 삶을 영위하고자 하는 것이 아니라 공동체 속에서 공동체의 발전에 기여하면서 자아를 실현하도록 하는 도덕적 인간이다. 이것은 초등 도덕과 교육이 궁극적으로 개인의 행복만이 아닌 공동체 구성원 모두의 행복을 지향하고 있음을 함축한다."김재식, 2014: 31

이상의 논의를 통해서 알 수 있듯이, 초등 사회과와 도덕과 교육은 사회구조적인 면을 중시하는지, 개인적인 면을 중시하는지의 차이는 존재하지만, 공동체교육을 통해서 피교육자들의 공동체 구성원으로서의 역할과 공동체적 삶의 의미를 이해하도록 돕는 데 기여하고자 하는 것이다. 사회 구성원의 기초 교육으로서 초등 교육에서 공동체교육은 중요한 의미를 가지며, 제4차 산업혁명의 도래로 인해, 그 필요성은 더욱 높아지고 있다.권상우·권의섭·이현지, 2017: 64

둘째, 초등사회과에서는 5학년 과정에서 공동체교육을 다루고 있다. 전체 사회과 교육 내용에서 공동체교육을 직접적으로 다루는 영역이 차지하는 비중은 그리 높지 않지만, 사회과 교육이 기본적으로 공동체적인 삶을 전제로 하는 것이기 때문에 관련 내용이 차지하는 비중은 높을 수밖에 없다.

공동체교육에서는 공동체에 대한 자세를 형성하고 공동체의 의미를 이해하도록 돕는 것이 중요한 내용이 된다. 공동체의 문제 해결을 위한 다양한 입장을 수용하고, 의견이 대립될 때는 다수결의 원칙에 따라서 최선의 선택을 해야 하며, 다수결의 원칙을 따를 때 소수의 의견을 무시해서는 안 되는 점과 최선의 대안을 선택한 후에는 실행을 위한 계획을 세워야 하는 내용을 다룬다.교육부, 2017, 166-171

초등 사회과 교과에서 다루고 있는 공동체에 대한 직접적인 교과 내용을 요약 정리하면 다음과 같다.i-Scream, 2018

단원	차시	목표	내용
우리 사회의 과제와 문화의 발전	5-6	공동체 문제의 해결 사례를 보며 참여와 민주주의를 실천하는 태도의 중요성 파악하기	-공동체의 문제를 해결하는 과정에 대한 탐구 -민주적인 방법으로 공동체의 문제 해결 -공동체의 문제 해결에 참여
	7	공동체 문제의 해결 과정에서 참여가 중요한 까닭과 참여 방법 알아보기	-참여가 중요한 까닭과 참여 방법에 대한 탐구

이상의 공동체교육에 대해서 교과 운영을 위한 내용을 구성해 보면 다음과 같다. 먼저 "공동체 문제의 해결 사례를 보며 참여와 민주주의를 실천하는 태도의 중요성 파악하기"를 단계별로 교과 운영 내용을 제시하면 다음과 같다. 아래의 단계별 내용은 초등교사들의 교육 정보 사이트인 〈i-Scream〉에서 공유하고 있는 교과 운영안의 내용을 인용한 것이다.

공동체 문제를 해결하는 가장 좋은 방법	공동체 문제를 해결하는 민주적인 과정	민주적인 해결 방법의 좋은 점
공동체의 문제를 해결하는 데 참여하여 자신의 의견을 제시하고 대화와 타협으로 의견 차이를 좁혀 나간다.	① 공동체의 문제 발생 ② 대화와 타협으로 해결 방법 찾기 ③ 절차를 준수하여 실천하기	-자신에게 영향을 미치는 문제를 해결하는 데 직접 참여할 수 있다. -자신이 스스로 참여하여 결정했으므로 자발적으로 실천하게 된다. -자신이 삶의 주인이 된다.

다음 내용은 "공동체 문제의 해결 과정에서 참여가 중요한 까닭과 참여 방법 알아보기"에 대한 교과 운영 내용을 3단계로 정리한 것이다.

우리나라 민주화 과정이 주는 교훈	공동체의 문제 해결 과정에 참여해야 하는 까닭	공동체 문제를 해결하는 데 참여하는 방법
-민주주의가 발전하려면 국민들이 공동체 문제에 관심을 가져야 한다. -국민들이 공동체 문제 해결 과정에 적극적으로 참여해야 한다. -국민들이 민주주의를 실천하는 방법을 모르면 민주주의는 발전하기 어렵다.	-소수의 사람이 자신에게만 유리하게 문제를 해결할 수 있기 때문이다. -소수의 사람이 자신과 생각이 다른 사람을 차별하고 억압할 수 있기 때문이다. -공동체의 문제를 해결하는 결정에 국민의 뜻이 반영되어야 하기 때문이다. -민주주의를 유지하고 발전시키기 위해서다.	-선거 -언론 -인터넷 -1인 시위 및 단체활동

이때 공동체교육을 실시하기 이전에 사회과 교육의 주된 쟁점이 되고 있는 시민의식 및 민주주의 교육과 공동체교육을 연계하여 다루고 있는 점이 특징으로 드러난다. 이상의 내용을 학습한 학생들은 본 단원의 학습 목표를 달성할 수 있다. 학습 목표는 "생활 속의 공동체 문제를 참여를 통한 민주적 방법으로 해결하여 봅시다"라고 제시되고 있다. 구체적인 사례에 대한 영상 자료 및 사건 기록 등을 활용하여 생생한 문제의식을 느끼고 간접적으로 상황을 체험할 수 있도록 하는 방안을 교수법으로 사용하는 것도 효과적일 수 있다.

셋째, 공동체적 자아형성을 위한 이론적인 기반에 대한 논의가 필요하다. 공동체교육은 공동체를 언급하는 것만으로는 한계가 있다. 교과서에서 공동체를 소재로 하는 내용을 다루는 것과 공동체에 대해서 어떤 관점으로 접근할 것인지를 다루는 것은 다른 문제이다. 인간이 공동체를 구성하고 움직이는 원리에 대한 이론적 논의가 뒷받침되어야 한다.

초등학생을 대상으로 직접적인 공동체 원리 교육을 실시하지는 않을지라도 공동체를 운용하고 가능하도록 하는 이론적인 바탕에 대한 교사교육은 반드시 수반되어야 할 부분이다. 이러한 교사교육은 공동체교육 과정에서 학생들이 공동체적인 삶의 의미를 이해하고 가치관을 수립하는 데 영향을 미친다. 공동체교육의 의미는 공동체적인 자아형성을 돕는 것이다. 현대 사회에서 공동체적 자아형성의 필요성은 이미 공감대가 형성되었다.

학생들을 사랑의 존재로 교육하고 학생 스스로가 자신이 사랑의 존재임을 인식하도록 하는 교육이 필요하다. 어떤 사랑의 존재를 말하는 것일까? 문제제기에서 다루었던 현대적인 사랑에 대한 관점인 사랑의 대상에 대한 경계가 엄격하고, 지속적이지 못한 일시적인 사랑,

그리고 본능적인 사랑이라는 한계의 대안에 대한 논의가 필요하다.

다시 말해서, 현대적 사랑의 개념이 가지는 한계를 극복한 사랑의 주체가 되도록 학생들을 교육할 수 있는 사랑의 이론이 요구되고 있다. 여기서는 현대적인 사랑의 한계를 극복할 수 있는 새로운 사랑의 개념을 유가사상의 인仁에서 대안으로 찾아보고자 한다.

다음 장에서는 공동체교육의 이론적 기반으로서 인仁이 어떤 의미를 내포하고 있는지에 대해서 살펴보고자 한다. 인仁의 개념에 대해서는 다양한 논의가 전개되어 왔으며, 연구 성과 또한 풍부한 편이다. 여기서는 인仁이 어떤 사랑을 말하는지, 사랑으로서 인仁이 공동체교육에 어떤 함의를 가질 수 있는지를 중심으로 분석해 볼 것이다.

2.
경계 없는 사랑으로 공동체를 살다

사랑으로서의 인仁

인仁을 가장 이해하기 쉬운 표현으로 말하면 사랑이라고 정의할 수 있다. 일찍이 공자는 제자인 번지樊遲가 인仁이란 무엇인지를 묻자, 사람을 사랑하는 것이라고 답했다.『論語』,「顏淵」 여기서 공자가 말한 인仁이란 타자와 관계를 맺고 타자를 사랑하는 것이다. 즉, 공자는 나와 관계를 맺는 타인을 사랑하는 것이 인仁의 본질이라고 생각했다.

공자는 이러한 인仁은 인간이라면 배우지 않아도 누구나 실천할 수 있는 인간의 본성으로 인식했다. 물론 공자는 이 본성을 발현하기 위해서 인간으로서 인仁한 삶을 살고자 하는 책무를 다해야 한다고 생각했다.장동진·마상훈, 2016: 231-232

그러므로 이 사랑은 인간이 인간다움을 드러내는 가장 기본적인 원리이다. 공자가 말한 인仁은 자신과 가장 가까운 관계인 부모와 형제를 사랑하는 일에서 출발한다. 그렇다고 해서, 사랑이 가족이라는 혈연 공동체에만 제한되는 것은 아니다. 그 사랑이 지역 공동체와 더 큰 세계로 실현되는 데까지 확장되어야 한다고 보았다.이강대, 2011: 337-338 그래서 인仁을 대상의 경계가 없는 사랑이라고 말할 수 있다.

공자가 말한 인仁은 대상의 경계는 없지만, 분명한 차서次序가 있는 사랑이다. 그 사랑이 부모와 형제에 대한 사랑으로부터 출발한다는 점이 차서의 사랑을 말하고 있다. 그러나 공자는 가족 공동체로부터 시작한 사랑을 세상으로 확장해야 함을 힘주어 강조하고 있다. 그것이 바로 공동체를 가능하게 하는 사랑으로서 인仁을 말한다. 『논어』의 다음 구절을 보자.

공자가 말했다. "마을의 인심이 인후한 것이 아름다우니, 인심이 좋은 마을을 선택하여 살지 않는다면 어떻게 지혜롭다 하겠는가?" 『論語』, 「里仁」

위의 구절은 공자가 공동체의 인仁의 의미를 말한 것이다. 공자가 '인仁한 마을을 선택하여 살지 않는다면 어떻게 지혜롭다 하겠는가?'라고 한 뜻은 행복을 만드는 지혜는 바로 인仁이라는 것을 역설적으로 강조한 것이다. 여기서 '마을'이란 공동체의 대명사이다. 가족에서부터 출발하여, 이웃, 기업, 국가 등의 모든 공동체가 행복해지는 지혜는 인仁, 바로 모든 것을 대상의 경계 없이 널리 사랑하는 것이다.

공자의 시대에는 부국강병을 위해서 인재를 널리 등용할 필요가 있는 사회경제적 환경이었기 때문에 타국에서 망명한 사람도 등용하였다. 따라서 군주의 정치가 도道에 맞지 않으면 다른 나라로 망명하기도 하고, 자신의 뜻을 알아주는 군주의 신하가 되기를 자처하기도 했다. 위의 인용문에서 말하듯이 공자는 자신이 속할 공동체를 선택할 때, 가장 중요한 조건이 바로 인仁이어야 한다고 말한다.

나와 너의 경계를 넘어서는 사랑으로서의 인仁

인仁이 공동체의 기본 원리인 사랑으로서 의미를 가지는 이유를 '내가 없는 사랑無我之愛'이기 때문이다. 다시 말하면, '나'라는 분리 독립된 개체라는 생각이 없는 사랑이기 때문에 공동체의 기본 원리로서 의미를 가질 수 있다.정재걸, 2019: 352 '나'와 '나 아닌 것' 사이의 경계를 짓는 사랑이 공동체의 원리가 되면, 나와 나 아닌 것 그리고 내가 속한 공동체와 그렇지 않은 공동체 사이의 경계에 따라서 사랑에 차별을 두기 십상이고 분리된 개체들 사이에는 충돌이 발생한다.

오늘날 현대 사회를 지배하고 있는 사랑의 원리는 바로 분리·독립된 개체로서의 나에 대한 인간관을 바탕으로 한다. 따라서 나 이외의 것에 대해 경계를 짓고 구분함으로써 이익이 충돌하고 갈등하는 상황에 직면하게 된다. 특히 이러한 경계를 짓고 구분하는 사랑이 강할수록 왜곡의 양상도 파괴적으로 나타날 수밖에 없다.

현대 사회에서 흔히 발견할 수 있는 가족이기주의, 지역이기주의, 민족이기주의 등이 바로 분리·독립된 존재로서의 인간관을 바탕으로 하는 사랑의 극단적인 파국 양상이다. 현대 사회에서는 심지어 공공성을 주장하는 교육마저도 수요자 중심 교육을 말하면서 피교육자가 자기 이익을 챙기고 자기를 주장하도록 조장하고 있다. 이러한 교육으로는 피교육자들이 공동체 속에서 사랑을 실현하고 공동체 속에서 자신의 의미를 발견하도록 할 수는 없다.

나와 너의 경계를 넘어서는 인仁의 이론적인 확장은 세계와의 공존, 공유, 공감이라고 할 수 있다. 정상봉은 "인仁 개념의 의미 확장은 유가철학이 세계 내 존재들이 공존하고 있고, 그것들이 존재연관의 그물망 속에 공유하는 바가 있으며, 나아가 공유하는 바를 통하여 공감함으로써 당위의 실현이 이루어진다는 점을 이론적으로 체계화해 나가는 과정이었다"정상봉, 2015: 93고 한다.

인仁은 인간과 인간의 관계, 인간과 다른 존재와의 관계, 인간과 세계와의 관계를 인식할 때, 대상에 대한 경계를 짓지 않는다. 즉, 특정한 대상을 향한 사랑이 아니다. 따라서 나라는 경계 안에 포함되는 것에 대한 사랑으로 인해 발생하는 현대 사회의 공동체가 직면하는 문제를 해결할 수 있는 해법으로서 충분한 의미를 가지고 있다.

3.
영원한 사랑으로 공동체를 유지하다

천부적인 도덕성으로서의 인仁

인仁이란 사람을 사랑하는 협의의 개념과 도덕적 본성이라는 광의의 개념으로 설명할 수 있다. 여기서는 도덕적 본성으로서 인仁에 초점을 맞추어서, 인仁이 어떤 사랑으로서의 특징을 가지는지를 살펴보자. 공자는 인간의 천부적인 도덕성을 전제로 자신의 철학을 전개하였다.

> 공자가 인仁 자를 쓸 때, 두 가지 용법이 있는데 하나는 넓은 의미로, 또 하나는 좁은 의미로 쓴 것이다. 넓은 의미의 인仁은 모든 덕의 총칭이고 좁은 의미의 인仁은 남을 사랑하는 것이다.^{이강대,}
> 2011: 333

'모든 덕의 총칭'으로서 인仁은 유가에서는 도덕적 삶의 행위규범으로 강조되었다. 도덕적이고 인간다운 삶의 근본을 인仁이라고 생각했으며, 그런 인仁이 실현되는 일차적인 지점이 바로 효성과 우애라고 보았다.

유자가 말했다. "그 사람됨이 효성스럽고 우애가 있으면 윗사람을 범하기를 좋아할 자가 적고, 윗사람을 범하기를 좋아하지 않으면 난을 일으키기를 좋아하는 자는 있지 않다. 군자는 근본에 힘쓰니, 근본이 서면 도道가 생긴다. 효성과 우애는 인을 행하는 근본이다."『論語』,「學而」

가족 공동체에서의 도덕적인 윤리를 실천하는 것은 도덕적인 인간으로서의 삶의 출발점을 의미한다. 이러한 선한 존재로서의 한 개인과 개인이 모여서 선한 공동체를 형성할 수 있다고 보았다. 이때 인仁은 사회통합원리로서 의미를 가진다.이강대, 2011: 339 공자는 사람을 대할 때, 온순하고 어질며 공손하고 검소하며 겸손한 다섯 가지 덕(溫, 良, 恭, 儉, 讓)을 드러냈다고 한다.

이것은 인간관계의 바탕이 되는 덕목이라고 할 수 있다. 자신을 포함해서 세상을 사랑하지 않으면, 삶에서 위의 다섯 가지 덕목은 드러날 수가 없다. 자신과 세상을 깊이 사랑할 때, 온화하고 양순한 마음이 피어나고, 너그럽고 착하며 슬기로울 수 있으며, 말이나 행동이 예의 바를 수 있고, 사치하지 않고 꾸밈없이 수수한 모습일 수 있으며, 남을 존중하고 자기를 내세우지 않을 수 있다.

지속적일 수 있는 인仁의 속성

이러한 인仁이 가지는 사랑으로서의 속성은 지속성이다. 사랑이 지속될 수 있는 이유는 인仁한 사람은 사욕을 추구하지 않기 때문이다. 다음 구절을 보자.

공자가 말했다. "지혜로운 자는 의심하지 않고 인仁한 자는 근심하지 않고 용맹한 자는 두려워하지 않는다."『論語』,「子罕」

위의 구절에서 공자는 근심의 원인에 대해서 명쾌한 분석을 하고 있다. 근심의 원인은 바로 욕심이라고 한다. 인仁한 사람은 사사로운 욕심이 없기 때문에 근심하지 않는다. 사사로운 욕심에 얽매이게 되면, 내가 가진 것을 잃을까, 나에게 손해가 발생하지는 않을까, 나를 싫어하면 어떻게 할까, 나만 모르면 어떻게 할까 등 모든 일을 근심하게 된다. 현대인의 다수는 아직 일어나지도 않은 일이나 일어날 가능성이 거의 없는 일을 미리 근심하느라 삶을 낭비하고 있다. 세상에 대해 인仁한 마음이 피어나는 순간, 사사로운 욕심은 내 삶에서 점점 힘을 잃게 된다.

이러한 사랑은 일시적인 감정이 아니라, 타인과 세상에 대한 근본적인 사랑이고 지속적인 사랑이라는 점이 특징이다. 이러한 특징은 공자가 인仁의 실천으로서 충서忠恕를 설명한 구절에 잘 드러나고 있다.

중궁이 인에 대해 물으니 공자가 답했다. "대문을 나서면 큰 손님을 만난 듯이 하고 백성을 부릴 때는 큰 제사를 받들 듯이 하여라. 자기가 원하지 않는 일을 남에게 하지 말라. 그러면 조정에서 공무를 처리할 때에도 다른 사람의 원망이 없을 것이고 집에 있을 때에도 다른 사람의 원망이 없을 것이다."『論語』,「顏淵」

공자는 제자인 증삼曾參에게 자신의 도道는 충서忠恕로 통한다고 말하였다. 그렇게 말한 이유는 충서가 인仁을 실현하는 요체이기 때문이다. 충서란 나의 마음을 미루어서 타인의 마음을 헤아리는 데 충실한 것으로 공감과 사랑이라고 할 수 있다. 충서로 표현되는 사랑은 배려로서의 인仁이라고 말해도 무방하다. 이것은 타인에 대한 인간으로서의 자기 도리를 다하는 것으로 드러난다. 이와 같은 사랑은 일회적이고 일시적인 것이 아니라 영원히 지속적이라는 특징을 가진다.

4.
참나와의 만남을 통한 사랑을
공동체에서 실현하다

인仁한 존재로서의 나

공자는 인仁이란 고원한 무엇이 아니라, 누구든 스스로 인仁한 존재
가 되고자 하는 마음을 품는 것을 통해서 발현할 수 있다고 보았다.
공자는 다음과 같이 말한다.

> 공자가 말했다. "인仁이 멀리 있단 말인가? 내가 인仁을 바라면
> 인仁은 곧 나에게로 다가온다." 『論語』, 「述而」

'내가 인仁을 바라면 인仁은 곧 나에게로 다가온다'고 한 말은 인仁
한 본성회복을 위한 나의 노력이 필요하다는 뜻이다. '내가 인仁을 바
라면'이라는 구절이 스스로 구하려는 자세가 선행되어야 함을 말하는
것이다. 참나와 만나고자 하는 노력이 수반되어야 인仁한 존재, 다시
말해서 진정한 사랑의 존재가 될 수 있음을 확실하게 말한다.

공자는 인간은 누구나 참나와의 만남을 통해서 스스로의 인仁한
본성을 발현할 수 있다고 신뢰했다. 누구나 품부하고 있는 인仁한 본
성이 발현될 수 있도록 자기 내면으로 관심을 가지는 삶을 살아야 한

다는 입장이다.[이현지·박수호, 2014: 191] 이것을 공자는 극기복례克己復禮라고 했다.

안연이 인仁에 대해서 묻자 공자가 말했다. "자기 자신을 이기고 예로 돌아가는 것이 인仁이다. 어느 날 자기를 이기고 예禮로 돌아가게 되면 온 천하가 이 사람을 어질다고 할 것이다. 인仁을 행하는 것이 자기 자신에게 달려 있지 남에게 달려 있겠느냐?" 안연이 "부디 그 세목을 여쭈어 보겠습니다." 하자 공자께서 말했다. "예禮가 아닌 것은 보지 말고, 예禮가 아닌 것은 듣지 말고, 예禮가 아닌 것은 말하지 말고, 예禮가 아닌 것은 하지 말라." 안연이 말했다. "제가 비록 불민하지만 모쪼록 이 말씀을 힘써 행하겠습니다."『論語』,「顔淵」

공자는 자신의 내면에 관심을 기울이고 도道와 합일하는 삶을 살고자 하는 구도자求道者의 길이 바로 인仁을 실천하는 방법이라고 한다. 참나와의 만남을 통한 사랑을 실현하는 인仁은 오롯이 자기 자신에게 달려 있다. 따라서 이러한 사랑의 주인공은 아무나 될 수가 없다. 스스로 참나와의 만남을 위한 노력을 기울인 자만이 누릴 수 있는 사랑이다.

공자가 말했다. "군자는 자기 자신에게서 찾고 소인은 남에게서 찾는다."『論語』,「衛靈公」

위의 구절에서 말하고 있는 군자는 인仁을 실천하는 자이다. 공자는 누구나 배움을 통해서 군자로서의 삶을 살 수 있다고 생각했다. 공자가 교육을 통해서 세상을 변화시키고자 한 것도 인간에 대한 신뢰를 바탕으로 하고 있다. 군자가 되고자 하는 뜻을 가슴에 품고, 지속적이고 성실히 수행하고자 하는 자는 진정한 사랑의 존재가 될 수 있는 것이다. 맹자도 자신의 내면으로 향하는 삶의 지혜를 다음과 같이 말하고 있다.

> 인仁한 사람의 마음가짐은 활 쏠 때와 같다. 활 쏘는 자는 자세를 바로잡은 뒤에 발사하며, 발사하여 과녁을 적중시키지 못하더라도 자신을 이긴 자를 원망하지 않고, 적중시키지 못한 원인을 자신에게서 찾을 뿐이다.『孟子』,「公孫丑 上」

참나와의 만남을 통한 사랑으로서 인仁한 사람은 어떤 일에 대해서도 원인을 밖에서 찾지 않는다. 밖에서 원인을 찾고자 하면, 자기의 발전과 변화는 있을 수 없다. 그것에는 사랑이 없기 때문이다. 사랑 없이 발전과 변화를 도모하면 오히려 자신을 망가뜨리고 상대를 파괴할 수 있다. 오직 사랑만이 진정한 발전과 변화를 가져올 수 있기 때문이다.

> 어떤 일을 했는데 만족스러운 결과를 얻지 못함이 있으면 모두 돌이켜 자신에게서 그 원인을 찾아야 하니, 자기 자신이 바르게 되면 천하가 돌아온다.『孟子』,「離婁 上」

위의 구절 또한 스스로에게서 원인을 찾고 참나와 만나고자 하는 노력의 의미를 말하고 있다. '천하가 돌아온다'는 말은 도道와 하나가 된다는 것을 의미하며, 즉 진정한 사랑의 존재가 될 수 있음을 말한다. 그러므로 진정한 사랑의 존재가 되는 것은 참나와 만나고자 하는 수행의 길을 선택한 사람에게만 주어지는 삶의 선물이라고 할 수 있다.

현대인과 공동체교육

오늘날 현대인들은 초개인화 시대를 살고 있다. 초개인화의 경향은 개인주의가 초과되고 과대해지고 극도의 상태에 이른 것을 말한다.[이영자, 2011: 110] 현대 사회에서 발견할 수 있는 초개인화는 극단적인 개인주의 경향이 지배하는 삶의 양식을 선택하는 것으로 나타난다. 공동체 붕괴, 저출산, 독신주의 등 다양한 현상으로 영향을 미치고 있다. 특히 인공지능 시대는 초개인화 현상을 확대될 수 있는 기술력이 파급되는 사회이다. 인공지능 시대의 기술력은 초개인화된 개인을 거대한 네트워크로 연결시키는 초연결사회가 되도록 영향을 미친다.

이러한 사회적 변화에 직면하여 공동체교육의 중요성에 대한 문제의식을 출발로 하여, 초등사회과 공동체교육을 분석하고, 공동체의 운영원리로서의 사랑에 대해서 진단해 보았다. 특히 현대 사회를 지배하고 있는 공동체의 원리로서 사랑이 태생적으로 내포하고 있는 한계를 극복할 수 있는 대안을 유가사상의 인仁에서 모색해 보고자 했다. 인仁은 공동체 사랑의 원리로서 세 가지의 특징을 가지고 있다.

첫째, 나와 나 아닌 것에 대한 경계의 구분이 없는 사랑이다. 인仁은 대상의 경계가 없는 사랑이기 때문에 나와 공동체 그리고 공동체와 공동체 간에 경계를 짓지 않는다. 이러한 인仁의 사랑은 현대 사회에 만연한 나와 나 아닌 것을 구분함으로써 발생하는 갈등과 충돌로부터 벗어날 수 있는 해법이 된다.

둘째, 인仁은 영원하고 지속적인 사랑의 지혜를 내포하고 있다. 도덕적 본성으로서 인仁은 큰 사랑이며 사사로운 욕심으로부터 자유로운 내가 없는 사랑이다. 반면, 현대적인 사랑은 자신의 사사로운 욕심이나 욕망이 충족되느냐가 조건이 된다. 그래서 현대적인 사랑은 사랑할 조건이 형성되었을 때 가능한 일시적인 것이다. 영원한 사랑으로서의 인仁은 현대적인 사랑이 직면하는 문제의 해법으로서 의미를 가지고 있다.

셋째, 진정한 사랑을 위해서는 참나와의 만남을 통한 노력으로 사랑의 존재가 되어야만 한다. 인仁은 누구나 가지고 있는 본성이지만, 인仁한 본성을 발현하기 위해서는 지속적인 노력이 필요하다. 그러므로 진정한 사랑의 주체가 되는 것은 누구나 되는 것이 아니다. 사랑의 존재가 되기 위해서 내면에 관심을 기울이고 참나와 만나고자 노력하는 사람만이 가능하다.

오늘날처럼 개인적인 삶을 지향하고 관계가 느슨해지는 사회에서 공동체교육에 대한 필요성은 더욱 절실하게 요구되는 경향이 있다. 반대로 공동체적인 삶을 지향하고 관계가 개인의 삶을 강제하던 전현대 사회에서는 개인을 존중하고 개체적인 삶을 인정하는 관점이 요구되었다. 작금의 시대가 개인적인 삶을 추구하는 경향이 강하기 때문에 현재 교육의 과제는 공동체적인 자아를 확립하는 것이 되어야 할 것이다.

개체로서의 자아가 공동체 속에서 어떻게 관계를 형성하고 어떤 역할을 담당해야 하는지에 대해서 생각을 공유하고 키우는 기회를 제공해야 한다. 개인으로서의 삶을 인정하고 존중하지만, 공동체 속에서 어우러지고 자신과 타인을 사랑하고 소통할 수 있는 사회 구성원으로 교육하는 방법이 모색되어야 할 것이다.

공동체교육의 필요성을 강조하는 것이 개인적인 삶을 완전히 포기하고 희생하라는 것을 강요하는 것과는 엄격하게 구분되어야 한다. 이 주제는 공동체교육의 이론적인 논의를 확장하는 데 기여할 수 있을 것이다. 앞으로 인공지능 시대의 확장과 공동체교육이 사회과 교육에서 어떤 교수법과 교과 내용으로 발전할 것인지에 대한 연구가 과제로 남아 있다. 사회과 교육은 사회의 변화와 발전에 따라서 새롭게 변화될 것을 요구받는다.이종일, 2001: 59

제6장
초등사회과 생태교육

1.
초등사회과 생태교육의 현실을 보다

생태교육에 대한 인식

자연생태, 문화생태, 사회생태 등 모든 생태의 영역에서 혼란과 붕괴가 심각하게 발생하고 있다. 레이첼 카슨Rachel L. Carson은 1962년 그의 저서 『침묵의 봄』에서 환경오염의 재앙을 경고했다. 레이첼 카슨의 경고가 현실화되지는 않았지만 인류는 다양한 환경 위기에 직면하고 있다.Rachel L. Carson, 2002: 8 많은 생명체의 멸종, 환경오염, 사막화, 지구온난화 등 자연생태의 붕괴는 현저하며, 많은 사람들이 그 위험을 인식하고 있다. 또한 문제의 원인과 대안 마련을 위해 노력하고 있다. 이에 반해서, 사회생태와 문화생태의 영역에 있어서의 생태적 혼란에 대해서는 그 문제의 심각성에 비해서, 문제에 대한 인식조차 충분치 않은 것이 현실이다.정수복, 1996: 108

문화생태의 영역을 보면, 사회변동의 속도가 빨라지면서, 시간을 축으로 해서 과거의 문화와 현재의 문화가 혼재하면서 갈등을 일으키고 있다. 대표적인 것이 세대 간 문화충돌이다. 더군다나 물질주의·감각주의 문화 등과 같은 현재의 문화들이 이 시대를 지배함으로써 생태적으로 불건전한 문화구조를 갖게 되었다. 정보통신 혁명의 결과로,

공간적인 측면에서도 이질적인 문화 간의 접촉 빈도가 높아지고, 다문화사회로의 이행이 가속화되고 있다. 이에 따라서, 문화 간 충돌이 가속화되고 있다. 새뮤얼 헌팅톤Samuel Huntington은 그의 저서 『문명의 충돌』에서 종교 간 충돌의 증가를 지적하였다.

사회생태의 영영에서도 생태적인 혼란이 가속화되고 있다. 국가 간 갈등이 심화되고, 가족 간은 물론 가족 내에서조차 의사소통이 원활하게 이루어지지 않는다. 범세계적으로 도시화가 진전되면서 농촌마을의 해체가 가속화되고 있으며, 집단 간 갈등도 심화되고 있다.

생태붕괴의 문제

자연생태, 문화생태, 사회생태 각 영역에서 일어나고 있는 생태적 혼란과 붕괴는 영역은 다르지만 그 근본적인 원인은 동일한 것이다. 그 근본적인 원인이란 크게 보면 근대적 세계관이고 좁혀서 보면 적대적 대립관이다. 현재 인류가 직면하고 있는 위험한 문명 충돌은 새롭게 출현하는 탈현대적인 사회구조와 낡은 근대적 세계관과의 충돌이다.홍승표, 2002: 195 근대적 세계관은 이미 시효가 다한 낡은 세계관임에도 불구하고, 아직 강력한 고정관념으로 현대인의 의식세계를 지배하고 있다.

문명의 대전환기에 처해 있는 지금, 낡은 근대적 세계관이 여전히 강력한 영향력을 발휘함으로 말미암아 현대의 위기가 가속화되고 있다. 바로 이런 위기의 중요 양상의 하나가 생태적인 위기이다. 생태 위기는 자연·문화·사회 영역에서 다양하게 발생하고 있다.구승희, 2004: 10 그런데 현실의 생태 위기에 대한 논의는 자연생태에만 집중되어 있다.

자연생태에만 한정한다면 심층생태학을 중심으로 현 자연생태 문제 발생의 근본적인 원인에 대한 규명과 철학적 대안의 제시가 체계적으로 이루어져 있다.송명규, 2003: 58 그러나 사회생태 자체를 대상으로 삼는 연구는 거의 전무한 실정이다. 사회생태학이란 새로운 학문의 장을 연 머레이 북친Murray Bookchin, 1998, 2002조차도 종속변인은 자연생태이다. 즉 인간중심주의의 환경윤리를 벗어나지 못하고 있다.노진철, 1999: 119

여러 생태 영역에서의 문제의 근본적인 원인이 동일하고, 그러므로 그 대안 역시 유사하다고 할 수 있다. 이 작업은 자연생태의 영역에서 이루어진 생태문제의 근본적인 원인과 대안의 제시를 사회생태의 영역에 적용하고자 하는 것이다. 생태문제의 근본적인 원인은 적대적 대립관이며, 대안 제시의 키워드는 대대적 대립관이다.

이런 문제의식에서 먼저 적대적 대립관이 사회생태 문제의 근본적인 원인이 됨을 밝힐 것이다. 다음으로 대대적 대립관의 특징에 대한 논의를 전개한다. 마지막으로 이런 대대적 대립관의 특징이 현대 사회가 직면한 사회생태의 문제를 해결하는 데 어떤 비전을 제시할 수 있는지 제시하고자 한다.

2.
사회생태의 혼란을 분석하다

적대적 대립관

적대적 대립관이란 모든 대립을 이해관계가 상반되는 대립으로 바라보는 관점이다. 적대적 대립관은 근대적 세계관의 필연적인 결과물이다. 근대적 세계관은 모든 존재 간의 근원적인 분리를 전제한다. 이렇게 되었을 때, 모든 대립물 간에는 이해관계가 상반되게 된다. 근대적 세계관이 적대적 대립관을 산출하는 과정을 가장 잘 보여 주는 실례가 찰스 다윈Charles Darwin의 진화론이다.

다윈은 모든 생명체의 번식 속도와 먹이의 양 간에 존재하는 구조적인 불균형 상태에 주목하였다. 토마스 R. 맬서스Thomas R. Malthus는 모든 생명체의 번식 속도는 기하급수적임에 반해서, 먹이의 양에는 큰 변화가 없다고 주장하였다. 그러므로 모든 생명체 간에 그리고 생명체 내에는 살아남기 위한 투쟁이 벌어지게 된다. 이런 맬서스의 주장은 현대 사회를 이해하고 이론화하는 사회학에서 여전히 지배적인 관점으로 자리 잡고 있다.윤도현, 2004: 163 나의 이익은 너의 이익과 상반되며, 각자 살아남기 위해서는 상대편을 극복해야 하는 적대적 대립이 보편화되는 것이다. 카알 마르크스Karl Marx와 프리드리히 엥겔스Friedrich

Engels는 『독일이데올로기』에서 적대적 대립관에 입각한 자연생태계에 대한 관점을 기술하고 있다. 이들은 인간이 언제나 자연세계에서 발생하는 처절한 경쟁을 관찰할 수 있다고 주장한다. 참나무 숲에서 당당한 참나무와 작은 덤불 사이에는 영양분을 누가 더 많이 차지할 것인가를 두고 경쟁을 벌인다는 관점이다. 그들은 작은 덤불이 언제나 강한 참나무에게 자신의 땅과 수분, 공기와 햇빛을 빼앗기고 있다고 본다.K. Marx and F. Engels, 1984: 471

이렇게 되었을 때, 숲속의 참나무와 작은 덤불 간의 관계에서와 같이 약육강식의 상황이 전개된다. 적대적 대립관에 바탕을 둔 진화론적 세계관은 본래 다윈에 의해 자연생태를 설명하기 위한 패러다임으로 제시되었던 것이지만, 곧이어 사회진화론이라는 형태로 사회를 설명하기 위한 패러다임으로 전환된다. 개체들의 생존을 위한 투쟁이라는 다윈의 관점은 매우 첨예하게 자연 영역에서 사회 영역으로 전이되었다.

이때 이후, 적대적 대립관은 자연생태를 바라보는 유력한 관점이 되었을 뿐만 아니라 사회생태를 바라보는 중요한 관점이 되었다. 이런 관점에서 사회를 바라보게 되면, 개인과 개인·집단과 집단·사회와 사회를 포함해서 모든 사회적인 대립을 이해관계가 상반되는 적대적 대립으로 인식하게 된다.

적대적 대립관과 남녀관계

적대적 대립관은 심지어 여성과 남성 간의 관계를 바라보는 관점으로까지 침투해 있다. 진화론적 세계관의 영향을 받은 여성학은 남녀

관계관을 적대적 대립의 관점에서 이해하고 있다. 여성학의 출발점은 남성과 여성의 대립을 전제로 하고 있으며, 남성과 여성은 언제나 이해관계를 달리하는 지배와 피지배의 적대적 대립을 한다고 인식하고 있다. 그러므로 여성학에서는 남녀 관계에서 발생하는 문제를 해결하기 위한 방법으로 갈등과 투쟁의 방법을 제시한다.^{이현지, 2001: 257; 2006: 98} 근본적인 적대와 대립의 관계에 놓여 있는 남성과 여성에 대한 이해는 현실 속의 남녀가 경험하는 관계의 한 단면에 불과한 것임에도 불구하고, 남녀 관계를 바라보는 관점에 의해 그 외의 다른 관계의 상황을 간과하게 되는 것이다.

그리고 바로 이런 현대적인 관점은 현대의 모든 사회생태 문제를 발생시키는 근본적인 요인으로 작용한다. 이런 적대적 대립의 문제는 오늘날 광범위하게 확산되어 있다. 본래 집단적인 이해관계가 상반될 수 있는 경우, 예를 들자면 양의사 집단과 한의사 집단 간의 관계는 물론이거니와 국가와 국가 간의 관계나 도시와 농촌 간의 관계, 심지어는 부부관계를 포함한 친밀한 개인 간의 관계에 이르기까지 적대적 대립의 문제는 심각한 상황에 도달해 있다.

예를 들어 부부관계를 살펴보자. 오늘날 전 지구적인 차원에서 이혼율이 가파르게 증가하고 있다. 미국이나 한국과 같은 경우 그해 '이혼한 쌍'을 '결혼한 쌍'으로 나누면 그 값이 0.5 정도가 될 정도로 높은 이혼율이 보고되고 있다. 그렇다면, 이혼하지 않은 쌍은 서로 깊이 사랑하며 행복하게 살고 있는가? 그런 부부는 아주 소수에 속한다. 이혼하지 않았더라도 자주 싸우고 서로 미워하는 부부, 남남처럼 무관심하게 지내는 부부, 더 이상 사랑하지는 않는 부부들이 많다. 서로 사랑해서 결혼한 부부들인데 왜 이렇게 살아가고 있는 것일까?

부모와 자식 간의 관계도 마찬가지다. 부모와 자식의 관계는 이 세상에서 가장 가까운 관계의 하나임이 분명하다. 하지만 부모와 자식이 서로 깊이 사랑하며 친밀하게 지내고 있는가? 물론 그런 가정도 있을 것이다. 그러나 부모와 자식이 거의 대화를 나누지 않는 집이 많고, 서로가 무엇에 관심을 갖고 있는지조차 모르는 경우가 허다하다. 심한 경우에는 부모와 자식이 서로 증오하며, 결국 자식이 가출을 하는 집도 늘어나고 있다.

전통적으로 가까운 관계의 하나였던 선생님과 학생의 관계 역시 빠른 속도로 멀어지고 있다. 학생들은 더 이상 선생님을 마음 깊이 존경하지 않으며, 선생님들도 학생들을 마음 깊이 사랑하지 않는다. 서로 복도에서라도 마주치면, 인사조차 하지 않고 피하는 경우도 많다. 만나면 서로 어색해하고 할 말이 없는 경우도 많다.

적대적 대립관과 집단관계

논의의 차원을 거대 집단으로 옮기면 상황은 더 심각하다. 국가와 국가·민족과 민족·서로 다른 종교집단·서로 다른 인종집단·도시와 농촌·상층 계급과 하층 계급 등 모든 집단 간의 상호반목과 갈등이 증가하고 있다. 최근 미국과 중동 간의 관계는 현대 사회에서 집단 간 적대의 전형을 보여 준다. 세계적 공리를 주장하는 미국은 힘으로 중동지역을 제압하려고 시도하고, 그 결과 전쟁이라는 치유하기 힘든 갈등의 상황에 직면한다. 그 속에는 서로에 대한 근본적인 몰이해와 증오가 내재해 있다. 미국과 중동 간의 이런 적대적 대립은 두 진영 간의 갈등으로 끝나는 것이 아니라 전 인류에게 공포와 갈등이라는 파괴적인 영향을 미친다.

이렇듯 개인과 개인·집단과 집단·사회와 사회 간의 상호반목과 갈등이 증대하는 근본적인 원인은 무엇일까? 바로 근대적 세계관의 일부인 적대적 대립관 때문이다. 현대인은 상대편과 나는 이해관계가 상반된다고 생각한다. 그래서 상대편과 싸워서 이겨야만 내가 원하는 것을 차지할 수 있고, 행복해질 수 있다고 믿는다.

　하지만 부부관계, 부자관계, 사제관계, 국가관계의 예를 통해서 보았듯이 그런 싸움을 통해서 그들이 진정으로 얻는 것은 행복이 아니라 고통과 불행이다. 그들의 마음속에 남는 것은 사랑이 아니라 증오와 깊은 상처이다. 이런 상황을 극복할 수 있는 방법은 무엇일까? 필자는 해답이 이 세상의 대립물을 바라보는 관점의 전환에 있다고 생각한다. 더 분명하게 말하자면, 대대적 대립관으로의 관점 전환을 제안하고자 한다. 대대적 대립관은 현대 사회생태의 문제를 근본적으로 치유할 수 있는 새로운 관점을 보여 준다.

3.
대대적 대립관에서
사회생태의 답을 발견하다

대대적 대립관

대대적 대립관은 모든 대립을 바라보는 새로운 관점이며, 현대의 사회생태적인 문제를 근원적으로 치유할 수 있는 관점이다. 진화론의 관점에서 잡풀이 무성한 밭을 들여다보면, 풀들은 햇볕을 쬐기 위해서 서로서로 경쟁하고 있는 것처럼 보인다. 그러나 대대적 대립관의 관점에서 그 밭을 보면, 다양한 풀들은 서로서로 상보적인 관계를 형성하고 있는 것으로 보인다. 햇볕을 좋아하는 풀들은 높이 뻗고 큰 잎을 만들어서 음지식물인 다른 풀들이 자랄 수 있는 그늘을 만들어 주는 것이다. 홍승표는 통일체적 세계의 관계관을 보여 주는 대대적 대립관에 대한 이해를 위해서 틱낫한Thich Nhat Hanh의 '풀과 땅'에 대한 시를 사례로 설명하고 있다.홍승표, 2002: 39

풀은 자신을 땅에 맡기고, 땅은 풀에게 자신을 맡긴다. 땅이 없이 내(풀)가 있을 수 있겠는가? 나의 존재는 땅에게 의존한다. 나는 땅의 도움을 받아서, 내 생명의 싹을 틔었으며, 자랄 수 있었다. 내가 나이 들어 죽으면, 나는 땅으로 돌아간다. 나는 땅이 된다. 그리고 이듬해 봄 나의 자식인 씨앗을 따뜻하게 품어 주고, 그가 싹을 틔우고 자랄 수 있게 도와준다. 그리고 다시 나의 자식 역시 땅으로 돌아와 나와 하나가 된다.

여기에서 살펴본 '풀과 땅'의 관계가 대대적 대립관의 관점에서 바라본 모든 대립물 간의 관계의 특징이다. 너의 존재를 전제로 해서만 나의 존재가 성립하고, 나와 너는 사랑으로 하나가 되며, 나와 너는 본래 하나이다.

음양론

대대적 대립관을 가장 잘 드러나는 사상은 바로 음양론陰陽論이다. 음양론은 대립물들 간의 상반응합相反應合을 통해서 인간·자연·사회에 일관하는 설명의 틀을 제시하고자 한다. 음양론은 모든 존재의 상생과 상성의 관계를 전제로 하고 있다.馮友蘭, 1993: 306 음양론은 모든 존재 간에 보편적 연관성이 존재함을 가정한다.馮友蘭, 1993: 384 이런 주장을 홍승표는 "부분과 부분, 부분과 전체는 긴밀한 연관관계를 형성하고 있으며, 상호 간에 조화로운 작용을 한다고 간주한다. 이러한 가정에 바탕하여, 음양론은 이 세계가 음과 양의 대립물로 구성되어 있다고 파악한다"고 설명하고 있다.홍승표, 2005: 398

음양론의 관점에서 볼 때, 모든 존재는 대립물의 존재를 전제로 하여 성립되는 상호의존의 관계에 있다.이현지, 2006: 53 음과 양은 서로 의존하고 있을 뿐만 아니라, 대립물을 포함하고 있다. 즉 음 속에는 양이, 양 속에는 음이 내포되어 있다. 그러므로 음양은 전일全—한 것의 양극이다. 뿐만 아니라 음양은, 양이 극에 달하면 음이 자라나며, 음이 극에 달하면 양이 자라나는 상호전화의 관계에 있다.揚力, 1993: 113 이렇듯 음양론은 음과 양의 상반응합이라고 하는 대대성對待性을 통하여 인간, 자연, 사회에 일관하는 설명의 틀을 제시하고자 한다.최영진, 1994: 58-59

음양론에서 보듯이, 對待的 대립관이란 마주하고 있는 대립물들을 네가 있으므로 내가 있을 수 있는 서로를 이루어 주는 관계로 인식하는 관점을 가리킨다. 對待的 대립관의 관점에서 보면, 이 세상에 어떤 존재도 홀로 살아갈 수는 없다. 모든 대립물들은 서로 의존하고 있으며, 근원적으로 하나이다.홍승표, 2005: 398-399

대대적 관점에서 보았을 때, 정상적인 관계 맺음의 방식은 무엇일까? 답은 사랑이다. 사랑이란 무엇인가? 사랑이란 '하나 됨'이다. 근대적 세계관은 모든 존재 간의 근원적인 분리를 전제한다. 그러므로 근대적 세계관의 관점에서 볼 때, 사랑은 근원적으로 불가능한 것이다. 이것이 현대 사회가 사랑의 불모지가 되고 있는 근원적인 요인이다.

이에 반해서, 대대적 대립관의 관점에서 보았을 때, 사랑이란 가장 정상적이며 창조적인 것이다. 대대적 대립관에서 말하는 진정한 사랑이란 어떤 것인가? 모든 진정한 사랑은 다음과 같은 몇 가지 특징을 갖고 있다.홍승표, 2007: 164-168

첫째, 진정한 사랑은 자신과 상대편에 대한 깊은 존경심을 바탕으로 한다. 둘째, 진정한 사랑은 상대편에 대한 깊은 이해에 바탕을 두고 있다. 셋째, 진정한 사랑은 상대편의 특성을 존중한다. 넷째, 진정한 사랑은 상대편을 자유롭게 한다. 다섯째, 진정한 사랑은 자신과 상대편 모두에게 기쁨을 준다.

4.
조화로운 사회생태를 그리다

부조화의 현대 사회생태

대대적 대립관은 현재의 사회생태 문제를 극복하고 조화로운 사회생태의 건설을 위해서 어떻게 기여할 수 있는가? 그 답은 대대적 대립관의 결과인 사랑에서 찾을 수 있다. 진정한 사랑의 다섯 가지 특징에 대한 설명과 대응해서, 이 장에서는 대대적 대립관에 바탕 한 새로운 사회생태의 비전을 제시하고자 한다.

첫째, 새로운 사회생태의 기초가 되는 것은 자신과 상대편에 대한 깊은 존경심이다. 근대적 세계관의 영향 아래 있는 현대인들은 근본적으로 자신(나, 우리 가족, 우리 마을, 우리 민족, 우리 국가, 우리 종교)과 상대편(너, 너희 가족, 너희 마을, 너희 민족, 너희 국가, 너희 종교)을 존중하지 않는다.

상대편은 그렇다 치고 왜 나 자신조차 존중하지 않는 것일까? 근대적 세계관의 관점에서 보면, 나는 시간과 공간적으로 세계와 근원적으로 분리된 존재이며, 우연히 생겨난 유한한 생명 덩어리일 따름이다. 그러므로 나를 근본적으로 존중해야 할 아무런 이유도 없다. 근대적 세계관에 투철하였던 장 폴 사르트르Jean Paul Sartre는 존재는 이유없이, 원인 없이, 필연성 없이 존재한다고 주장한다. 우연성에 근거한 인간의 존재는 존중받아야 할 대상이 아니다.^{J. P. Sartre, 1968: 828}

이렇게 자신에 대한 근본적인 존중감을 가질 수 없을 때, 우리가 갖게 되는 것은 우월감이나 열등감이다. 그러나 우월감이건 열등감이건 간에 이 바탕 위에서 건강한 관계를 건설할 수 없다. 이것이 바로 현대 사회에서 사회생태의 혼란과 붕괴의 근본적인 원인이다.

조화로운 사회생태

대대적 대립관에 바탕 하였을 때, 우리는 나 자신과 상대편에 대한 근본적인 존중감을 갖는다. 적대적 대립관이 근대적 세계관의 일부이듯이, 대대적 대립관은 통일체적 세계관의 일부이다. 통일체적 세계관에서 바라보았을 때, 莊子가 『齊物論』에서 논한 바와 같은 齊物의 세계가 열린다. 모든 존재는 평등하다. 어떻게 평등하냐 하면 아무리 하찮아 보이는 것 속에도 道가 내재해 있다는 의미에서 평등하다. 일체만물은 지극히 존귀한 것이다.

그러므로 나도 존귀하며, 너도 존귀하다. 이 바탕 위에 서면, 건강하고 창조적인 사회생태의 건설이 가능하다. 오늘날 사회생태의 혼란과 붕괴의 근원을 보면 '나 자신과 상대편을 진정으로 존중하지 않음'이란 문제가 놓여 있다. 부부관계나 부자관계의 혼란과 파탄에도, 국가 간 관계의 혼란과 파탄에도, 그 근원에는 바로 이 문제가 놓여 있다. 미국은 이라크를 존중하지 않으며, 이라크는 미국을 존중하지 않는다. 뿐만 아니라 미국이나 이라크는 자기 자신도 진정한 의미에서 존중하지 않는다. 다만 우월감이나 열등감을 갖고 있을 따름이다.

대대적 대립관에서 연유하는 '나 자신도 존귀하고' '너도 존귀하다'는 바탕을 갖게 된다면, 모든 수준에서의 행위 주체들이 창조적이고 조화로운 방식으로 공존하는 것이 가능하다.

　둘째, 새로운 사회생태의 기초가 되는 것은 상대편에 대한 진정한 이해이다. 적대적 대립관의 관점에서 볼 때, 상대편은 나에게 있어서 이용·지배·극복의 대상이다. 현대 사회에서 모든 수준에서 행위의 주체들은 바로 이런 관점에서 상대편을 이해한다.

　이것은 상대편에 대한 진정한 이해가 아니다. 이런 방식으로는 상대편이 겪고 있는 기쁨과 슬픔, 상대편이 안고 있는 고통과 상처를 알 수 없다. 이렇게 상대편을 이해하게 되면, 상대편을 자신의 목적에 이용하려 하거나 지배하려 할 뿐, 건강한 관계를 건설할 수는 없다. 필연적으로 사회생태의 혼란과 붕괴가 초래된다.

　'너는 누구인가?'에 대한 올바른 대답은 오직 대대적 대립관의 관점에서만 주어질 수 있다. 앞에서 틱낫한의 '풀과 땅'에 대한 시를 언급했었다. 바로 그 시 속에서 나(풀)에 의한 너(땅)에 대한 이해야말로 상대편에 대한 진정한 이해이다. 네가 있음으로 내가 있음을 알게 될 때, 네가 내가 되고 내가 네가 됨을 알게 될 때, 네가 바로 나임을 알게 될 때, 인류는 비로소 건강한 사회생태의 실현을 위한 굳건한 기초를 갖게 된다.

　셋째, 새로운 사회생태의 특징은 자신과 다른 상대편의 특징을 존중한다는 점이다. 적대적 대립관의 관점에서 볼 때, 다름은 극복의 대상이 된다. 공산주의와 자본주의라는 서로 다른 이념을 갖고 있는 국가들은 서로 상대편을 극복하려고 한다. 남성과 여성이라는 서로 다른 성을 갖고 있는 집단들은 서로를 지배하려고 한다. 흑인과 백인이라는 서로 다른 인종 집단들은 상대편을 차별한다. 이렇게 되었을 때,

사회생태는 필연적으로 혼란과 붕괴를 빚게 된다.

이에 반해서, 대대적 대립관의 관점에 서면, 다름은 조화의 바탕이 된다. 대대적 대립관은 대립물 간의 和를 이상적인 상태로 여긴다. 그런데 화和는 동同(같음)의 바탕 위에서는 이루어질 수 없다. 공자孔子가 '화이부동和而不同'을 말한 것도 바로 이와 같은 맥락에서이다. 화和는 이異(다름)의 바탕 위에서만 이루어질 수 있다.

바로 이와 같은 이유에서, 새로운 사회생태는 자신과 다른 상대편의 특징에 대한 존중을 그 기본 원리로 삼는다. 어떤 다름도 자신과의 동화의 대상으로 여기거나 차별의 원인이 되지 않는다. 이런 바탕 위에서, 서로 다른 개성·집단·지역·민족·국가·종교·인종 간에는 평화로운 공존이 이루어진다.

넷째, 새로운 사회생태의 특징은 서로를 자유롭게 한다는 점이다. 적대적 대립관을 갖게 되면, 상대편을 이용·지배·극복하고자 한다. 필연적으로 상대편의 자유를 용납할 수 없다. 미국은 중동을 자유롭게 놓아두고자 하지 않으며, 남편은 아내를, 부모는 자식을, 종교인들은 다른 종교를 믿는 사람들을 자유롭게 놓아두고자 하지 않는다. 이렇게 되었을 때, 사회생태의 혼란과 붕괴는 가속화된다.

대대적 대립관의 관점을 갖게 되면, 상대편을 자유롭게 한다. 자신이 갖고 있는 의지를 상대편에 관철하고자 하지 않는다. 사디즘sadism이나 마조히즘masochism을 사랑으로 착각하지 않는다. 진정한 사랑은 자유의 상실이 아니라 자유 속에서만 자랄 수 있음을 안다. 상대편을 자유롭게 해 주는 가운데, 상대편의 성장과 행복에 도움을 주는 것, 소유하거나 지배하려고 하지 않는 가운데, 하나 됨에 이르는 것, 이것이 바로 대대적 대립관의 바탕 위에서 사랑의 의미이다.

새로운 사회생태는 바로 이런 원리를 기초로 한다. 더 이상 미국은 중동을 소유하거나 지배하려고 하지 않는다. 다만 중동을 자유롭게 하는 가운데 중동인의 행복에 이바지할 수 있는 도움을 제공할 뿐이다. 더 이상 부모는 자식을, 남편은 아내를 지배하거나 구속하지 않는다. 상대편을 자유롭게 하는 가운데, 상대편의 성장과 행복에 기여할 수 있는 도움을 제공할 뿐이다. 이것이 바로 새로운 사회생태의 중요한 특징이다.

다섯째, 새로운 사회생태는 모든 존재에게 기쁨을 준다. 적대적 대립관에 바탕 한 현대의 사회생태는 모든 존재에게 고통을 준다. 미국은 이라크에 고통을 주며, 이라크는 미국에게 고통을 준다. 미국도 이라크도 결코 행복하거나 기쁨을 얻지 못한다. 도시는 농촌에 고통을 준다. 남성은 여성에게 고통을 준다. 양의사들은 한의사들에게 한의사들은 양의사들에게 고통을 준다. 부모는 자녀들에게 자녀들은 부모에게 고통을 준다. 아무도 행복하지 않으며, 기쁨을 느끼지 못한다.

이에 반해서, 대대적 대립관에 바탕 하고 있는 새로운 사회생태에서는 모든 존재가 기쁨을 느낀다. 미국은 이라크를 진정으로 이해하고 사랑하며, 자신의 사랑으로 인해 기쁨과 행복을 느낀다. 이라크 역시 미국을 진정으로 이해하고 사랑하며, 자신의 사랑으로 인해 기쁨과 행복을 느낀다. 도시는 농촌에 농촌은 도시에, 남성은 여성에게 여성은 남성에게, 양의사들은 한의사들에게 한의사들은 양의사들에게, 부모는 자녀에게 자녀는 부모에게, 기쁨을 주며 스스로 기쁨을 느낀다. 이것이 새로운 사회생태의 한 가지 단면이다.

요약하자면, 적대적 대립관에 바탕 하고 있는 현재의 사회생태에서 모든 수준의 행위 주체들은 고통과 불행, 부자유와 상처를 안는다. 이에 반해서, 대대적 대립관에 바탕 하고 있는 새로운 사회생태에서 모든 수준의 행위 주체들은 기쁨과 행복, 자유와 사랑을 향유한다. 사회

생태의 극적인 대전환은 그 출발점이 바로 나와 너의 마주함을 바라
보는 관점에 놓여 있다.

참고 문헌

『論語』.
『孟子』.
『小學』.
『中庸』.

고재욱. 2006. "공자의 사회사상 연구", 『중국학보』 53: 261-280.

고전연구회. 2006. 『스승과 제자』. 포럼.

교육부. 2017. 『5~6학년군 사회 1, 2, 3, 4』. (주)지학사.

구명숙·김수동. 2007. 「한국(韓國)의 문화(文化): 리더십으로서의 섬김의 현대적 이해-『목민심서(牧民心書)』를 중심으로」. 『한국사상과 문화』 38: 295-330.

구승회. 2004. 『생태위기와 환경윤리, 지구촌 공동체-IT의 사회·문화적 영향 연구: 21세기 한국메가트렌즈 시리즈』. 정보통신정책연구원.

국립국어원. 2018. 「표준국어대사전」. http://www.korean.go.kr/

권상우·권의섭·이현지. 2017. 『인성교육과 사회적 기업』. 계명대학교 출판부.

김경미. 2009. "공자의 교육사상에 관한 연구", 성균관대학교 유학대학원 석사학위논문.

김경호. 2012. 『동양적 사유는 어떻게 탄생했는가』. 글항아리.

김계순·류경희·심성경. 2015. "만 4세 유아와 초등 1, 2학년의 협력적 교육활동을 통한 유아의 친사회적 행동과 리더십의 효과." 『육아지원연구』 10(4): 53-77.

김대곤. 2000. "공자의 이상적 인간관", 경산대학교 대학원 석사학위논문.

김득수. 2011. "유교의 평생학습교육에 관한 고찰: 공자의 성인학습과 생애실현을 중심으로." 고려대학교 석사학위논문, 2011.

김병희. 2003. "유교적 교육 전통에서의 사제관계의 성격." 『사회사상과 문화』 7: 131-152.

김병희. 2008. 『전통교육의 현대적 이해』. 고양: 공동체.

김석진 역주. 1997. 『주역전의대전 상』. 대유학당.

김수동. 2007. "리더십으로서의 도덕적 품성: 『목민심서』를 중심으로." 『숙명리더십연구』 5: 143-159.

김연옥. 2016. "1인 가구 시대의 도래: 특성과 생활실태." 『한국가족복지학』 52: 139-166.

김용석. 2007. 『철학정원』, 한겨레출판.

김익수. 2007. "한국사상과 인성교육: 율곡(栗谷) 이이(李珥)의 자경문과 입지론." 『한국의 청소년문화』 10.

김일환. 2008. "현대 사회와 유교의 사회적 덕목: 충서와 노블레스 오블리주를 중심으로." 『유교사상문화연구』 32.

김재식. 2014. "공동체 의식 함양을 위한 초등 도덕과 교육의 전략 탐색." 『초등도덕교육』 45: 29-52.

김정원. 2010. 「초등 다문화교육의 진단과 방향」. 『다문화교육』 제1권 1호: 135-157.

김종길·박수호. 2010. "디지털시대의 '가족혁명': 신화인가 현실인가?." 『사회와이론』 38: 143-177.

김종두. 2007. "茶山 思想에서의 공직 리더십에 관한 연구." 『도덕윤리과교육』 24: 195-216.

김종선. 2008. "도덕과 교육에서의 『小學』의 활용방안에 관한 연구." 한국교원대학교 교육대학원 철학교육전공 석사학위논문.

김진근. 2014. "인간의 존엄성에 대한 고찰-선진 유가를 중심으로." 『공자학』 27.

김필년. 1992. 『동-서문명과 자연과학』. 까치.

남미경. 2010. "국내외 인공지능형 로봇 개발 및 시장 현황 연구-인공지능형 로봇청소기 사례를 중심으로." 『한국디자인문화학회지』 16(2): 198-207.

노진철. 2003. "환경문제와 사회과학의 패러다임 전환." 『사회과학』 제11권.

민족문화추친위원회 편. 1996. 『국역 율곡집』. 솔출판사.

박경환. 2014. "유학의 현대적 의의." 경북선비아카데미 엮음. 『경북의 유학과 선비정신』. 한국국학진흥원.

박균섭. 2007. "유교의 인격 규정: 공자의 입론, 그리고 안연과 재아." 『동양철학연구』 50.

박병기. 2008. "도덕교육의 목표로서의 군자(君子)와 시민." 『윤리교육연구』 15: 1-18.

박연호. 2002. "敎師로서의 孔子: 業績과 그 敎育史的 意義", 『교육사학연구』 12: 1-70.

박영숙·제롬 글렌·테드 고든·엘리자베스 플로레스큐. 2013. 『유엔미래보고서 2040』. 교보문고.

박재주. 2007. "유가윤리에서의 공감(sympathy)의 원리", 『도덕교육연구』 18(2): 215-238.

방영준. 2003. "사회생태주의의 윤리적 특징에 관한 연구- 머레이 북친을 중심으로." 『국민윤리연구』 제53호.

사이토 가즈노리(齋藤和紀). 2018. 『AI가 인간을 초월하면 어떻게 될까?: 2045년, 기술이 무한대로 진화하는 특이점이 온다』. 이정환 옮김. YES24.

석은유. 2010. "『小學』 九思를 통한 禮節敎育에 관한 硏究." 원광대학교 동양대학원 석사학위논문.

석태제. 2017. "제4차 산업혁명시대의 인간상과 교육의 방향 및 제언." 『교육학연구』 제55권 제2호.

선정규. 2017. "현대 리더십의 문화적 특성에 기반을 둔 리더십교육 발전방안 연구." 고려대학교 대학원 응용언어문화학협동과정 박사학위논문.

설규주·은지용. 2011. "사회과와 도덕과의 교육과정 내용 중복성에 대한 분석과 대응." 『시민교육연구』 43(1): 55-86.

성경희. 2012. "정체성 구분과 '대위법적 다문화교육'." 『다문화교육 연구와 실천』 4: 55-78.

손병욱. 2000. "수양과 실천의 통일-남명학파." 한국사상사연구회 편. 『조선 유학의 학파들』. 예문서원.

손홍철. 2013. "다산(茶山)과 호지명(胡志明)의 애민정신(愛民精神)의 比較." 『동양문화연구』 15: 81-102.

송명규. 2003. "심층생태학과 사회생태의 논쟁에 대한 비판적 고찰." 『도시행정학보』 제16집 제3호.

신영삼. 2011. "셀프리더십 교육 프로그램이 참여자의 대인관계와 자아존중감에 미치는 영향." 중앙대학교 글로벌인적자원개발대학원 석사학위논문.

신홍성. 2017. "2015 개정 교육과정에 따른 초등사회과 단원 재구성: 'Big Idea' 론에 의거하여." 전주교육대학교 교육대학원 석사학위논문.

심우섭. 2004. "子의 人間價值觀에 관한 연구: 仁思想을 中心으로." 『교육연구』 39.

아디야 샨티. 2015. 『깨어남에서 깨달음까지』. 정성채 옮김. 정신세계사.

안대회. 2009. 『부족해도 넉넉하다』. 김영사.

楊力. 1993. 『周易과 中國醫學』. 김충렬 외 역. 법인문화사.

양재열. 1998. "儒敎思想의 21世紀的 課題." 『철학논총』 15.

엄상현. 2014. "초등학교 인성교육 실태 분석- 근거이론 연구방법에 기초하여."

『한국교육』 41(4).

연재흠. 2014. "공자의 심론(心論)과 마음의 치유."『공사논문집』 65.

유교문화연구소 옮김. 2006.『논어』, 성균관대학교 출판부.

윤도현. 2004. "생태에 관한 사회과학적 접근." 국중광·박설호 엮음.『생태위기와 독일 생태공동체』. 한신대학교 출판부.

윤사순, 「栗谷 李珥의 도학적 인간관」,『율곡학보』 12, 1999.

이강대. 2011. "공자의 인론(仁論)에 관한 소고."『동서철학연구』 61: 333-353.

이경무. 2010. "'인(人)', '기(己)', '심(心)', '욕(欲)'과 공자의 인간 이해."『철학논총』 59.

이광소. 2007. "공자의 교육사상과 방법론", 고려대학교 교육대학원 석사학위논문.

이남복. 1999. "사회적 관찰과 생태적 위기."『사회과학논총』 제19집.

이동욱. 1996. "論語에 나타난 孔子의 人性教育 研究." 한국교원대학교 대학원 석사학위논문.

이동인. 1995. "栗谷의 教育改革論."『儒學研究』 3.

이동인. 1995. "율곡의 사회개혁사상."『한국사상사학』 7.

이동인. 2004.『율곡의 사회개혁사상』. 백산서당.

이동인. 2012. "율곡 인권사상의 현대적 의의."『한국학논집』 47.

이명수. 2007. "退溪 李滉의 心學에 있어 '敬'과 욕망의 문제."『유교사상문화연구』 28.

이상덕. 1993. "名家의 家訓- 李栗谷先生의 家訓."『경주연구』 2.

이선. 2009. "부끄러움의 도덕적 기능."『철학논총』 55.

이선경. 2014. "『주역』의 변통론과 율곡의 개혁사상."『사회사상과 문화』 29.

이승연. 2017. "인공지능 시대, 학교는 무엇을 가르쳐야 하는가?"『동양사상에게 인공지능 시대를 묻다』. 살림터.

이애희. 2000. "율곡의 사회개혁사상."『율곡학회지』.

이영노. 2003. "『小學』의 體系論的 分析을 통한 孝 教育 研究: 초등학교 효 교육 활용방안을 중심으로." 성산효도대학원대학교 효학과 효학전공 석사학위논문.

이영자. 2011. "신자유주의 시대의 초개인주의."『현상과인식』 35(3): 103-127.

이영재. 2013. "공자의 '서(恕)' 개념에 관한 공감도덕론적 해석."『한국정치학회보』 47(1): 29-46.

이우진·이권재. 2014. "조선시대 사림(士林)의 스승담론 연구-사설류(師說類) 분석을 통해."『韓國教育史學』 36(1): 33-50.

이은정. 2017. 「비판적 다문화교육 관점에 따른 초등학교 5·6학년 도덕 교과서 분석」. 경인교육대학교 교육전문대학원 다문화교육 석사학위논문.

이이. 1996.『국역 율곡집』. 민족문화추진위원회 편. 솔.

이재권. 2009. "전통적 교사관의 현대적 해석-『논어』에서 경사(經師)와 인사(人師)를 중심으로."『동서철학연구』51: 5-34.

이재설. 2005. "공자의 교육사상 연구", 고려대학교 대학원 석사학위논문.

이종일. 2001. "사회과 교육의 새로운 동향과 정보사회와의 관계."『논문집』36: 41-62.

이종일. 2008. "타자인식 변화에 따른 다문화 준거의 변화."『사회과교육연구』15(2): 1-21.

이종일. 2010. "사회과 교사교육 상호보완 프로그램의 구체화."『사회과교육연구』17(2): 13-26.

이진희. 2008. "공감과 그 도덕 교육적 함의에 관한 연구",『도덕윤리과교육연구』26: 77-100.

이해욱. 2008. "『小學』의 내용분석을 통한 초등 도덕교육 활용방안 연구." 공주교육대학교 교육대학원 초등윤리교육전공 석사학위논문.

이현지. 2001. "음양론의 여성학적 함의."『東洋社會思想』제4집.

이현지. 2005. "탈현대적 가족 여가를 위한 구상."『동양사회사상』12: 161-181.

이현지. 2006. "음양, 남녀 그리고 탈근대."『東洋社會思想』제13집.

이현지. 2006. "탈현대적 성역할 담론 구성을 위한 음양론적 접근."『東洋社會思想』제14집.

이현지. 2008. "유교연구의 새로운 지평-근대성을 넘어서."『철학논총』54: 131-145.

이현지. 2009. "『주역』과 행복한 가족론."『동양사회사상』20: 129-154.

이현지. 2011a. "한국 사회의 가족문제와 『주역』의 해법."『한국학논집』42: 207-226.

이현지. 2011b. "새로운 가족이론 구성을 위한 시론-『주역』을 바탕으로."『동양사회사상』24: 97-127.

이현지. 2012a. "『논어』에서의 덕, 도 그리고 마음공부의 탈현대적 함의."『동양사회사상』26.

이현지. 2012b. "『周易』時中思想의 脫現代的 含意."『儒學硏究』27: 281-303.

이현지. 2013a. "儒家的 삶의 脫現代的 含意."『유가사상문화연구』54: 317-338.

이현지. 2013b. "『주역』정鼎괘를 통한 한국 다문화사회 문제해결 방안."『사회사상과 문화』27: 253-279.

이현지. 2014. "유가적 사제관계의 탈현대적 함의."『초등도덕교육』 45.

이현지. 2015a. "율곡 사상의 탈현대적 함의."『율곡학연구』 30: 119-142.

이현지. 2015b. "공자 마음공부의 탈현대적 함의."『철학논총』 82(4): 477-497.

이현지. 2016. "유교사상과 인공지능시대의 가족에 대한 시론."『사회사상과 문화』 19(3): 91-116.

이현지. 2017. 「『목민심서』와 초등사회과 리더십교육」. 『한국학논집』 69: 361-381.

이현지. 2018. "퇴계사상의 인성교육적 함의."『철학논총』 91(1).

이현지·박수호. 2014. "공자의 교육적 인간상과 탈현대적 함의."『사회사상과 문화』 29: 169-196.

이현지·이기흥. 2012. "『논어』의 중용사상과 마음공부."『동양사회사상』 25: 35-57.

이현지·정재걸·홍승표. 2013. "마음교육철학으로서『주역』에 대한 일고찰."『교육철학』 49: 189-207.

임가희. 2005. "『論語』 속에 나타난 공자의 교육관." 수원대학교 교육대학원 석사학위논문.

임영빈. 2017. "초등도덕교육에서의『소학』 활용 방안." 경인교육대학교 교육대학원 윤리인성교육전공 석사학위논문, 2017.

장동진·마상훈. 2016. "인(仁)과 우애(friendship)의 정치철학."『한국동양정치사상사연구』 15(1): 227-263.

장숙필. 2000. "기론과 도학 정신의 융합-화담학파." 한국사상사연구회 편.『조선유학의 학파들』. 예문서원.

장승희. 2008. "유교에서 본 다문화교육 시론."『유교사상연구』 34: 103-128.

장승희. 2010. "공자사상에서 정서교육의 해법 찾기", 『동양철학연구』 61: 159-192.

장윤수. 2004. "공자의 발문을 통해서 본 유가적 교학이념의 특징."『철학논총』 38(4): 55-79.

장윤수. 2013.『경북 북부지역의 성리학』. 심산.

장윤수. 2015. "수신, 선비의 자기완성."『조선시대의 선비』. 경북정체성포럼 선비분과 지음. 경북정체성포럼.

장흥효. 2012.『敬堂日記』. 강정서·김영옥·남춘우·전백찬 옮김. 한국국학진흥원.

정경환. 2010. "공자의 정치사상에 관한 연구."『서석사회과학논총』 3. 조선대학교 사회과학연구원.

정민. 2011.『삶을 바꾼 만남: 스승 정약용과 제자 황상』. (주)문학동네.

정병석·엄진성. 2011. "道德情感을 통해 본 공자의 仁."『철학논총』 64.

정상봉. 2015. "공존(共存)과 공감(共感)의 근거: 인(仁)."『한국철학논집』 46: 93-115.

정수복. 1996.『녹색 대안을 찾는 생태학적 상상력』. 문학과지성사.

정약용. 2017.『마음으로 쓴 벼슬살이의 지침 목민심서』. 김기주 역. 계명대학교 출판부.

정영수. 2010. "선진유학의 인간본성론."『범한철학』 57: 61-84.

정윤경. 2014. "한국 교육의 역사 속에서 살펴본 '초등교육'의 의미와 특성."『한국초등교육』 25(3): 251-273.

정재걸. 1999. "유가 교육 사상의 탈근대적 의미",『동양사회사상』 2: 127-162.

정재걸. 2000. "초등학교 전통문화 교육을 위한 기초연구(2): 사제관계."『초등교육연구』 16: 225-238.

정재걸. 2002. "전통 교육, 근대 교육, 탈근대 교육."『사회사상과 문화』 6: 133-168.

정재걸. 2006. "『논어』와 탈근대 교육의 설계."『동양사회사상』 14.

정재걸. 2010.『오래된 미래교육』. 살림터.

정재걸. 2014. "현대문명과 교육." 경북선비아카데미 엮음.『경북의 유학과 선비정신』. 경상북도·한국국학진흥원, 177-197.

정재걸. 2015. "극기(克己)와 무아(無我)의 교육학."『사회사상과 문화』 18권 1호.

정재걸. 2019.『우리 안의 미래교육』. 살림터.

정재걸·이현지. 2014. "유학의 본성과 탈현대 교육."『초등도덕교육』 44: 407-432.

정재걸·홍승표·이승연·이현지·백진호. 2014.『동양사상과 마음교육』. 살림터.

정재걸·홍승표·이현지·백진호. 2014.『주역과 탈현대 1, 2』. 문사철.

제러미 리프킨(Jeremy Rifkin). 2014.『한계비용 제로 사회』. 안진환 옮김. 민음사.

조남국. 1994. "율곡의 경제사회사상."『율곡사상연구』 1.

조남국. 2002. "율곡 사상에 나타난 화(和)의 의미." 예문동양사상연구원·황의동 편저.『율곡 이이』. 예문서원.

조석환·이언주. 2017. "인성교육을 위한 초등 도덕과 교육과정 분석과 향후 개선 방향."『초등도덕교육』 55.

차선자. 2008. "새로운 가족문화를 위한 가족정책: 대안가족 구성을 중심으로."『아시아여성연구』 47(2): 39-72.

최병근. 2007. "목민심서에 나타난 공직자 리더십." 수원대학교 행정대학원 석사학위논문.

최새은. 2017. "제4차 산업혁명과 가족생활." 『한국가정과교육학회 춘계 학술대회』 6: 120-133.

최석민. 2013. "창의, 인성교육의 실태: 초등 도덕과 사고 기법 활용 실태를 중심으로." 『초등도덕교육』 43.

최영진. 1994. "儒敎의 中庸思想에 관한 考察-『周易』과 『中庸』을 中心으로." 인문과학연구소 편저. 『동서사상의 대비적 조명』. 성균관대학교 출판부.

최인순. 1997. "栗谷思想에 있어서 經濟倫理의 意味." 『율곡합보』 5.

클라우스 슈밥. 2016. 『클라우스 슈밥의 제4차 산업혁명』. 송경진 옮김. 새로운 현재.

퇴계학연구원. 2007. 『퇴계를 알면 마음이 열린다』. 글익는들.

팀 얼반(Tim Urbon). 2015. "AI Revolution." Wait But Why.

馮友蘭. 1993. "유물론적 요소를 가진 음양오행가의 세계관." 김홍경 편역. 『음양오행설의 연구』. 신지서원.

하성수. 2016. "초등 사회 교과서 속의 다문화 교육 요소: 2009개정 5-6학년군 교과서를 중심으로." 부산교육대학교 석사학위논문.

홍성태. 2006. "고도성장의 한계와 생태적 전환." 『경제와 사회』 제69권.

홍승표. 2002. 『깨달음의 사회학』. 예문서원.

홍승표. 2003. 『존재의 아름다움』. 예문서원.

홍승표. 2005. "對待的 對立觀의 탈현대적 의미." 『철학논총』 40: 389-404.

홍승표. 2006. "유가 인간관의 탈현대적 함의." 『東洋社會思想』 13: 113~131.

홍승표. 2007. 『노인혁명』. 예문서원.

홍승표. 2008. "유교사상을 통해 본 다문화사회." 『철학연구』 107: 69-89.

홍승표. 2011. 『동양사상과 탈현대적 삶』. 계명대학교 출판부.

홍승표. 2012. 『탈현대와 동양사상의 재발견』. 계명대학교 출판부.

홍승표. 2014. "탈현대 교육으로서의 유교교육." 『사회사상과 문화』 30: 187-208.

홍승표. 2015. "유교 마음공부의 탈현대적 함의." 『한국학논집』 60: 189-208.

홍승표. 2018. 『노자와 탈현대 문명』. 살림터.

홍승표·정재걸·이승연·백진호·이현지. 2017. 『동양사상에게 인공지능 시대를 묻다』. 살림터.

황금중. 2014. 『학(學)이란 무엇인가』. 글항아리.

황의동. 2013. 『이율곡 읽기』. 세창미디어.

황의동. 2014. "율곡철학에 있어서 '도덕'과 '경제'의 相涵性." 『사회사상과 문화』

29.

Bookchin, Murray. 1998.『사회생태주의란 무엇인가』. 박홍규 옮김. 민음사.

Bookchin, Murray. 2002.『휴머니즘의 옹호』. 구승희 옮김. 민음사.

Darwin, Charles R.. 1983.『種의 起源』. 이민재 옮김. 을유문화사.

Marx, Karl and Frichdrich Engels. 1984.『The German Ideology』. Karl Marx and Friedrich Engels Collected Works Vol. 5, Moscow, U.S.S.R: Progress Publishers.

Malthus, Thomas R.. 1972.『인구론』. 이민재 옮김. 대양서적.

Rachel L. Carson. 2002.『침묵의 봄』. 김은령 옮김. 에코리브르.

Samuel Huntington. 2000.『문명의 충돌』. 이희재 옮김. 김영사.

Sartre, Jean Paul. 1968.『存在와 無』. 양원달 옮김. 을유문화사.

글로벌이코노믹. 2015년 12월 18일. "마음치유 자판기, 대학로에 등장… 서울문화재단, 21일부터 서울연극센터서 '마음약방' 2호점 운영."

나우뉴스. 2018년 5월 27일. "AI 소피아 개발자 '30년 내 인간과 로봇 결혼할 것'."

뉴스토마토. 2016년 9월 15일. "'520만 1인가구'가 대세… 우리나라 가구형태 대변화."

법무 매거진. 2017년 5월 29일 자. "세계인의 날! 다양한 문화행사를 만나다."

사이언스타임즈. 2017년 2월 21일. "'꼭 사랑이 아니어도 괜찮아' 로봇이 바꾸는 세상(8) 로봇 연인."

사이언스타임즈. 2017년 7월 6일. "섹스로봇 부작용 매우 심각: FRR 보고서, 결혼생활 등에 변화 예고."

사이언스타임즈. 2018년 3월 28일. "엄마·아빠 없는 인공출산 시대 도래: 시험관 배우자 형성 기술에 유전자가위 결합."

사이언스타임즈. 2018년 9월 25일. "4차 산업혁명시대에 필요한 교육은? 미래교육 실천이 답이다."

아시아뉴스통신. 2018년 1월 25일 자. "혼족 겨냥한 역할대행 서비스 다양해져, 안전하고 편안한 인간관계 제공하는 '썸메이트'."

영남일보. 2017년 4월 10일 자. "'정재걸 교수'의 오래된 미래 교육: 예악 교육의 필요성."

이데일리. 2014년 4월 1일 자. "정신건강 위기에 내몰린 교사들, "학부모가 무섭다.""

한국교육신문. 2014년 4월 4일 자. "학교 컨설팅, 교육 문제의 해답 될 것."

헤럴드경제뉴스. 2016년 2월 6일. "[한국의 경제행복지수] 삶의 만족도 OECD 하위권… 노후-주택-양육 부담에 '헉헉'."

통계청. 2017년 11월 28일 자. "지역별 다문화 출생."

네이버사전. 2015. http://hanja.naver.com/hanja?q=%E6%95%AC.

대구교육대학교. 2018. 「2018학번 교육과정 편제표」. http://mbook.dnue. ac.kr/20180220_085402/

동양고전 종합DB. http://db.cyberseodang.or.kr/front/main/main.do. 사단법 인 전통문화연구회.

한국학중앙연구원. 2015. 「한국민족문화대백과」. http://terms.naver.com/entry. nhn?docId=57 5408&cid=46649&categoryId=46649.

한국고전번역원. 2017. http://www.itkc.or.kr

(선생님과 함께하는 공교육 파트너)i-Scream. 2017. http://www.i-scream.co.kr

삶의 행복을 꿈꾸는 교육은 어디에서 오는가?

미래 100년을 향한 새로운 교육 혁신교육을 실천하는 교사들의 **필독서**

▶ 교육혁명을 앞당기는 배움책 이야기
혁신교육의 철학과 잉걸진 미래를 만나다!

혁신교육 존 듀이에게 묻다
서용선 지음 | 292쪽 | 값 14,000원

 다시 읽는 조선 교육사
이만규 지음 | 750쪽 | 값 33,000원

 대한민국 교육혁명
교육혁명공동행동 연구위원회 지음 | 224쪽 | 값 12,000원

 독일 교육, 왜 강한가?
박성희 지음 | 324쪽 | 값 15,000원

 핀란드 교육의 기적
한넬레 니에미 외 엮음 | 장수명 외 옮김 | 456쪽 | 값 23,000원

 한국 교육의 현실과 전망
심성보 지음 | 724쪽 | 값 35,000원

▶ 비고츠키 선집 시리즈
발달과 협력의 교육학 어떻게 읽을 것인가?

 생각과 말
레프 세묘노비치 비고츠키 지음
배희철·김용호·D. 켈로그 옮김 | 690쪽 | 값 33,000원

 도구와 기호
비고츠키·루리야 지음 | 비고츠키 연구회 옮김
336쪽 | 값 16,000원

 어린이 자기행동숙달의 역사와 발달 I
L.S. 비고츠키 지음 | 비고츠키 연구회 옮김
564쪽 | 값 28,000원

 어린이 자기행동숙달의 역사와 발달 II
L.S. 비고츠키 지음 | 비고츠키 연구회 옮김
552쪽 | 값 28,000원

 어린이의 상상과 창조
L.S. 비고츠키 지음 | 비고츠키 연구회 옮김
280쪽 | 값 15,000원

 비고츠키와 인지 발달의 비밀
A.R. 루리야 지음 | 배희철 옮김 | 280쪽 | 값 15,000원

 수업과 수업 사이
비고츠키 연구회 지음 | 196쪽 | 값 12,000원

 비고츠키의 발달교육이란 무엇인가?
비고츠키교육학실천연구모임 지음 | 412쪽 | 값 21,000원

 비고츠키 철학으로 본 핀란드 교육과정
배희철 지음 | 456쪽 | 값 23,000원

 성장과 분화
L.S. 비고츠키 지음 | 비고츠키 연구회 옮김
308쪽 | 값 15,000원

 연령과 위기
L.S. 비고츠키 지음 | 비고츠키 연구회 옮김
336쪽 | 값 17,000원

 의식과 숙달
L.S 비고츠키 지음 | 비고츠키 연구회 옮김
348쪽 | 값 17,000원

 분열과 사랑
L.S. 비고츠키 지음 | 비고츠키 연구회 옮김
260쪽 | 값 16,000원

 성애와 갈등
L.S. 비고츠키 지음 | 비고츠키 연구회 옮김
268쪽 | 값 17,000원

 관계의 교육학, 비고츠키
진보교육연구소 비고츠키교육학실천연구모임 지음
300쪽 | 값 15,000원

 비고츠키 생각과 말 쉽게 읽기
진보교육연구소 비고츠키교육학실천연구모임 지음
316쪽 | 값 15,000원

 교사와 부모를 위한 비고츠키 교육학
카르포프 지음 | 실천교사번역팀 옮김 | 308쪽 | 값 15,000원

▶ 살림터 참교육 문예 시리즈
영혼이 있는 삶을 가르치는 온 선생님을 만나다!

 꽃보다 귀한 우리 아이는
조재도 지음 | 244쪽 | 값 12,000원

 성깔 있는 나무들
최은숙 지음 | 244쪽 | 값 12,000원

 선생님이 먼저 때렸는데요
강병철 지음 | 248쪽 | 값 12,000원

 서울 여자, 시골 선생님 되다
조경선 지음 | 252쪽 | 값 12,000원

아이들에게 세상을 배웠네
명혜정 지음 | 240쪽 | 값 12,000원

 행복한 창의 교육
최창의 지음 | 328쪽 | 값 15,000원

 밥상에서 세상으로
김흥숙 지음 | 280쪽 | 값 13,000원

 북유럽 교육 기행
정애경 외 14인 지음 | 288쪽 | 값 14,000원

 우물쭈물하다 끝난 교사 이야기
유기창 지음 | 380쪽 | 값 17,000원

▶ 4·16, 질문이 있는 교실 마주이야기
통합수업으로 혁신교육과정을 재구성하다!

 통하는 공부
김태호·김형우·이경석·심우근·허진만 지음
324쪽 | 값 15,000원

 미래교육의 열쇠, 창의적 문화교육
심광현·노명우·강정석 지음 | 368쪽 | 값 16,000원

 내일 수업 어떻게 하지?
아이함께 지음 | 300쪽 | 값 15,000원
2015 세종도서 교양부문

 주제통합수업, 아이들을 수업의 주인공으로!
이윤미 외 지음 | 392쪽 | 값 17,000원

 인간 회복의 교육
성래운 지음 | 260쪽 | 값 13,000원

 수업과 교육의 지평을 확장하는 수업 비평
윤양수 지음 | 316쪽 | 값 15,000원
2014 문화체육관광부 우수교양도서

 교과서 너머 교육과정 마주하기
이윤미 외 지음 | 368쪽 | 값 17,000원

 교사, 선생이 되다
김태은 외 지음 | 260쪽 | 값 13,000원

 수업 고수들 수업·교육과정·평가를 말하다
박현숙 외 지음 | 368쪽 | 값 17,000원

 교사의 전문성, 어떻게 만들어지나
국제교원노조연맹 보고서 | 김석규 옮김 392쪽 | 값 17,000원

 도덕 수업, 책으로 묻고 윤리로 답하다
울산도덕교사모임 지음 | 320쪽 | 값 15,000원

 수업의 정치
윤양수·원종희·장군 지음 | 280쪽 | 값 14,000원

 체육 교사, 수업을 말하다
전용진 지음 | 304쪽 | 값 15,000원

 학교협동조합,
현장체험학습과 마을교육공동체를 잇다
주수원 외 지음 | 296쪽 | 값 15,000원

 교실을 위한 프레이리
아이러 쇼어 엮음 | 사람대사람 옮김 | 412쪽 | 값 18,000원

 거꾸로 교실,
잠자는 아이들을 깨우는 수업의 비밀
이민경 지음 | 280쪽 | 값 14,000원

 마을교육공동체란 무엇인가?
서용선 외 지음 | 360쪽 | 값 17,000원

 교사는 무엇으로 사는가
정은균 지음 | 292쪽 | 값 15,000원

 교사, 학교를 바꾸다
정진화 지음 | 372쪽 | 값 17,000원

 마음의 힘을 기르는 감성수업
조선미 외 지음 | 300쪽 | 값 15,000원

 함께 배움
학생 주도 배움 중심 수업 이렇게 한다
니시카와 준 지음 | 백경석 옮김 | 280쪽 | 값 15,000원

 작은 학교 아이들
지경준 엮음 | 376쪽 | 값 17,000원

 공교육은 왜?
홍섭근 지음 | 352쪽 | 값 16,000원

 아이들의 배움은 어떻게 깊어지는가
이시이 준지 지음 | 방지현·이창희 옮김 | 200쪽 | 값 11,000원

 자기혁신과 공동의 성장을 위한
교사들의 필리버스터
윤양수·원종희·장군·조경삼 지음 | 280쪽 | 값 14,000원

 대한민국 입시혁명
참교육연구소 입시연구팀 지음 | 220쪽 | 값 12,000원

함께 배움 이렇게 시작한다
니시카와 준 지음 | 백경석 옮김 | 196쪽 | 값 12,000원

함께 배움 교사의 말하기
니시카와 준 지음 | 백경석 옮김 | 188쪽 | 값 12,000원

교육과정 통합, 어떻게 할 것인가?
성열관 외 지음 | 192쪽 | 값 13,000원

학교 혁신의 길, 아이들에게 묻다
남궁상운 외 지음 | 272쪽 | 값 15,000원

프레이리의 사상과 실천
사람대사람 지음 | 352쪽 | 값 18,000원
2018 세종도서 학술부문

혁신학교, 한국 교육의 미래를 열다
송순재 외 지음 | 608쪽 | 값 30,000원

페다고지를 위하여
프레네의 『페다고지 불변요소』 읽기
박찬영 지음 | 296쪽 | 값 15,000원

노자와 탈현대 문명
홍승표 지음 | 284쪽 | 값 15,000원

선생님, 민주시민교육이 뭐예요?
염경미 지음 | 244쪽 | 값 15,000원

어쩌다 혁신학교
유우석 외 지음 | 380쪽 | 값 17,000원

미래, 교육을 묻다
정광필 지음 | 232쪽 | 값 15,000원

대학, 협동조합으로 교육하라
박주희 외 지음 | 252쪽 | 값 15,000원

입시, 어떻게 바꿀 것인가?
노기원 지음 | 306쪽 | 값 15,000원

촛불시대, 혁신교육을 말하다
이용관 지음 | 240쪽 | 값 15,000원

라운드 스터디
이시이 데루마사 외 엮음 | 224쪽 | 값 15,000원

미래교육을 디자인하는 학교교육과정
박승열 외 지음 | 348쪽 | 값 18,000원

흥미진진한 아일랜드 전환학년 이야기
제리 제퍼스 지음 | 최상덕·김호원 옮김 | 508쪽 | 값 27,000원

교사를 세우는 교육과정
박승열 지음 | 312쪽 | 값 15,000원

전국 17명 교육감들과 나눈
교육 대담
최창의 대담·기록 | 272쪽 | 값 15,000원

들뢰즈와 가타리를 통해
유아교육 읽기
리세롯 마리엣 올슨 지음 | 이연선 외 옮김 | 328쪽 | 값 17,000원

학교 민주주의의 불한당들
정은균 지음 | 276쪽 | 값 14,000원

교육과정, 수업, 평가의 일체화
리사 카터 지음 | 박승열 외 옮김 | 196쪽 | 값 13,000원

학교를 개선하는 교장
지속가능한 학교 혁신을 위한 실천 전략
마이클 풀란 지음 | 서동연·정효준 옮김 | 216쪽 | 값 13,000원

공자뎐, 논어는 이것이다
유문상 지음 | 392쪽 | 값 18,000원

교사와 부모를 위한
발달교육이란 무엇인가?
현광일 지음 | 380쪽 | 값 18,000원

교사, 이오덕에게 길을 묻다
이무완 지음 | 328쪽 | 값 15,000원

낙오자 없는 스웨덴 교육
레이프 스트란드베리 지음 | 변광수 옮김 | 208쪽 | 값 13,000원

끝나지 않은 마지막 수업
장석웅 지음 | 328쪽 | 값 20,000원

경기꿈의학교
진흥섭 외 지음 | 360쪽 | 값 17,000원

학교를 말한다
이성우 지음 | 292쪽 | 값 15,000원

행복도시 세종, 혁신교육으로 디자인하다
곽순일 외 지음 | 392쪽 | 값 18,000원

나는 거꾸로 교실 거꾸로 교사
류광모·임정훈 지음 | 212쪽 | 값 13,000원

교실 속으로 간 이해중심 교육과정
온정덕 외 지음 | 224쪽 | 값 13,000원

교실, 평화를 말하다
따돌림사회연구모임 초등우정팀 지음 | 268쪽 | 값 15,000원

폭력 교실에 맞서는 용기
따돌림사회연구모임 학급운영팀 지음 | 272쪽 | 값 15,000원

 학교자율운영 2.0
김용 지음 | 240쪽 | 값 15,000원

 그래도 혁신학교
박은혜 외 지음 | 248쪽 | 값 15,000원

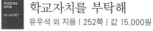 학교자치를 부탁해
유우석 외 지음 | 252쪽 | 값 15,000원

 학교는 어떤 공동체인가?
성열관 외 지음 | 228쪽 | 값 15,000원

 국제이해교육 페다고지
강순원 외 지음 | 256쪽 | 값 15,000원

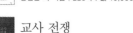 교사 전쟁
다나 골드스타인 지음 | 유성상 외 옮김 | 468쪽 | 값 23,000원

 미래교육, 어떻게 만들어갈 것인가?
송기상·김성천 지음 | 300쪽 | 값 16,000원

 인공지능 시대의 사회학적 상상력
홍승표 지음 | 260쪽 | 값 15,000원

 선생님, 페미니즘이 뭐예요?
염경미 지음 | 280쪽 | 값 15,000원

 시민, 학교에 가다
최형규 지음 | 260쪽 | 값 15,000원

 혁신교육지구와 마을교육공동체는 어떻게 만들어지는가?
김태정 지음 | 376쪽 | 값 18,000원

▶ 교과서 밖에서 만나는 역사 교실
상식이 통하는 살아 있는 역사를 만나다

 전봉준과 동학농민혁명
조광환 지음 | 336쪽 | 값 15,000원

 교과서 밖에서 배우는 역사 공부
정은교 지음 | 292쪽 | 값 14,000원

 남도의 기억을 걷다
노성태 지음 | 344쪽 | 값 14,000원

 팔만대장경도 모르면 빨래판이다
전병철 지음 | 360쪽 | 값 16,000원

 응답하라 한국사 1·2
김은석 지음 | 356쪽·368쪽 | 각권 값 15,000원

 빨래판도 잘 보면 팔만대장경이다
전병철 지음 | 360쪽 | 값 16,000원

 즐거운 국사수업 32강
김남선 지음 | 280쪽 | 값 11,000원

 영화는 역사다
강성률 지음 | 288쪽 | 값 13,000원

 즐거운 세계사 수업
김은석 지음 | 328쪽 | 값 13,000원

 친일 영화의 해부학
강성률 지음 | 264쪽 | 값 15,000원

 강화도의 기억을 걷다
최보길 지음 | 276쪽 | 값 14,000원

 한국 고대사의 비밀
김은석 지음 | 304쪽 | 값 13,000원

 광주의 기억을 걷다
노성태 지음 | 348쪽 | 값 15,000원

 조선족 근현대 교육사
정미량 지음 | 320쪽 | 값 15,000원

 선생님도 궁금해하는 한국사의 비밀 20가지
김은석 지음 | 312쪽 | 값 15,000원

 다시 읽는 조선근대 교육의 사상과 운동
윤건차 지음 | 이명실·심성보 옮김 | 516쪽 | 값 25,000원

 걸림돌
키르스텐 세룹-빌펠트 지음 | 문봉애 옮김
248쪽 | 값 13,000원

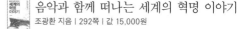 음악과 함께 떠나는 세계의 혁명 이야기
조광환 지음 | 292쪽 | 값 15,000원

 역사수업을 부탁해
열 사람의 한 걸음 지음 | 388쪽 | 값 18,000원

 논쟁으로 보는 일본 근대 교육의 역사
이명실 지음 | 324쪽 | 값 17,000원

진실과 거짓, 인물 한국사
하성환 지음 | 400쪽 | 값 18,000원

 우리 역사에서 사라진 근현대 인물 한국사
하성환 지음 | 296쪽 | 값 18,000원

 꼬물꼬물 거꾸로 역사수업
역모자들 지음 | 436쪽 | 값 23,000원

 다시, 독립의 기억을 걷다
노성태 지음 | 320쪽 | 값 16,000원

 한국사 리뷰
김은석 지음 | 244쪽 | 값 15,000원

 경남의 기억을 걷다
류형진 외 지음 | 564쪽 | 값 28,000원

▶ 더불어 사는 정의로운 세상을 여는 인문사회과학
사람의 존엄과 평등의 가치를 배운다

 밥상혁명
강양구·강이현 지음 | 298쪽 | 값 13,800원

 도덕 교과서 무엇이 문제인가?
김대용 지음 | 272쪽 | 값 14,000원

 자율주의와 진보교육
조엘 스프링 지음 | 심성보 옮김 | 320쪽 | 값 15,000원

 민주화 이후의 공동체 교육
심성보 지음 | 392쪽 | 값 15,000원
2009 문화체육관광부 우수학술도서

 갈등을 넘어 협력 사회로
이창언·오수길·유문종·신윤관 지음 | 280쪽 | 값 15,000원

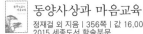 동양사상과 마음교육
정재걸 외 지음 | 356쪽 | 값 16,000원
2015 세종도서 학술부문

 교과서 밖에서 배우는 철학 공부
정은교 지음 | 280쪽 | 값 14,000원

 교과서 밖에서 배우는 사회 공부
정은교 지음 | 304쪽 | 값 15,000원

 교과서 밖에서 배우는 윤리 공부
정은교 지음 | 292쪽 | 값 15,000원

 한글 혁명
김슬옹 지음 | 388쪽 | 값 18,000원

 우리 안의 미래교육
정재걸 지음 | 484쪽 | 값 25,000원

 왜 그는 한국으로 돌아왔는가?
황선준 지음 | 364쪽 | 값 17,000원

 좌우지간 인권이다
안경환 지음 | 288쪽 | 값 13,000원

 민주시민교육
심성보 지음 | 544쪽 | 값 25,000원

 민주시민을 위한 도덕교육
심성보 지음 | 500쪽 | 값 25,000원
2015 세종도서 학술부문

 교과서 밖에서 배우는 인문학 공부
정은교 지음 | 280쪽 | 값 13,000원

 오래된 미래교육
정재걸 지음 | 392쪽 | 값 18,000원

 대한민국 의료혁명
전국보건의료산업노동조합 엮음 | 548쪽 | 값 25,000원

 교과서 밖에서 배우는 고전 공부
정은교 지음 | 288쪽 | 값 14,000원

 전체 안의 전체 사고 속의 사고
김우창의 인문학을 읽다
현광일 지음 | 320쪽 | 값 15,000원

 카스트로, 종교를 말하다
피델 카스트로·프레이 베토 대담 | 조세종 옮김
420쪽 | 값 21,000원

 일제강점기 한국철학
이태우 지음 | 448쪽 | 값 25,000원

 한국 교육 제4의 길을 찾다
이길상 지음 | 400쪽 | 값 21,000원

 마을교육공동체 생태적 의미와 실천
김용련 지음 | 256쪽 | 값 15,000원

▶ 평화샘 프로젝트 매뉴얼 시리즈
학교폭력에 대한 근본적인 예방과 대책을 찾는다

학교폭력 어떻게 만들어지는가
문재현 외 지음 | 300쪽 | 값 14,000원

아이들을 살리는 동네
문재현·신동명·김수동 지음 | 204쪽 | 값 10,000원

학교폭력, 멈춰!
문재현 외 지음 | 348쪽 | 값 15,000원

평화! 행복한 학교의 시작
문재현 외 지음 | 252쪽 | 값 12,000원

왕따, 이렇게 해결할 수 있다
문재현 외 지음 | 236쪽 | 값 12,000원

마을에 배움의 길이 있다
문재현 지음 | 208쪽 | 값 10,000원

젊은 부모를 위한 백만 년의 육아 슬기
문재현 지음 | 248쪽 | 값 13,000원

별자리, 인류의 이야기 주머니
문재현·문한뫼 지음 | 444쪽 | 값 20,000원

우리는 마을에 산다
유양우·신동명·김수동·문재현 지음 | 312쪽 | 값 15,000원

동생아, 우리 뭐 하고 놀까?
문재현 외 지음 | 280쪽 | 값 15,000원

누가, 학교폭력 해결을 가로막는가?
문재현 외 지음 | 312쪽 | 값 15,000원

▶ 남북이 하나 되는 두물머리 평화교육
분단 극복을 위한 치열한 배움과 실천을 만나다

10년 후 통일
정동영·지승호 지음 | 328쪽 | 값 15,000원

선생님, 통일이 뭐예요?
정경호 지음 | 252쪽 | 값 13,000원

분단시대의 통일교육
성래운 지음 | 428쪽 | 값 18,000원

김창환 교수의 DMZ 지리 이야기
김창환 지음 | 264쪽 | 값 15,000원

한반도 평화교육 어떻게 할 것인가
이기범 외 지음 | 252쪽 | 값 15,000원

▶ 창의적인 협력 수업을 지향하는 삶이 있는 국어 교실
우리말 글을 배우며 세상을 배운다

중학교 국어 수업 어떻게 할 것인가?
김미경 지음 | 340쪽 | 값 15,000원

토론의 숲에서 나를 만나다
명혜정 엮음 | 312쪽 | 값 15,000원

토닥토닥 토론해요
명혜정·이영선·조선미 엮음 | 288쪽 | 값 15,000원

인문학의 숲을 거니는 토론 수업
순천국어교사모임 엮음 | 308쪽 | 값 15,000원

어린이와 시
오인태 지음 | 192쪽 | 값 12,000원

수업, 슬로리딩과 함께
박경숙 외 지음 | 268쪽 | 값 15,000원

언어던
정은균 지음 | 268쪽 | 값 15,000원

민촌 이기영 평전
이성렬 지음 | 508쪽 | 값 20,000원